Ein gemeineuropäisches Kaufrecht

Salzburger Studien zum Europäischen Privatrecht

Herausgegeben von Prof. DDr. J. Michael Rainer

Band 22

PETER LANG

Frankfurt am Main · Berlin · Bern · Bruxelles · New York · Oxford · Wien

Viola Heutger

Ein gemeineuropäisches Kaufrecht

Vision oder nahe Zukunft?

PETER LANG
Internationaler Verlag der Wissenschaften

Bibliografische Information der Deutschen Nationalbibliothek
Die Deutsche Nationalbibliothek verzeichnet diese Publikation in der Deutschen Nationalbibliografie; detaillierte bibliografische Daten sind im Internet über <http://www.d-nb.de> abrufbar.

Gedruckt mit Unterstützung der
Stiftungs- und Förderungsgesellschaft
der Universität Salzburg.

ISSN 1435-6090
ISBN 978-3-631-56576-6

www.peterlang.de

Meinen Eltern in Dankbarkeit gewidmet

Vorwort

Dieses Buch ist entstanden während der Arbeiten an gemeineuropäischen Grundprinzipien zum Kaufrecht, wie sie von einer akademischen Arbeitsgruppe am Molengraaff Institut in Utrecht erarbeitet wurden. Bei der Durchsicht der Materialen, die die Basis legten für unsere Arbeit in Utrecht, wie auch bei den Diskussionen mit dem Co-ordinating Committee der *Study Group on a European Civil Code* und beim Studium der Mitteilungen der Kommission zum Vertragsrecht erhielt ich Einblicke in Grundfragen der Vereinheitlichung und der Harmonisierung des Kaufrechts. Vor allem Bereiche, die nicht in der Publikation der Arbeitsgruppe, den „*Principles of European Law of Sales*" behandelt werden konnten, sollen hier nun erörtert werden.

Dieses Buch soll den am europäischen Vertragsrecht interessierten Juristen anregen, über die Vereinheitlichung des Kaufrechts nachzudenken. Es will Studenten und Doktoranden als Handbuch für diesen Bereich dienen. Ökonomen und Linguisten möchte ich helfen an alle Facetten der Rechtsvereinheitlichung auf dem Gebiet des Kaufvertragsrechts zu denken. Es soll für Studien über die Mitteilungen, die Aktionspläne und die eingeleiteten Schritte auf dem Weg zur Rechtsharmonisierung der Europäischen Kommission nützlich sein und einen Beitrag zur Rechtsvergleichung und Rechtsvereinheitlichung liefern.

Danken möchte ich allen Mitgliedern der niederländischen Arbeitsgruppen der *Study Group on a European Civil Code* in Utrecht, Amsterdam und Tilburg sowie dem *Coordinating Committee* der *Study Group on a European Civil Code*. Ohne die Unterstützung der NWO, den Anregungen der Research School Jus Commune, der Universität Utrecht, der *Vrije Universiteit* Amsterdam und der Universität Salzburg hätte dieses Buch nicht entstehen können. Abgerundet wurde es schließlich an der *University of the Netherlands Antilles* auf Curaçao. Dort stand mir allerdings nur eine kleine Handbibliothek zur Verfügung. Einige Begebenheiten wurden daher aus der Erinnerung aufgezeichnet und ebenso konnte ich auch nicht alle Literaturangaben noch einmal abschließend überprüfen. Der Leser möge Verständnis haben für etwaige Ungenauigkeiten.

Nach sieben Jahren Arbeit am Kaufrechtsentwurf der *Study Group on a European Civil Code* muss ich nun eingestehen, dass wir am Anfang noch sehr ehrgeizig dachten, dass unsere Regelungen später einmal die nationalen Zivilgesetzbücher ersetzen könnten. Nach etwa zwei Jahren fanden einige von uns es eine angenehme Vorstellung, dass unsere Vorschläge auf Grund von Parteivereinbarung angewendet werden könnten. Seit dem Jahre 2005 leben einige von unserer Arbeitsgruppe mit dem Gedanken, dass unsere Regeln in den gemeinsamen Referenzrahmen der Kommission mit einfließen und vielleicht

noch durch Selbstregulierungsinstrumente ergänzt werden. Seit dem Jahre 2007 hoffen wir nun, dass es doch ein horizontales Instrumente geben wird, welches vor allem das Kaufrecht regeln wird.
Flexibilität und Kreativität waren gefragt, dazu innovative Ideen und ein Gemeinschaftsgeist, der uns über Jahre hinweg zusammenhielt und weiterarbeiten ließ, auch zu einem Moment, als die Arbeitsgruppe in Utrecht schon gar nicht mehr bestand und ihre Mitglieder durch ganz Europa verteilt lebten.
Mein Dank gilt auch dem *Koninklijk Nederlands Instituut te Rome*, in dem ich viele ruhige Studienwochen verbringen durfte und während meines Aufenthaltes dort die Bibliothek und Gastfreundschaft von UNIDROIT nutzen konnte. Einige Gedanken in diesem Buch sind zurückzuführen auf anregende Diskussionen während eines Studienaufenthalts an der Universität Florenz und am Europäischen Hochschulinstitut in Fiesole.
Besonders dankbar denke ich auch an meine Salzburger Zeit zurück. Noch immer fühle ich mich der Salzburger Fakultät eng verbunden und mit viel Freude lehre ich dort an der *European Private Law Summerschool.* Mit Begeisterung nahm ich daher das Angebot von Prof. Dr. Johannes Michael Rainer an, um dieses Buch in der Reihe Salzburger Studien zum Europäischen Privatrecht zu veröffentlichen. Ich danke der Stiftungs- und Förderungsgesellschaft der Universität Salzburg für den großzügigen Druckkostenzuschuss und Frau Martina Pachler für die Hilfe das Manuskript druckfertig zu machen.
Mein besonderer Dank gilt Prof. Dr. Johannes Michael Rainer und Dr. Bastiaan van der Velden, die mich immer wieder ermutigt haben die Arbeiten an diesem Buch fortzuführen. Viele inhaltliche Anregungen verdanke ich Prof. Dr. Frans van der Velden und meinem Vater.

Willemstad, Curaçao, im Mai 2007 *Viola Heutger*

Inhaltsverzeichnis

Abkürzungen

AGB	Allgemeine Geschäftsbedingungen
ALI	American Law Institute
BEUC	Bureau Européen des Unions de Consommateurs
BGB	Bürgerliches Gesetzbuch (Deutschland)
BT	Bundestag
BW	Burgerlijk Wetboek (Niederlande)
CECL	Commission on European Contract Law
CFR	Common Frame of Reference
CISG	UN –Kaufrecht
COM	Commission
CoPECL	Common Principles of European Contract Law
CSD	Consumer Sales Directive
DG-Sanco	Health & Consumer Protection Directorate General
EASA	European Advertising Standards Alliance
EC	European Community
ECTS	European Credit Transfer System
EdS	Editors
EG	Europäische Gemeinschaft
EGV	Vertrag zur Gründung der Europäischen Gemeinschaft
ERA	Europäische Rechtsakademie Trier
ERCL	European Review of Contract Law
ERPL	European Review of Private Law
EU	Europäische Union
EUI	Europäisches Hochschulinstitut Florenz
GRR	Gemeinsamer Referenzrahmen
Hrsg.	Herausgeber
IPR	Internationales Privatrecht
JZ	Juristische Zeitschrift
KOM	Kommission

M.E.R.	Marknads Etiska Rådet (Rat für Marktethik)
MPI	Max-Planck-Institut
NJW	Neue Juristische Wochenschrift
NVIR	Nederlandse Vereniging voor Internationaal Recht
PECL	Principles on European Contract Law
RL	Richtlinie
Rz	Randzeichen
SECOLA	Society of European Contract Law
SGECC	Study Group on a European Civil Code
SLIM	Simpler Legislation for the Internal Market
UCC	Uniform Commercial Code
UN-Kaufrecht	Übereinkommen der Vereinten Nationen über Verträge über den internationalen Warenkauf, 1980
UNCITRAL	United Nations Commission on International Trade Law
UNIDROIT	International Institute for the Unification of Private Law
Unif. L. Rev.	Uniform Law Review
WTO	World Trade Organisation
WPNR	Weekblad voor Privaatrecht, Notariaat en Registratie
z. B.	zum Beispiel
ZEuP	Zeitschrift für Europäisches Privatrecht
ZvglRWiss	Zeitschrift für vergleichende Rechtswissenschaft

I. Einleitung

1. Einführung

Ein gemeineuropäisches Kaufrecht wurde in den vergangenen Jahrzehnten immer wieder direkt oder indirekt von Juristen, Verbraucherschutzvereinigungen und Politikern gefordert. Es kam neben einem Wunsch nach einem globalen Handelsgesetzbuch ins Gespräch zu Beginn der Achtziger Jahre und wurde vom europäischen Parlament in den Forderungen mit den Vorarbeiten an einem Europäischen Zivilgesetzbuch zu beginnen wieder aufgegriffen[1] und setzte eine akademische Kodifikationsbewegung in Gang.

Eine dieser inspirierenden Arbeitsgruppen zu einem europäischen Kaufrecht hatte ihren Sitz in Utrecht in den Niederlanden und inzwischen sind die ersten Ergebnisse dieser Arbeitsgruppe veröffentlich worden.[2] Als Team-Manager der Utrechter Arbeitsgruppe war ich von Anfang an dabei, dem Entwurf zu einem europäischen Kaufrecht Gestalt zu verleihen. Schnell entstand die Idee, die Erfahrungen zu Papier zu bringen, vor allem jene, die nicht in Gesetzesartikeln und Kommentaren ausgedrückt wurden.

Schaut man zurück in die Geschichte, so sieht man, dass die Idee, eine einheitliche Gesetzgebung zu schreiben, kein Gedanke der Neuzeit ist, sondern bis in die Jahrtausende vor Christi Geburt die Menschen beschäftigt hat. Jede Gesellschaft, die gut funktionieren will, strebt danach, sich eine Regel zu geben, nach der gelebt wird. Diese Regel kann natürlich verschiedene Gestalt annehmen, es kann ein Gesetz sein, eine klösterliche Gemeinschaftsregel, eine Kompilation oder eben auch eine Kodifikation.

Es ist daher eine realistische Fragestellung, ob es nicht auch an der Zeit ist, für die Europäische Gemeinschaft ein Gesetzeswerk, und sei es auch nur auf das Vertragsrecht oder das Kaufrecht beschränkt, zu entwerfen. Der grenzüberschreitende Handel innerhalb des Binnenmarktes ist zur Alltäglichkeit für den europäischen Bürger geworden. Viele Transaktionen werden über Internet vom Verbraucher selber getätigt und zum Teil wird dabei gar nicht mehr gedacht, dass es sich bei solch einer Transaktion häufig um einen grenzüberschreitenden Handel handelt.

Europäisches Richtlinienrecht schützt seit Jahrzehnten den Verbraucher im Binnenmarkt, daher kann man mit Recht davon sprechen, dass ein *jus commune*

[1] Am 23. März 2006 wurde die Entschließung des Europäischen Parlaments zum Europäischen Vertragsrecht und zur Überarbeitung des gemeinschaftlichen Besitzstands: weiteres Vorgehen (2005/2022(INI)) P6_TA-PROV(2006)0109 A6-0055/2006 veröffentlicht. Diese Entschließung war die fünfte. Die vorherigen sind zu finden unter: ABl. C 158 vom 26.6.1989, S. 400, ABl. C 205 vom 25.7.1994, S. 518, ABl. C 140 E vom 13.6.2002, S. 538 und ABl. C 76 E vom 25.3.2004, S. 95.

[2] Siehe www.sgecc.net mit weiteren Nachweisen.

europaeum den Verbraucher mit Mindeststandards vor einer Benachteiligung durch einen professionellen Vertragspartner schützt. Da das Kaufrecht jener Vertragstyp ist, mit dem der durchschnittliche Bürger innerhalb der Europäischen Gemeinschaft am häufigsten in Kontakt kommt, liegt es nahe, über die Vereinheitlichung dieses Vertragstyps nachzudenken.

2. Entstehungsgeschichte dieser Arbeit

Im Jahr 1999 hatte ich die ersten Kontakte zu der niederländischen Arbeitsgruppe der *Study Group on a European Civil Code*. In dieser Arbeitsgruppe, die über drei Universitäten verteilt war, sollten Modellentwürfe zu Dauerschuldverhältnissen, Dienstleistungsverträgen und zu einem europäischen Kaufrecht entstehen. Ewoud Hondius übernahm die Initiative, die Arbeitsgruppe zum Kaufrecht zu gründen und zu leiten. Im Mai 2000 übernahm ich die Aufgabe des Team-Managers dieser Arbeitsgruppe, welche ihren Sitz am Molengraaff Institut in Utrecht hatte.

Als Team entwarfen wir die ersten möglichen Regeln eines europäischen Kaufrechts. Ein jeder bemühte sich um einen Teilaspekt, mit dem Ziel, einerseits zu diesem Gebiet Grundprinzipien zu verfassen und andererseits eine Monographie zu dem gleichen Gebiet abzufassen. Die Doktoranden, die an dem Projekt mitarbeiteten waren außerdem auch noch nationale Berichterstatter sowohl für die Arbeitsgruppe zum Kaufrecht selber als ebenso für andere niederländische Arbeitsgruppen zu anderen Bereichen des Vertragsrechts. Als Doktoranden waren dem Projekt verbunden: Christoph Jeloschek, er bearbeitete den Teil zum Gewährleistungsrecht,[1] Hanna Sivesand übernahm den Bereich der Rechtsbehelfe,[2] Georgious Arnokouros stellte die allerersten Regeln zum Risikoübergang vor, bevor er aus der Gruppe frühzeitig ausschied, Aneta Wiewiorowska entwarf sämtliche Regeln zu den Garantien. Neben den Doktoranden waren auch noch einige andere Juristen mit dem Projekt beschäftigt. Von meiner Hand entstanden die Regeln zu den Rechten und Pflichten des Käufers und während seiner nur kurzen Teilnahme am Projekt bearbeitete John Dickie die Rechte und Pflichten des Verkäufers.

Weitere Diskussions- und Weggefährten waren Elena Ioriatti und Giuseppe Donatiello. Als Berater standen unserem Team Peter Schlechtriem, Ewan McKendrick, Johnny Herre und Jerome Huet zur Seite. Diesen vier Beratern verdanken wir unzählige Ideen, Einsichten, Erfahrungen und Einblicke in die

1 Er promovierte 2004. Sein Buch wurde zwei Jahre später veröffentlicht. Jeloschek, *Examination and Notification Duties in Consumer Sales Law*, München 2006.

2 Ihre Dissertation erschien 2005: Sivesand, *The buyer's remedies for non-conforming goods: should there be free choice or are restrictions necessary?* München 2005.

praktische Anwendung des Kaufrechts. Ohne deren Hilfe hätten wir den Weg niemals beschreiten können und wären auch sicher nie zu einem Abschluss unserer Arbeiten gekommen. Beim Entwerfen der Texte erhielten wir vor allem Unterstützung von Hugh Beale, Eric Clive, Christina Ramberg, Sophie Stijns und Jacques Gestin. Vor allem Hugh Beale und Eric Clive begleiteten uns durch unseren nicht-muttersprachlichen englischen Einfallsreichtum, den sie immer wieder auf freundliche Weise zu einem wahrhaft englischen Text umformten.
Darüber hinaus erfuhren wir viel Hilfe durch die Diskussionsbeiträge und die rechtsvergleichenden Studien zum Kaufrecht unserer Teammitglieder an den Universitäten in Amsterdam und Tilburg. So wurde unsere Gruppe durch die regelmäßig stattfindenden Treffen um Maurits Barendrecht, Marco Loos, Andrea Pinna, Rui Cascao, Roland Lohnert, Martijn Hesselink, Jacobien Rutgers, Muriel Veldman, Manola Scotton[1] und Odavia Buonodiaz erweitert.

3. Die Zielsetzung dieses Buches

Während der Arbeiten an einem Kaufrechtsentwurf für die *Study Group on a European Civil Code* und später auch für den akademischen Vorentwurf eines gemeinsamen europäischen Referenzrahmen wurden immerzu Diskussionspunkte auf den Tisch gebracht, die für die zukünftigen Entwicklungen der Vereinheitlichung oder Harmonisierung des Kaufrechts innerhalb der Europäischen Union von Bedeutung sind, die aber innerhalb der Studien der *Study Group* keinen Rahmen bekommen konnten, da die Vorgehensweise der *Study Group* auf *Principles* orientiert ist, und daher nur in einem beschränkten Masse Erläuterungen allgemeiner Natur in der Einleitung und in den Kommentierungen der Artikel möglich waren.[2]
Daher entstand diese Arbeit, welche auch die Grundlage für Vorträge, Projekte und Vorlesungen an den Universitäten in Agrigento, Teramo, Roma Tre, Trento, Budapest, Hannover, Innsbruck, Salzburg, Bochum, Bielefeld, Edinburgh, Willemstad (Curacao), New Orleans, Utrecht, Vrije Universität Amsterdam und am Justizministerium in Den Haag vor der polnischen Zivilgesetzgebungskommission sowie im Justizministerium in Warschau bildete. Mit vielen Kollegen aus Wissenschaft und Praxis, Doktoranden und Habilitanden sowie Studierenden konnte ich über Jahre hinweg die Zielsetzung unseres Utrechter Entwurfes

1 Manola Scotton verstarb im Jahr 2006 und wird uns unvergessen sein.

2 Siehe auch Heutger. Konturen des Kaufrechtskonzeptes der Study Group on a European Civil Code. Ein Werkstattbericht, *ERPL* (2003), Nr. 2, S. 155-173.; und Heutger/Jeloschek. Towards a European Sales Law, in: Hartkamp et. al. (Hrsg.). *Towards a European Civil Code,* The Hague 2004. S. 533-553; Heutger. Ein kohärenteres europäisches Vertragsrecht, *Jusletter* 17. Februar 2003.

diskutieren. Viele Anregungen erhielt ich durch diesen Diskurs. Das vorliegende Buch ist entstanden aus jahrelangen Reflektionen, Vorlesungen und Diskussionen rund um dieses Thema. Dieses Buch kann keine Lösungen bieten, es will aber den derzeitigen Entwicklungsprozess rund um die Vereinheitlichung und Harmonisierung des Kaufrechts begleiten und darstellen. Es will vor allem die Dinge beim Namen nennen, die im Rahmen der Ergebnisse der Arbeitsgruppe in Utrecht zum Kaufrecht nicht in die Veröffentlichung der *Principles of European Law of Sales* einfließen konnten, da diese an einen eigenen Formstil der *Study Group on a European Civil Code* gebunden sind.
Während der Arbeiten der Arbeitsgruppe in Utrecht kam der Gedanke an ein gemeinsames europäisches Vertragsrecht in Bewegung. Die Dokumente von der Europäischen Kommission setzten von Jahr zu Jahr erneut Maßstäbe, an denen die Arbeiten der Utrechter Arbeitsgruppe gemessen werden wollten und auch sollten. Die Kommission ist dabei ihre Diagnosephase[1] abzuschließen, die anschloss an die vorangegangene Diskussions- und Konsultationsphase, die die Jahre 2001 bis 2005 kennzeichnete und ihren Schwerpunkt im Dezember 2005 in der Zielsetzung der Kommission fand, die eine systematische Durchsicht des gemeinsamen Besitzstandes zum Verbraucherrecht als Priorität darlegte.
In den kommenden Jahren wird sich nun zeigen, was die akademischen Projekte innerhalb des europäischen Vertragsrechts erreichen konnten, und wo noch Handlungsbedarf besteht. Auch wird sich zeigen, ob die Arbeiten zum Kaufrecht sowie die Arbeiten von verschiedenen akademischen Projektgruppen zu einem elektronischen Datenschatz, zu selbständigen Grundprinzipien oder zu einem Teil eines gemeineuropäischen Zivilgesetzbuches führen werden.
Die Arbeiten in Utrecht am Molengraaff Institut,[2] die großzügig von der niederländischen Forschungsgemeinschaft, NWO, unterstützt wurden und die die Grundlage der hier dokumentierten Gedanken bilden, zielten auf einen Beitrag zu einem Modellentwurf für ein gemeineuropäisches Zivilgesetzbuch. Der genaue weitere Inhalt dieses möglichen Zivilgesetzbuches bleibt allerdings weitgehend ungewiss. Es bleibt daher derzeit noch eine offene Frage, ob nur Teile des Vertragsrechts darin zu finden sein werden, oder Lösungen zu einem

1 Siehe KOM(2005) 456 endgültig, Brüssel, den 23.9.2005, Bericht der Kommission, Erster jährlicher Fortschrittsbericht zum europäischen Vertragsrecht und zur Überprüfung des gemeinschaftlichen Besitzstands, S. 7, 8 und 11. Ebenso stand das Kaufrecht auch zentral im Grünbuch „Die Überprüfung des gemeinschaftlichen Besitzstandes im Verbraucherschutz". KOM (2006) 744 final.

2 Eine Beschreibung der Arbeiten am Molengraaff Institut ist zu lesen bei Heutger. Konturen des Kaufrechtskonzeptes der Study Group on a European Civil Code. Ein Werkstattbericht, *ERPL* (2003), Nr. 2, S. 155-173.

größer angelegten Konzept. Die *Study Group on a European Civil Code*[1] selber entwarf auch Regelungen zum Schadenersatzrecht, zur ungerechtfertigten Bereicherung, zur Geschäftsführung ohne Auftrag und zu weiteren Detailbereichen. Allerdings wurde auch immer wieder die Diskussion geführt, ob es nicht sinnvoller sein würde, ein reines Vertragsgesetzbuch als Startpunkt zu schaffen. Auf jeden Fall, sollte das Ergebnis eine Kodifikation sein, welchen Umfang sie dann auch am Ende haben würde.

4. (K)ein Handbuch der verschiedenen europäischen Kaufvertragsgesetze

Der Gedanke eines territorialen Regelwerkes ist nicht neu. Seit Jahrhunderten, sogar seit Jahrtausenden, geistert die Idee eines klaren, alles regelnden Gesetzes oder einer Kompilation von juristischen Schriften, die die Praxis beherrschen sollen, durch die Köpfe der Menschen. In früherer Zeit setzten Herrscher sich ein Denkmal mit ihren Jahrhunderte, zum Teil sogar Jahrtausende überdauernden Gesetzgebungen. Ein Besuch im Louvre im Paris lässt die Gesetzgebungsgeschichte mit einem steinernen Bild beginnen. Dort steht der mehr als 3000 Jahre alte Codex Hammurabi: Bis heute ist die große Steinstele zu sehen, die einst umfassend das Recht für eine Gemeinschaft festlegte.

Aus römischer Zeit, etwa um das Jahr 450 vor Christi, wird als erstes großes Gesetzeswerk das Zwölftafelgesetz überliefert, welches nach der Tradition von einem Gremium von zehn Männern abgefasst wurde.[2] Die Rekonstruktion dieses Gesetzes, welches Prozessrecht, Verfassungsrecht, Strafrecht und Privatrecht regelt, beschäftigt bis heute die Rechtshistoriker.[3] In alter Zeit wurde es sogar in der Schule auswendig gelernt, wie Cicero überliefert.[4]

Immer wieder setzen Herrscher sich mit ihren Gesetzgebungen Denkmäler, die ihren Ruhm Jahrhunderte und auch Jahrtausende überdauern ließen. So ist Kaiser Justinian noch nach 1500 Jahren dank seines *Corpus Iuris Civilis* aus dem 6. Jahrhundert weltweit präsent. Generationen von Juristen lernten und lernen noch immer ihr juristisches Handwerkzeug an Hand seiner Kompilation. Sein Werk blieb bis ins Kodifikationszeitalter unerreicht. Vor gut zweihundert Jahren setzte dann eine wahre Kodifikationsbewegung in Europa ein. Napoleon

1 Siehe www.sgecc.net.

2 Eine Einführung bietet Wieacker, Zwölftafelprobleme, *RIDA* 1955, S. 459-491; Wieacker, Die Zwölftafeln in ihrem Jahrhundert (in: *Origines de la République romaine*, Fondation Hardt 13, 1967, S. 293-356).

3 Diliberto, *Materiali per la palingenesi delle XII Tavole*, I Vol., Cagliari, 1992; Diliberto, *Bibliografia ragionata delle edizioni a stampa della legge delle XII Tavole*, Roma, 2001; Diliberto, Conoscenza e diffusione delle XII Tavole nell'età del basso impero, in *Ricerche Gallo*, I, Napoli, 1997.

4 Cicero, *De Legibus*, II, 9.

schuf den bis heute gültigen und oft kopierten *code civil*, der im Jahre 2004 seine Zweihundertjahrfeier beging.[1] Andere Gesetzgebungen spiegeln Eigenarten des jeweiligen Volkes wieder: so besitzt Deutschland ein sehr dogmatisch aufgebautes Bürgerliches Gesetzbuch. Dennoch musste auch Deutschland in den vergangenen Jahren feststellen, dass selbst abstrakt geschriebene Gesetzestexte nicht die Anwendung auf Dauer garantieren können. So wurde in Deutschland eine eingreifende Schuldrechtsmodernisierung durchgeführt.[2] Die Niederlande dagegen gaben sich 1992 ein neues Gesetzbuch, welches durch eine Generalklausel der *„redelijkheid en billijkheid“* auf Rechtsentwicklungen reagieren kann. Sehr schnell nach der Einführung des Gesetzbuches wurde es deutlich, dass neue Entwicklungen auch im Gesetzbuch zurückgefunden werden müssen. Daher wurden schon kurz nach Inkrafttreten die ersten Veränderungen und Ergänzungen eingeführt. So wurde zum Beispiel das Adoptionsrecht mehrfach geändert und es wurden Regeln für die gleichgeschlechtliche Ehe eingeführt.

Wieder andere Länder kommen dank einer anderen Tradition ohne größere Gesetzeswerke aus, wie zum Beispiel England. Die Länder in Osteuropa dagegen arbeiten an modernen Kodifikationen, die das Erbe des Kommunismus vollständig vergessen lassen sollen.

Derzeit gibt es also kein deutliches Modell für Europa. Jedes Land hat seinen eigenen Weg gefunden und auf die eine oder andere Art das Vertragsrecht und damit auch das Kaufrecht geregelt. Europa kann lernen von den Erfahrungen der einzelnen Länder und kann auch profitieren von den Einsichten derjenigen Länder, die sich erst kürzlich eine neue Kodifikation gegeben haben. Eine bestimmte Methode für das Kaufrecht besteht aber nicht, blindlings kopieren kann nicht. Man kann nur mit einer Bestandaufnahme beginnen, dem gefundenen Material dann eine Struktur und Methode verleihen, die dann eventuell zu Erkenntnissen führen, die sich prägend auf ein europäisches Kaufrecht auswirken können.

1 Siehe Heutger, 200 Jahre Code Civil – Ein Vorbild für Europa?, in: *Jusletter*, 10. Mai 2004, S. 1-2 und *Le Code Civil 1804 – 2004*, Livre du Bicentenaire, Edition Dalloz – Juris – Classeur, 2004.

2 Die wesentlichen Inhalte der Neuregelung betrafen das Verjährungsrecht, die Integration von Nebengesetzen und Regelungen zum Verbraucherschutz, die Reform des Leistungsstörungsrechts, Neuregelungen des Werkvertragsrechts und des Darlehensrechts und vor allem eine Reform des Kaufrechts. Die Reform trat am 1.1.2002 in Kraft, siehe BT-Drucks. 14/1052.

II. Europa und das Kaufrecht

1. Die Gesetze des grenzüberschreitenden Verkehrs

Derzeit kennt die Europäische Union kein gemeinsames Gesetzbuch aller Mitgliedstaaten. Dass es ein solches Gesetzbuch in der Zukunft geben wird, halten viele Wissenschaftler nicht für ausgeschlossen.[1] Das Europäische Parlament verlangt sogar direkt danach.[2] Modellentwürfe sind bereits im Entstehen. Intensiv wird auch diskutiert, wann so ein gemeineuropäisches Zivilgesetzbuch in Kraft treten könnte. Zum Teil werden konkrete Jahre genannt, wie zum Beispiel das Jahr 2010, andere dagegen dachten sogar noch eher, aber auch pessimistische Stimmen sind zu hören, die ein Zivilgesetzbuch für Europa sich nur in weiter Ferne vorstellen. Eine Generation oder etwa 30 Jahre werden auch als Datum des möglichen Inkrafttretens eines europäischen Zivilgesetzbuches genannt.[3] Die Europäische Kommission und andere dagegen verneinen die Option eines Europäischen Zivilgesetzbuches vehement.
In der Diskussion rund um die fortschreitende Rechtsvereinheitlichung in Europa steht daher das Vertragsrecht zentral. Die mögliche Form des vereinheitlichten Produkts bleibt vorerst noch offen. Im grenzüberschreitenden Verkehr sind vor allem Dienstleistungsverträge und Kaufverträge von grundlegender Bedeutung für den Binnenmarkt.

1.1. Derzeit keine einheitliche Regelung

Diese Arbeit will die schon beschrittenen und noch möglichen Wege der Vereinheitlichung des Kaufrechts in der Europäischen Union nachzeichnen und analysieren.[4] Die Europäische Union ist ja eine auf ökonomische Zusammenarbeit und Integration ausgerichtete Gemeinschaft. Veränderungen des Marktes sowie der stetig wachsende Mitgliederbestand verlangen eine kontinuierliche Flexibilität und häufig auch Kursänderungen. Hier ist der freie Verkehr von Waren, Diensten, Kapital und Personen als Grundprinzip zu nennen. Jeder Bürger soll nicht nur vom Binnenmarkt profitieren können sondern auch Produkte kaufen, die aus einem anderen als seinem Heimatland kommen. Daher

[1] Ein Beispiel dafür ist das Buch von Hartkamp et. al. (Hrsg.), *Towards a European Civil Code*, The Hague 2004.

[2] P6_TA-PROV(2006)0109 A6-0055/2006 sowie ABl. C 158 vom 26.6.1989, S. 400, ABl. C 205 vom 25.7.1994, S. 518, ABl. C 140 E vom 13.6.2002, S. 538 und ABl. C 76 E vom 25.3.2004, S. 95.

[3] Alle denkbaren Möglichkeiten des Datums, ab wann ein europäisches Zivilgesetzbuch verabschiedet werden könnte, inklusive Literaturangaben bei Schroeter in *UN-Kaufrecht und Europäisches Gemeinschaftsrecht*, München 2005, S. 604, Fußnote 2.

[4] Siehe auch die offizielle Website der Europäischen Kommission zu Verbraucherfragen: http://europa.eu.int/comm/consumers/index_de.htm.

ist das Kaufrecht eines der Schlüsselbereiche, in denen der europäische Bürger mit der europäischen Wirtschaftsgemeinschaft in Kontakt kommt. Deutliche Strukturentscheidungen innerhalb der Europäischen Union sind daher dringend nötig.
Europa wird immer mehr von einem Zusammenschluss von Staaten zu einer wirklichen Union. Nach der Einführung des Euro muss auch die Frage nach einem einheitlichen Kaufrecht laut werden, wenn nicht sogar nach einer einheitlichen Zivilgesetzgebung für die Rechtsprobleme der Bürger der Union untereinander. Der einzelne Bürger wird immer häufiger im Alltag mit europäischer Gesetzgebung konfrontiert, auch wenn ihm das nicht selber auffällt, da die nationalen Gesetzbücher an die europäischen Standards angepasst sind. Dies gilt besonders für den Verbraucher.
Derzeit gibt es kein gemeinsames Zivilrecht und auch noch kein gemeineuropäisches Kaufvertragshandbuch oder Vertragsrecht für den europäischen Bürger. Eine Reihe von europäischen Richtlinien und internationale Übereinkommen regeln Einzelprobleme. Diese Regelungen sind aber oft nur schwer zugänglich und Spezialisten auf diesem Gebiet vorbehalten. Obwohl alle nationalen Staaten dieselben Richtlinien umzusetzen hatten, sieht man große Unterschiede und viele verschiedene gesetzgeberische Stile in den nationalen Rechtssystemen.
Die meisten und am besten geregelten grenzübergreifenden Bestimmungen sind im Prozessrecht zu finden. Die Vereinheitlichung des Prozessrechts steht seit langer Zeit hoch auf der europäischen Agenda, da eine bessere Möglichkeit der Rechtsdurchsetzung über die Grenzen hinweg die Integration eindeutig fördert.[1] Durch ein einheitliches Zivilverfahrensrecht und eine Verbesserung und Erweiterung des Internationalen Privatrechts wird dieser Integrationsprozess nachhaltig unterstützt.[2] Ohne ein deutliches Kollisionsrecht kann das derzeit zersplitterte Privatrecht eigentlich gar nicht angewendet werden.[3]
Allerdings ist diese Art der Vereinheitlichung meist sehr fern von den europäischen Bürgern. Das alltägliche europäische Zivilrecht bleibt noch ungeregelt und ist nationales Recht in vielfältiger Erscheinungsform geblieben. Viele der

1 Siehe auch *Rapprochement du droit judiciaire de l'Union Européenne / Approximation of Judiciary Law in the European Union* (Vorsitzender der Kommission: Marcel Storme), Antwerpen/Dordrecht 1994.

2 So wird auch gefordert „soviel Kollisionsrecht wie möglich und nur soviel Sachrechtsvereinheitlichung wie nötig". So Taupitz, *Privatrechts- oder Kollisionsrechtsvereinheitlichung in Europa?*, Bonn: 1995, S. 38: ders. Privatrechtsvereinheitlichung durch die EG: Sachrechts- oder Kollisionsrechtsvereinheitlichung? *JZ* (1993) S. 539; ders. *Europäische Privatrechtsvereinheitlichung heute und morgen,* Tübingen: 1993, S. 66.

3 Weiterführend Furrer, *Zivilrecht im gemeinschaftsrechtlichen Kontext,* Bern 2002.

Bereiche sind in den einzelnen nationalen Rechtsordnungen miteinander verbunden und können nur schwer unabhängig voneinander geregelt werden. So sind z.B. viele Bereiche des Vertragsrechts anwendbar sowohl auf das Dienstleistungsrecht als auch auf das Kaufrecht, man denke nur an den Vertragsabschluss. Gewiss sind einige Bereiche schon geregelt zum einen für Kaufleute und zum anderen für Verbraucher. Beiden Vertragspartnern als Verkäufer und Käufer kommen andere Schutznormen zu. Nun ist es fraglich, ob es gelingen kann ein kohärentes System für beide Arten von Vertragsparteien zu finden. Soll ein Verkäufer nach den gleichen Regeln beurteilt werden, wenn er einem Käufer, der über Internet einen tragbaren CD-Spieler bestellt hat, diesen zusendet, wie ein Verkäufer, der ein ganzes Containerschiff voll Waren von Rotterdam nach Harwich verschiffen lässt? Sind die Transportrisiken in beiden Fällen die gleichen? Sollen die Untersuchungspflichten der Ware in beiden Fällen die gleichen sein? Sind die Nacherfüllungsmöglichkeiten die gleichen? Diese und andere Fragen müssen in der Zukunft für den grenzüberschreitenden Verkehr deutlich beantwortet werden, wenn Europa einen starken Binnenmarkt haben will.

Man könnte resigniert sagen, die Materie sei zu unüberschaubar, daher solle man besser fernbleiben von einer eventuellen Harmonisierung. Wo soll man beginnen und wo aufhören? Diese Resignation stimmt aber nicht mit den ambitiösen Zielen der EU überein, die sowohl in der Wirtschaft, als auch in der Forschung, zur Weltspitze gehören will und das bis 2010! Einheit hilft dabei eine starke Stimme im Weltgeschehen zu haben. Dennoch sind Bereiche wie das Zivilrecht noch nicht geregelt. Dabei könnte gerade dieses die Einheit der EU beweisen und die Identifikation der Bürger mit der EU fördern. Schaut man sich das Privatrecht an, so ist der Vertragstyp, den der europäische Bürger am häufigsten tätigt, der Kauf. Allerdings trifft diese Feststellung nicht nur auf den Bürger, also auf den Endverbraucher in der Handelskette zu. Bevor die Waren zum Verbraucher gelangen, wurde schon eine Reihe von vorangehenden Transaktionen unternommen. Da nicht mehr nur nationale oder gar regionale Produkte zu kaufen sind, und der Markt auch offen ist für außereuropäische Produkte, wurden bereits eine Reihe von Kauf- und Transportverträgen abgeschlossen, bevor die Ware beim Endverbraucher ist. Grenzüberschreitende Transaktionen sind also europäische Realität.

Wie sind diese Transaktionen aber nun zu regeln? Für den internationalen Warenkauf, also in der Handelsbeziehung zwischen zwei Kaufleuten, setzte sich das als CISG[1] bekannte UN-Kaufrecht durch. Die meisten europäischen Staaten sind Mitglied dieses internationalen Übereinkommens, sogar eine Mitgliedschaft der gesamten EU steht wiederholt zur Diskussion oder die Anerkennung des CISG als sekundäres Gemeinschaftsrecht.[2] Da es nicht praktikabel ist Konsumentenkäufe innerhalb Europas nach internationalen Normen abzuhandeln und es ebenso unzumutbar ist dem Konsumenten ein Handbuch der verschiedenen nationalen Kaufvertragsgesetze als Hilfe in die Hand zu drücken, würde ein einheitliches europäisches Kaufvertragsrecht eine Lücke füllen. Bislang war ein europäisches Vertragsrecht besonders durch Regelungen des Konsumentenschutzes beeinflusst, vorherrschend war das so genannte Richtlinienrecht. Diese Tendenz scheint nun endlich verändert zu werden und langsam entsteht ein wirklich europäisches Vertragsrecht, welches sowohl den Verbraucherkauf als auch den Handelskauf regeln will, wenn man den akademischen Entwürfen Glauben schenken will.[3] Allerdings ist diese Sicht nicht auch jene der europäischen Kommission. Aus Brüssel kommt seit 2005 die Aufforderung, zunächst einmal nur das Verbraucherrecht zu verbessern. Außerdem soll ein gemeinsamer Referenzrahmen entstehen, welcher vor allem die Kernbereiche des Vertragsrechts umfassen soll und den Verbraucherschutz in den Mittelpunkt stellt.[4] Das heißt, dass an Lösungsmodellen gearbeitet werden muss, die ein Nebeneinander von Richtlinienrecht, UN-Kaufrecht, nationalem Recht und Allgemeinen Geschäftsbedingungen transparenter gestalten oder eine deutliche Lösung anbieten. Inwieweit diese Regeln sowohl den Verbraucher als auch den Kaufmann ansprechen sollen, dass wird noch durch einen politischen Entscheidungsprozess festgelegt werden müssen.

[1] Zur Namensgebung dieses Instruments: Flessner/Kadner. CISG? Zur Suche nach einer Abkürzung für das Wiener Übereinkommen über Verträge über den internationalen Warenkauf vom 11. April 1980, *ZEuP* 1995, S. 347-350.

[2] Herber. Das Verhältnis des CISG zu anderen Übereinkommen und Rechtsnormen, insbesondere zum Gemeinschaftsrecht der EU, *IHR* 2004, S. 92.

[3] Siehe die Entwürfe der Study Group unter www.sgecc.net. Diese Tendenz beschreibt auch Huguenin, Europäisches Vertragsrecht auf dem Weg vom Konsumentenrecht zum Allgemeinen Vertragsrecht, in Kellerhals (Hrsg.). *Einführung ins europäische Wirtschaftsrecht.* Zürich 2003. S. 173 ff.

[4] Siehe KOM(2005) 456 endgültig, Bericht der Kommission, Erster jährlicher Fortschrittsbericht zum europäischen Vertragsrecht und zur Überprüfung des gemeinschaftlichen Besitzstands.

1.2. Jus commune europaeum

Heute gibt es also ein Nebeneinander von verschiedenen Regeln. Alle diese Regeln werden oft unter dem Sammelbegriff europäisches Privatrecht zusammengefasst. Seit langem wird nach einer Definition für das europäische Privatrecht gesucht. Europäisches Privatrecht ist, anders als Internationales Privatrecht, keine Verweisungslehre, die hilft, das anzuwendende Recht eines Nationalstaates ausfindig zu machen.[1] Vielmehr etabliert sich diese Disziplin als ein interdisziplinärer Forschungsbereich, der Zusammenarbeit auf europäischer Ebene fördert und den Blick des Juristen auf innereuropäische Zusammenhänge ausweitet. Es ist einfacher diese Disziplin zu umschreiben, als sie zu definieren. Der Anwendungsbereich des europäischen Privatrechts ist in gewisser Weise mit dem des nationalen Privatrechts zu vergleichen. Wie auch in den Nationalstaaten bildet das europäische Privatrecht einen Ausschnitt aus der Gesamtheit der in einem politischen Gemeinwesen geltenden Rechtsnormen. In diesem Fall ist der Anwendungsbereich derzeit noch spezieller als in den nationalen Rechtsordnungen und meistens auf das Vertragsrecht oder sogar bestimmte Vertragstypen beschränkt.[2]

Bei den Bereichen des Vertragsrechts, das es behandelt, steht der Verbraucherschutz an zentraler Stelle. Die Gestalt des europäischen Privatrechts ist auch zurückzuführen auf seine Entstehung als ein Produkt eines Mehrebenensystems. Das Mehrebenensystem an sich verlangt schon eine gewisse Flexibilität eines gemeinsamen Regelwerkes, da es eben auf viel mehr als einen nationalen Gesetzgeber reagieren muss. Andererseits braucht das Europäische Privatrecht den nationalen Gesetzgeber, um in dem Mehrebenensystem tatsächlich zum Recht der Bürger in den Mitgliedstaaten zu werden. Kommt es durch diesen Prozess der Umformung von Richtlinienrecht in nationales Recht zu Interpretationsschwierigkeiten, so hilft das Interpretationsmittel der richtlinienkonformen Auslegung,[3] welches sich in den letzten Jahrzehnten zum ständigen Auslegungsinstrumentarium der Juristen hinzugefügt hat. Interpretation ist

1 Zur historischen Grundlage siehe Heutger, Das Privatrecht im Prozess der Europäischen Integration, *Electronic Journal of Comparative Law* (Sept. 2003), Vol. 7.3.

2 Zum Gebrauch des Begriffs europäisches Vertragsrecht siehe Schulze, Verbraucherrecht und europäisches Vertragsrecht, in Van der Grinten/Heukels, *Crossing Borders, Essays in European Private International Law, Nationality Law and Islamic Law in Honour of Frans van der Velden,* Deventer 2006, S. 19 f.

3 Zu den Gefahren dieser Auslegungsart, die als evolutorische Rechtsbildung um schrieben wird, siehe Armstutz, Evolutorische Rechtsmethodik im europäischen Privatrecht, in Werro/Probst, *Das schweizerische Privatrecht im Lichte des europäischen Gemeinschaftsrechts [...],* Bern 2004, S. 119 f.

somit ein ebenenüberschreitender Weg zur Rechtsfindung geworden, welches auch zu erstaunlichen legislativen Varianten geführt hat.[1]
Auch kann man das Europäische Privatrecht als einen Prozess umschreiben, der die Suche nach einer geeigneten Methode umfasst. Es ist Recht im Entstehen, allerdings ist es fraglich, ob es wirklich eines Tages auf Dauer festgeschrieben wird und so seine Entwicklung abgeschlossen werden kann.[2] Das europäische Privatrecht enthält auch viele Aspekte, die nicht rein rechtlicher Natur sind, wie zum Beispiel die linguistische Ebene. Derzeit verfügt das Europäische Privatrecht noch über keinen eigenen Sprachstil und auch die Sprachenvielfalt muss noch ihren Platz finden in dem Gebilde das wir Europäisches Privatrecht nennen. Verschiedene Rechtstraditionen müssen zusammenfinden, aber ohne tatsächlichen Traditionsverlust auf der nationalstaatlichen Ebene.
Viele Entscheidungen, die in den kommenden Jahren im Bereich des Europäischen Privatrechts gefällt werden müssen, werden aufgrund der Vielfalt der unterschiedlichen Belange vor allem politischer Natur sein. Eine so genannte „*best-law-choice*“ wird es nicht geben können, da eine deutliche Methode sowie auch ein einheitlicher Referenzrahmen derzeit noch fehlen, um zu bestimmen, was die beste Lösung sein sollte. Nötig ist also eine demokratische Beschlussphase, die ein europäisches Privatrecht wachsen lässt.
Ein europäisches Vertragsrecht könnte auf zwei verschiedenen Wegen zustande kommen, zum einen durch langsames Wachstum und zum anderen durch eine neue Kodifikation. Ole Lando beschrieb diese unterschiedlichen Wege anhand der Personen, die den Weg beschreiten müssen. Er sprach treffend von den Kultivatoren und den Kodifikatoren.[3] Ziel beider Wege ist die Harmonisierung oder Vereinheitlichung des europäischen Vertragsrechts. Jede Harmonisierung ist in gewissem Masse eine Teilvereinheitlichung. Das Einheitsrecht könnte den europäischen Bürgern als Kodifikation dargeboten werden, oder es könnte durch anhaltende Pflege und Kultivierung entstehen. Die Kultivatoren sagen, dass ein Europäisches Vertragsrecht langsam und organisch wachsen sollte. Dieser

1 So wurde zum Beispiel in den Niederlanden im Artikel 7:48g BW zum Timesharing die Richtlinie 94/47/EG als direkte Maßstab des gegebenen Minimalschutzes genannt, also ohne einen Verweis auf die implementierte Rechtsetzung zum Timesharing in den Niederlanden. Dieses stellte auch in den Niederlanden eine gesetzgeberische Ausnahme dar.

2 Auch Armstutz stellt die Frage, ob es wirklich einmal als “Regelwerk zu Vollendung gelangen wird”. Armstutz, Evolutorische Rechtsmethodik im europäischen Privatrecht, in Werro/Probst, *Das schweizerische Privatrecht im Lichte des europäischen Gemeinschaftsrechts [...]*, Bern 2004, S. 105.

3 Lando in *Evolutionary Perspectives and Projects on Harmonisation of Private Law in the EU,* EUI Working Papers, Law No. 99/7, S. 22 ff.

Prozess sollte begleitet werden von Wissenschaftlern, die durch ihre Schriften das Recht festigen sollten. Auf diese Weise bilde sich dann eine eigene Dogmatik. Gemeinsame Grundsätze lassen sich aus dieser europäischen Dogmatik ableiten. So werden der internationalen Wirtschaftsgemeinschaft Regeln zur Verfügung gestellt, die sowohl Praxis als auch Gewohnheit sind. In diesem neuen europäischen Recht sollen anschließend die Studierenden der Rechtswissenschaft unterrichtet werden, die es dann, sollten sie einmal Richter werden, in ihren Entscheidungen auch anwenden. Über die Wissenschaft als Vermittlerin soll so langsam ein europäisches Vertragsrecht gefestigt werden.[1]

In den letzten Jahrzehnten wurde dieser Weg bereits eingeschlagen und von Juristen betrieben, deren Kenntnisse weit über das Recht ihres Heimatlandes hinausgingen.[2] Diese Juristen werden auch gebraucht, wenn es zur Durchsetzung der Idee der Kodifikatoren kommt. Einige Wissenschaftler in dieser Gruppe fordern ein europäisches Zivilgesetzbuch.[3] Dieses Gesetzbuch kann aber in vielerlei Gestalt in Erscheinung treten. Es besteht zum einen die Möglichkeit, ein verbindliches Gesetzbuch zu schreiben, oder zum anderen ein *soft law* zu entwickeln, das Grundsätze (*Principles*) darlegt. Die meisten Juristen sind derzeit mehr für den *soft law*-Weg, wie ihn auch die UNIDROIT *Principles* gegangen sind. Darüber hinaus werden aber auch Lehrbücher, Materialsammlungen und Aufsätze benötigt, die die Diskussion unter den Juristen fördern, und für den Rechtsunterricht an den Universitäten eingesetzt werden können.

Sollte man beide Wege bewerten, so hat die kultivatorische Linie auf den ersten Blick Vorteile. Die Juristen gewöhnen sich leichter an langsame Entwicklungen. Allerdings wird es sehr lange dauern, auf diesem Wege eine Europäisierung zu erreichen. Die beste Lösung wäre es beide Wege Hand in Hand gehen zu lassen.

1 Diesen Weg ebnet das "Ius Commune Casebooks for the Common Law of Europe" Projekt. Anhand von Entscheidungen und Rechtsfällen und den entsprechenden Lösungen werden Studenten zu europäischen Juristen herangebildet. Siehe www.law.kuleuven.ac.be/casebook/index.php.

2 Neben den akademischen Studiengruppen, die gemeinsame Grundprinzipien erstellen und diese auch in den Lehrveranstaltungen gebrauchen gibt es weitere Initiativen. So zum Beispiel die Salzburg Summerschool on European Private Law, die seit dem Jahr 2000 jeden September an der Universität Salzburg stattfindet und in der eine Einführung in mehr als 15 verschiedene Rechtssysteme angeboten wird und auch besonders auf die Einbindung von internationalen Verträgen und gemeinsamen Grundprinzipien geachtet wird. Um eine breite rechtsvergleichende Ausbildung, vor allem von Doktoranden, bemüht sich auch die Ius Commune Onderzoeksschool mit Sitz in Maastricht.

3 Als Namen seien hier vor allem Christian von Bar und Giuseppe Gandolfi genannt.

Die Gestalt eines einheitlichen Europäischen Gesetzbuches dagegen, sei es ein Verbraucher-, ein reines Vertragsgesetzbuch oder ein vollständiges Zivilgesetzbuch, eben ein *jus commune europaeum*, wird vor allem von politischen Entscheidungen bestimmt sein.[1] Dabei ist vor allem wichtig zu entscheiden, wer der Träger dieser politischen Entscheidungen sein soll.[2]
Der Prozess eines europäischen Rechtsdenkens würde durch eine gemeineuropäische Kodifikation gestärkt werden. Solch eine Kodifikation könnte auch die Funktion eines Gemeinschaft stiftenden Symbols einnehmen und beitragen zur europäischen Identifikation der Bürger. Neben dem Euro und dem europäischen Banner fehlt es ja an europäischen Symbolen.[3]
Eine Kodifikation würde die europäische Integration fördern können, auch im Hinblick auf die Rechtsharmonisierung im Rahmen der EU-Osterweiterung. Diese Dimension kommt meines Erachtens zu kurz in dem Konsultationsprozess. Auch die Mitteilung der Kommission zum Vertragsrecht aus dem Jahre 2001 erwähnte an keiner Stelle die damals noch anstehende EU-Osterweiterung, die 2004 und 2007 stattfand. Auch wurde nirgends darüber nachgedacht, dass die Erweiterung noch fortschreiten kann und die Hinzunahme weiterer Länder Einfluss haben wird auf das Vertragsrecht. Das ist verwunderlich, denn gerade in den östlichen europäischen Ländern wird derzeit an neuen, modernen Kodifikationen gearbeitet. Viele der östlichen Länder schauen dabei intensiv nach den akademischen Vereinheitlichungsprojekten und den internationalen Übereinkommen und integrieren Teile davon bereits in die Kodifikationsarbeiten. Somit sind diese zukünftigen Kodifikationen viel moderner als alle westlichen Kodifikationen.
Dennoch leben wir in Europa in den meisten Ländern mit einer großen Rechtszersplitterung, die zustande gekommen ist durch internationale Übereinkommen sowie europäische Regelungen auf der einen Seite und die vertrauten nationalen Gesetze auf der anderen Seite. Es bleibt derzeit noch offen, ob diese kombi-

1 So auch Heiss, Vom EU- zum gesamteuropäischen Privatrecht?, in: MPI (Hrsg.), *Festschrift zum 75-jährigen Bestehen des Max-Planck-Instituts für ausländisches und internationales Privatrecht,* Tübingen 2001, S. 123-140.

2 Grundmann spricht sich dafür aus, dass diese Entscheidungsträger nicht jene Wissenschaftler sein sollten, die an den Vorarbeiten an einem gemeinsamen europäischen Referenzrahmens auf dem Gebiete des Vertragsrechts teilnehmen. Siehe Grundmann, The Optional European Code on the Basis of the Acquis Communautaire - Starting Point and Trends, *European Law Journal*, Vol. 10, No. 6, November 2004, S. 710.

3 Siehe dazu auch: Van der Velden, *Unieburgers en staatsbugers; De invloed van het Europese gemeenschapsrecht op het nationaliteitsrecht van de lidstaten*, Preadvies voor de NVIR, The Hague 2004.

nierte Lösung aus nationalem und transnationalem Recht aus ökonomischer und rechtlicher Sicht sinnvoll ist.
Umfassende Rechtsvorschriften auf EG-Ebene hätten den großen Vorteil, dass dadurch auch die Juristenausbildung einheitlicher würde.[1] Zwar ist Bildung auch weiterhin eine vorwiegend nationale Angelegenheit, aber wenn die zu erlernenden Normen gleich wären, so käme das auch dem freien Verkehr von Personen zu Gute und alle europäischen Studenten der Rechtswissenschaften hätten die gleiche Basis. Auch würde das die gegenseitige Anerkennung der Studienleistungen noch weiter vereinfachen.[2] Außerdem wäre auch eine mehrsprachige Ausbildung leichter, wenn es einen einheitlichen Bezugsrahmen geben würde, nämlich Gesetze mit dem gleichen Inhalt.[3] Begriffe und Konzepte könnten von Anfang an auf der Grundlage eines gemeineuropäischen Verständnisses erlernt und angewendet werden.
Die Probleme des derzeitigen europäischen Privatrechts sind vielfältig. Zum Teil liegen sie in der Geschichte, so erhielt die Europäische Gemeinschaft nur eine funktionale Ermächtigung einzelne Bereiche des Privatrechts zu regeln, soweit diese zum Aufbau und Funktionieren des Binnenmarktes beitrugen (z.B. Art. 100, 100a; 54 III, lit. g EGV).
Aus dieser Haltung heraus entstand eine Richtliniengeneration, die sich mit konsensfähigen Minimalstandards zufrieden gab und nicht zu erheblich in das nationale Recht der Mitgliedstaaten eingriff. Einige Jahre später änderte sich dieser Kurs vor allem im Vertragsrecht und Richtlinien zum Verbraucherschutz entstanden, die aber nie eine einheitliche Definition des Verbrauchers als Ausgangspunkt hatten und völlig verschieden in das nationale Recht implementiert wurden.

1.3. Ein einheitliches Kaufrecht für den europäischen Markt

Gerade durch die Entwicklungen innerhalb der Europäischen Union ist eine Vereinheitlichung verschiedenster Bereiche des Vertragsrechts besonders denkbar geworden. Durch den Vertrag von Amsterdam wurde im großen Rahmen die Kompetenz zur souveränen Rechtsetzung von den Nationalstaaten auf die Europäische Union selber übertragen.[4] Regionale Rechtsharmonisierung über an-

1 Lando, Teaching a European Code of Contracts, in De Witte and Forder (Hrsg.), *The Common Law of Europe and the Future of Legal Education.* Deventer 1992, S. 223-237.

2 Siehe dazu auch Schneider, *Die Anerkennung von Diplomen in der Europäischen Gemeinschaft.* Antwerpen 1995.

3 Siehe Heutger, Das Privatrecht im Prozess der Europäischen Integration, *Electronic Journal of Comparative Law* (September 2003), Vol. 7.3, 1-30.

4 Kronke, UNIDROIT 75th Anniversary Congress [...], *Unif. L. Rev.* (2003), S. 16.

grenzende Landesgrenzen hinweg ist keineswegs eine Utopie. Allein schon durch die Europäische Union kennen wir das Phänomen der bidimensionalen Gesetzgebung, also europäischer auf der einen Seite und nationaler auf der anderen Seite.[1] Erst wird auf Unionsebene eine Gesetzgebung als verbindliches Instrument entworfen und später wird diese Regelung in nationales Recht implementiert. Als dritte Dimension kommt in einigen Bereichen auch noch internationales Recht hinzu. Das Kaufrecht kann auf eine Geschichte zurückschauen, die sich in allen drei Dimensionen abspielte. Sowohl internationales, wie auch europäisches und nationales Recht prägen das in den einzelnen Mitgliedstaaten anzuwendende Kaufrecht. Durch den Welthandel und die beinah überall erhältliche Produktvielfalt ist Kaufrecht ein Recht, welches an kaum einer Grenze haltmacht und tagtäglich viele Grenzen überschreitet.
Über eine Landesgrenze hinweg ist Gesetzgebung also auch möglich und ebenso sogar in einem noch größeren Rahmen. Ein bekanntes Beispiel für diese Tatsache ist die internationale Anerkennung des UN-Kaufrechts.[2] Diese Regelung ist jedoch nicht zur Anwendung für alle Typen von Kaufverträgen in Europa geeignet. Das UN-Kaufrecht wurde als internationale handelsrechtliche Norm entworfen. Da es handelsrechtlichen Standards entsprechen sollte, wurden Konsumentenkäufe nicht berücksichtigt und deutlich vom Anwendungsbereich in Artikel 2a UN-Kaufrecht ausgeschlossen. Gerade in diesem Bereich hat die EU aber in den letzten Jahren Richtlinien erlassen, die verbindliche Geltung in den Mitgliedsstaaten haben. Ein Blick in die Gesetzesbücher der Mitgliedstaaten lässt schnell deutlich werden, dass große Teile des Privatrechts stark beeinflusst und einige Bereiche geradezu dominiert werden von europäischem Recht. Würde man alle europarechtlich beeinflussten Teile der Zivilgesetzbücher farbig markieren, so würden große Teile nicht auf nationalen Rechtsregeln fußen, sondern deutlich auf einen europäischen Gesetzgeber zurückzuführen sein. Das Kaufrecht kann sogar geradezu als Paradebeispiele gesehen werden, wo richtungweisende Entscheidungen außerhalb des Nationalstaates gefallen sind. Fast alle Regeln rund um den Verbraucherkauf sind beeinflusst von der Richtlinie 1999/44/EG zum Verbraucherkauf. Identisch sind die jeweiligen Regelungen der Mitgliedstaaten aber dennoch nicht. Nicht in allen Ländern ist der Schutz der Verbraucher gleich gestaltet. Es wäre wünschenswert, wenn der mit Euro zahlende Käufer auch mit gleichen rechtlichen Strukturen rechnen könnte.

[1] Weitere Ausführungen zur Bidimsionalität bei Remien, *Zwingendes Vertragsrecht und Grundfreiheiten des EG-Vertrags*, Tübingen 2003. S. 39.

[2] Dennoch gibt es auch durchaus kritische Stimmen, so Cuniberti, Is the CISG benefiting anybody?, *Vanderbilt Journal of Transnational Law*, Vol. 39, (2006), S. 1511-1550.

Das würde nicht nur die Glaubwürdigkeit der Währung stützen, sondern würde auch der Rechtssicherheit dienen und den grenzüberschreitenden Verkehr noch weiter erleichtern.
Allerdings kann ein europäisches Kaufrecht nicht allein nur durch Umsetzung von Regeln, die aus Brüssel vorgegeben werden oder aus purer Rechtsvergleichung entstehen, sondern muss viel mehr durch ein Vergleichen von Systemen, Ordnungen, Traditionen und ökonomischen Überlegungen entwickelt werden, um so wirklich den Anforderungen des europäischen Marktes zu entsprechen.[1] Es gibt keine Patentlösung oder deutliche Anleitung, um ein europäisches Kaufrecht zu entwerfen. Vielmehr müssen verschiedene Faktoren in die Überlegungen mit hinein fließen, um so etwas Einheitliches entstehen zu lassen.

1.4. Stellungnahme

Die gemeinsamen Arbeiten an einem Entwurf zu einem gemeineuropäischen Kaufrecht haben deutlich gemacht, dass der Weg begehbar ist. Zwei Entwürfe liegen inzwischen vor.[2] Ebenso kann auf Erfahrungen internationaler Art zurückgeschaut werden.[3] Allerdings ist es kein gerader Weg. Die Schutzinteressen von Verbrauchern müssen sorgfältig abgewogen und ausgearbeitet werden. Die Vertragsfreiheit der Parteien muss bedacht werden und die verschiedenen schon vorhandenen Regelungen, wie das UN-Kaufrecht und das Richtlinienrecht müssen unter einen gemeinsamen Nenner gebracht werden. Probleme wie Lager- und Transportkosten dürfen nicht übersehen werden.
Bisher sind alle Arbeiten an einem europäischen Modellgesetz in den Händen von Wissenschaftlern, Anwälten und Richtern aus ganz Europa. Die Arbeit in einer multikulturellen und mehrsprachigen Arbeitsgruppe mit Juristen aus verschiedenen Ländern, aber eben ohne eine politische Agenda, ist eine gewinnbringende Herausforderung in jeder Hinsicht. Zum einen kommen viele Ideen auf den Tisch, zum anderen kann niemand seine eigene Rechtstradition dauerhaft zurückhalten und zum anderen lässt die Vielsprachigkeit auch hin und wieder Barrieren entstehen, die nur durch genaue Beschreibung und Neudefinition von Begriffen und Konzepten überwunden werden können.

[1] Siehe auch Grossfeld, Kernfragen der Rechtsvergleichung. Tübingen 1996, S. 289. Grundlegend zu dem Gedanken eines gemeinsamen Kaufrechts: Rabel, Das Recht des Warenkaufs I. Berlin 1957; ders., *Das Recht des Warenkaufes II*. Berlin 1958.

[2] Siehe www.sgecc.net. Auf dieser Website ist der Entwurf der Study Group on a European Civil Code abrufbar. Außerdem liegt auch schon ein Vorentwurf der Arbeitsgruppe von Giuseppe Gandolfi vor.

[3] Siehe dazu die Database www.unilex.info.

Unterschiedliches Tempo und Mentalität spielen auch beim Abfassen von juristischen Texten innerhalb solcher Gruppen eine bedeutende Rolle. Aus eigener Erfahrung kann ich auf viele Ideen zurückschauen, die den Entstehungsprozess eines Entwurfs zu einem europäischen Kaufrecht begleitet haben. Sechs Jahre Zusammenarbeit haben uns in der Utrechter Arbeitsgruppe nie von dem Gedanken abbringen können, dass eine Rechtsharmonisierung oder vielleicht sogar eine Rechtsvereinheitlichung des Kaufrechts möglich sein wird und auch entscheidende Vorteile mit sich bringen wird. Nur bezüglich der Prognosen, in welcher Gestalt ein gemeineuropäisches Kaufrecht seine Rolle im internen Markt spielen wird, wurden wir im Laufe der Jahre vorsichtiger. Während der Arbeiten an einem rein akademischen Entwurf wurde die Kursrichtung auf einmal geändert und was einmal ein wissenschaftliches Modell werden sollte, wurde auf einmal ein offizielles Papier, welches bei der Europäischen Kommission zur Diskussion steht. Im Jahre 2004 bekam die Utrechter Arbeitsgruppe nämlich den Auftrag einen Kaufrechtsentwurf für den gemeinsamen europäischen Referenzrahmen zu entwerfen.[1]

2. Faktoren des grenzüberschreitenden Handels

Das Recht kann einen deutlichen Beitrag zur Stärkung des Binnenmarktes liefern. Welche übrigen Faktoren einen Beitrag liefern müssen, ist wiederholt untersucht worden. Außer den Faktoren, die den Binnenmarkt stärken, wurden auch Organisationen und grenzüberschreitende Märkte mit ähnlichen Merkmalen wie die Europäische Gemeinschaft untersucht. Der bilaterale Handel, also der Handel über die Landesgrenze hinweg, ist deutlich beeinflusst durch verschiedene Faktoren, welche nicht nur rechtlicher Natur sind.[2]

1 Siehe dazu auch Annex I und Annex II. Der Referenzrahmen ist eine Schöpfung der Europäischen Kommission. Mit Hilfe eines einheitlichen gemeineuropäischen Referenzrahmens will die Kommission den Weg zu einem kohärenteren Vertragsrecht ebnen und eventuell auch die Weichen stellen für ein optionelles Instrument. Siehe Heutger, Ein kohärenteres europäisches Vertragsrecht - Ein Aktionsplan, *Jusletter*, 17. Februar 2003, 1-8. Die einschlägigen Dokumente der Kommission sind COM(2003) 68 final und vor allem European Contract Law and the revision of the acquis: the way forward COM(2004) 651 final.

2 Siehe die Argumente von Bradgate, Harmonisation of legal guarantees: a common law perspective, *Consumer Law Journal* 1995, S. 95-97. Cf. Cranston, The Green Paper on guarantees, *Consumer Law Journal* 1995, S.110, welcher nur den Verkauf von Kraftfahrzeugen als Ausnahme ansieht.

2.1. Eine Untersuchung der *World Trade Organisation* als Modell

Man kann an die im Folgenden beschriebenen Faktoren des grenzüberschreitenden Handels denken, welche bei einer Untersuchung der *World Trade Organisation* beobachtet wurden. Diese Faktoren üben aber auch in verschiedener Stärke Einfluss aus auf den Handel im Binnenmarkt.[1] Es ist keineswegs der Nationalstaat selber, der den Markt in der Hand hat, sondern viel mehr ist es die Beziehung zu anderen Staaten und der Platz des Landes im internationalen Warenverkehr und seine strategische geographische Lage. Von Einfluss sind auch die wirtschaftliche Kraft des Landes, die Anzahl seiner Einwohner und die Länge der Wege, die in dem Land selber und zu anderen Ländern zurückgelegt werden muss, als auch die agrarische Struktur des Landes. Gibt es zwischen den Ländern eine gemeinsame Sprache, eine Handelstradition und eine vorhandene Infrastruktur, zum Beispiel eine gemeinsame Landesgrenze? Auch ist Handel in Bezug auf Transaktionskosten einfacher bei einer gemeinsamen Währung, gemeinsamen Rechtsregeln[2] und bei Mitgliedschaft in einer Wirtschaftsunion und bei der Sicherheit, dass gemeinsame Minimalstandards vorhanden sind. Solche und andere Faktoren, wie eine Tradition der Selbstregulierung des Marktes einerseits, oder eines gut ausgebildeten Verbraucherschutzes andererseits, beeinflussen den Handel entscheidend. Nach dieser Einführung seien nun ein paar charakteristische Merkmale gesondert aufgeführt:

a. Bruttosozialprodukt

Entscheidend für den grenzüberschreitenden Handel ist untere anderem das Bruttosozialprodukt, welches die Bürger zum Handel und vor allem zum Einkauf ermutigt, oder lieber vorsichtig in ihrem engsten Umfeld hält, um so wenige Risiken wie möglich einzugehen. Kauf- und Reisebereitschaft hängen entscheidend von der Höhe des Bruttosozialprodukts ab. Die jährliche Zunahme des Bruttosozialprodukts wird als Maßeinheit für die wirtschaftliche Entwicklung eines Landes angesehen. Ist das Wachstum des jährlichen Bruttosozialprodukts groß, so befindet sich das betreffende Land in einer Zeit starker wirtschaftlicher Entwicklung. Ist die Entfaltung gering oder sogar negativ, so stagniert die wirtschaftliche Entwicklung oder das Land erlebt eine Zeit

[1] Die hier genannten Faktoren wurden von Rose genannt in Bezug auf eine Studie, die die Wirksamkeit der *World Trade Organisation* untersuchte. Da die dort genannten Probleme vergleichbar mit jenen in Europa waren, wurden die Faktoren hier größtenteils übernommen. Rose, Do we really know that the WTO increases trade?, *EUI Working Papers,* RSC No. 2003/15, Transatlantic Programme Series.

[2] Siehe dazu auch Hesselink, Non-Mandatory Rules in European Contract Law, *ERCL* 1/2005, S. 46.

wirtschaftlicher Rezession mit hohen Arbeitslosenzahlen. Entsprechend verhält sich der Lebensstandard seiner Bevölkerung. Das Bruttosozialprodukt ist auch ein Indikator dafür, wie viel Energie ein Land verbrauchen wird und wie hoch das individuelle Budget für Ferienreisen sein wird. Daraus ist dann auch wieder abzuleiten, wie hoch die Bereitschaft sein wird, um an grenzüberschreitenden Transaktionen teilzunehmen. In der Regel ist es so, dass desto höher das Bruttosozialprodukt ist, desto mehr Güter werden auch verkauft.

b. Populationsdichte

Ein weiterer Faktor, der auch Einfluss auf das Kaufrecht hat, ist die Populationsdichte. In der Regel ist die Infrastruktur in dicht bevölkerten Staaten sehr gut entwickelt. Das heißt, dass handelsübliche Produkte in der Nähe des jeweiligen Bürgers ohne Schwierigkeiten erhältlich sein. Zur Erhaltung der Funktionsfähigkeit des dichten Marktes werden die bestmöglichen Handelsbeziehungen effizient genutzt. In ländlichen Regionen, mit einer geringen Populationsdichte, wird ein Verbraucher gerade für die Dinge des täglichen Lebens auf die Infrastruktur der unmittelbaren Umgebung zurückgreifen, um die ohnehin schon langen Wege nicht noch weiter auszudehnen.
Durch die Inanspruchnahme der umliegenden Geschäfte gewinnt der Verbraucher auch Sozialkontakte, die ihm soziale Sicherheit einbringen. In der Anonymität einer Großstadt dagegen wird ein Konsument nicht unbedingt alle seine Alltagsgeschäfte immer in der gleichen Umgebung machen wollen, da in den meisten Fallen keine soziale Bindung entsteht. Je nach Wohnlage und Populationsdichte sucht der Bürger also sein eigenes Umfeld, in dem er Einkäufe tätigt. Je nach Angebot wird er mehr oder weniger schnell versucht sein auch einmal Spontaneinkäufe mit nach Hause zu bringen. Je nach Populationsdichte und entsprechendem Angebot, wird auch die Bereitschaft verschieden sein, bestimmte Waren aus dem Ausland zu beziehen.

c. Gemeinsame Sprache

Eine gemeinsame Sprache verhindert eine Sprachbarriere und steigert vor allem das Vertrauen des Verbrauchers in seinen Vertragspartner. So ist ein grenzüberschreitender Handel zwischen Österreich und Deutschland einfacher und der Markt leichter zugänglich durch die gemeinsame Sprache, als z.B. der Handel zwischen Tschechien und Ungarn. Auch im Geschäftsbereich ist dies ein wichtiger Punkt, da er in der Regel extra Übersetzungskosten bei den Vertragsverhandlungen erspart.[1]

[1] Heutger, Law and Language in the European Union, *Global Jurist,* 2, 2003, S. 7.

Auch ist es für den Verbraucher leichter möglich sich direkt an den Verkäufer zu wenden, wenn er nicht erst noch eine andere Sprache sprechen muss, oder eine Hilfe bei der Konversation mit dem Verkäufer suchen muss. Allerdings muss es als eine der zentralen Aufgaben der Europäischen Kommission gesehen werden, in diesem Bereich zweckmäßige Regelungen zu entwerfen, was bislang leider noch nicht geschehen ist. Vor allem im Verbraucherbereich ist die Sprachenwahl häufig auch eine rein politische Entscheidung. Wie nah will ein Staat bei seinen Bürgern sein? Welchen Stellenwert haben die nationalen Minderheiten? Je nachdem, wie diese Fragen beantwortet werden, werden auch die Sprachanforderungen im Vertragsrecht sein. Von der politischen Entscheidung hängt es vor allem ab, ob zum Beispiel eine Garantie auch in der regionalen oder Minderheitssprache gegeben werden muss.[1]

d. Eine gemeinsame Landesgrenze

Eine gemeinsame Landesgrenze bedeutet regionale Nähe und erleichtert den Transport. In diesem Zusammenhang ist auch zu beobachten, dass sich derzeit viele grenzüberschreitende Regionen bilden. Diese Regionen bauen intensiv ihre Infrastruktur aus, um leichter auf die Märkte der angrenzenden Länder zurückgreifen zu können und um auch nicht spezielle Angebote in jedem einzelnem Land in voller Intensität anzubieten. Gerade Drei-Länder Regionen sind hier sehr interessant, wie zum Beispiel der Raum Maastricht, Lüttich und Aachen. In grenzüberschreitenden Regionen besteht so ein großes Entwicklungspotenzial, welches genutzt werden sollte. Gerade in diesen Regionen würde ein gemeinsames Kaufrecht das Vertrauen in den Markt fördern.

Die Dimension des grenzüberschreitenden Routinekaufs wurde von einem Kommissar der Europäischen Union bereits in Worte gefasst. Er wies darauf hin, dass der grenzüberschreitende Kauf nie den normalen Alltagskauf in der nahen Umgebung ersetzen wird. Allerdings wird der Kaufpreis von Waren in ganz Europa mitbestimmt durch den grenzüberschreitenden Kauf.[2]

e. Insellage

Das Kaufverhalten von Inselstaaten ist wiederum anders, da hier von vorneherein eine andere Logistik nötig ist, und ein Import in der Regel notwendig ist. Allerdings ist auch hier zu sagen, dass gerade in Insellagen eine Versorgung nicht im Geringsten immer durch das jeweilige nationalstaatliche Festland

[1] Siehe Heutger, Sprachenwahl als politische Entscheidung, *LSP and Professional Communication*, Vol. 6, No. 1, April 2006, S. 89-100.

[2] Siehe Pressenachricht 'Unlocking the potential of cross-border shopping in the EU' (IP/02/1683) mit Zitaten von Kommissionär David Bryne.

geschehen muss. Viele Inseln in Europa liegen in einer solchen geographischen Lage, dass eine Versorgung ohne Schwierigkeiten auch von einem Nachbarland übernommen werden könnte.[1] Als Satelliten sind gerade Inseln aber immer orientiert auf den jeweiligen Nationalstaat. Auch hier besteht noch Entwicklungspotenzial und ein gemeinsames Kaufrecht käme auch in diesem Fall den grenzüberschreitenden Handelsinteressen entgegen.
Allerdings sehen wir gerade an dem Vereinigten Königreich, dass auch eine gewisse Autonomie der Inseln möglich ist. So ist das Vereinigte Königreich kein Mitglied der UN-Kaufrechts und hat auch den EURO nicht als gemeinsame Währung eingeführt. Wieder andere Inseln, sind geradezu ungemerkt zur EU gekommen, ohne dass es wahrgenommen wurde, so z.B. die karibischen Inseln Frankreichs. Wohingegen die Inseln des Königreichs der Niederlanden (Aruba, Bonaire, Curacao, St. Eustatius, Saba und Sint Maarten) nur unter den Artikel 182 EG-Vertrag über die Assoziierung der überseeischen Länder und Hoheitsgebiete fallen. Im Jahr 2008 werden die Inseln St. Eustatius, Saba und Bonaire niederländische Gemeinden. Dieser neue Status wird es mit sich bringen, dass diese Inseln dann auch zur Europäischen Union gehören werden.

f. Gebietsgröße

Die Gebietsgröße im Verhältnis zur Populationsdichte beeinflusst auch das Kaufverhalten und das Warenangebot. Ein größerer Staat wird es auch immer leichter haben, all jene Waren, die er nötig hat, selber zu produzieren im Gegensatz zu einem Staat mit einer kleinen Gebietsgröße, in dem schnell die Personen, die Ressourcen und die Infrastruktur fehlen. Oder andererseits wird gerade in Ländern mit einer geringen Gebietsgröße aber mit einer enormen Bevölkerungsdichte viel importiert werden müssen, da der Bedarf aus eigenen Ressourcen nicht gedeckt werden kann.

g. Eine gemeinsame Währung und gemeinsame Standards

Vor allem spontane Kaufentscheidungen im Ausland werden durch eine gemeinsame Währung erleichtert. Allerdings hat die Europäische Union aufgrund von Studien immer wieder darauf hingewiesen, dass die meisten grenzüberschreitenden Verbraucherkäufe reine Ferienkäufe sind und keine Basis bilden für einen ständigen grenzüberschreitenden Verkehr. Innerhalb des Binnenmarktes ist aber neben der weit reichenden gemeinsamen Währung auch

[1] Man denke z. B. an die Insel Korsika und ihre Nähe zu Italien, oder die niedersächsischen Nordseeinseln und ihre Nähe zu den Niederlanden und umgekehrt die Nähe der niederländischen Inseln zu Deutschland. Oder auch an die überseeischen Inseln, die zu Frankreich, den Niederlanden oder England gehören.

noch an andere gemeinsame Standards zu denken, wie gemeinsame DIN-Normen, ein gemeinsames Stromnetz und gemeinsame Steckdosenstecker. Wichtig ist auch die Harmonisierung und gegenseitige Anerkennung von Studienleistungen, vor allem auch von Juristen in den einzelnen Ländern. Ein Schritt in diese Richtung wurde bereits gemacht mit den übertragbaren Punkten des *European Credit Transfer System* (ECTS).[1]

h. Mitgliedschaft in einer Wirtschaftsunion

Es ist nachgewiesen, dass Länder, die durch eine Wirtschaftsunion miteinander verbunden sind mehr Handel miteinander haben, als jene Länder, die nur durch eine gemeinsame Grenze oder durch eine gemeinsame Sprache miteinander verbunden sind.[2] Das hängt auch damit zusammen, dass ein gleich hoher Standard erwartet wird, Rechtsdurchsetzungsabkommen vorhanden sind und Vorurteile schnell abgebaut sind. Der bestehende Binnenmarkt war also der richtige Weg. Allerdings muss dieser Weg noch weiter verfolgt werden, um neue Länder integrieren zu können und um Wachstumspotenziale rechtzeitig wahrnehmen zu können. Eine Wirtschaftsunion braucht einen deutlichen rechtlichen Rahmen, um dauerhaft funktionieren zu können. Handel hängt in vielen Bereichen auch von einheitlichen Regeln zum Transport- und Kaufrecht ab. Daher sollten diese Bereiche im großen Rahmen so schnell möglich harmonisiert und wo nötig vereinheitlicht werden.

i. Nationale Rechtsnormen

Heute überschreiten immer mehr Hersteller die nationalen Grenzen. Daher wird in vielen Fällen das Konzept eines rein nationalen Kaufrechts praktisch bedeutungslos. Schaut man in die Kühlregale der Supermärkte, so sieht man in Ungarn, wie in Deutschland oder Österreich dieselben Milchprodukte. Schon lange sind hier Grenzen überschritten worden. Das jeweilige Heimatland des Produktes, oder gar die ursprüngliche Herkunftsregion, ist nur noch in seltenen Fällen dem Konsumenten auf den ersten Blick hin ersichtlich. Die wirtschaftliche Einheit erzeugt hier spiegelbildlich auch eine notwendige Einheit eines Vertragsrechtes. Warum sollte der Früchtequark in Deutschland unter anderen rechtlichen Bedingungen als in den Niederlanden eingekauft werden und so den Weg zum Konsumenten finden?

[1] Europäisches System zur Übertragung und Akkumulierung von Studienleistungen (ECTS), http://ec.europa.eu/education/programmes/socrates/ects/index_de.html.

[2] Rose, Do we really know that the WTO increases trade?, *EUI Working Papers,* RSC No. 2003/15, Transatlantic Programme Series, S. 7.

Die nationale Wettbewerbsfähigkeit kann durch ein gemeinsames Kaufrecht nur gestärkt werden. Anderenfalls kann es schnell zu einem Ungleichgewicht in Europa kommen, da sich die Anbieter die jeweils bestpassenden rechtlichen Strukturen in den jeweiligen EG-Mitgliedstaaten aussuchen.

j. Beziehung von Transaktionsrecht und Marktregulierung

Das Kaufrecht befindet sich auf einer schwierigen Grenzlage zwischen bewusst gewollter Vertragsautonomie und notwendiger Marktregulierung zur Gewährleistung eines wettbewerbsfähigen Marktes. So wird auch das Wettbewerbsrecht ständig angepasst. Je mehr sich das Verhältnis von Vertragautonomie und Marktregulierung die Waage hält, umso stärker kann dieser Markt sein.
Verschiedene Einflüsse können, neben den schon angedeuteten, einen grenzüberschreitenden Kauf unterstützen oder auch behindern, man denke nur an das Transportrecht. Diese Einflüsse sind sowohl für den Verbraucherkauf als auch für den Handelskauf von Bedeutung. Es ist an den Wirtschaftswissenschaftlern diese Einflüsse zu berechnen.[1] Aber auch der Jurist muss all jene Faktoren beachten, die Einfluss haben könnten auf grenzüberschreitende Regelungen. Gerade der Verbraucher ist in der Regel gefühlig für bestimmte Einflüsse. Marktregulierung und Verbraucherschutz müssen Hand in Hand gehen, um den Markt im Gleichgewicht zu halten.

2.2. Der Euro und das Kaufrecht

Seit dem 1. Januar 2001 wurde der Verbraucher auf Schritt und Tritt bei jedem Einkauf in den Ländern der Währungsunion mit der zukünftigen gemeinsamen Währung konfrontiert und seit dem 1. Januar 2002 ist diese einheitliche Währung zur Realität geworden.[2] Alle Preisangaben wurden in der Übergangszeit und später in der Zeit der Eingewöhnung sowohl in der heimatlichen Währung als auch in Euro gezeichnet. Hier wurde also eine gewisse Uniformität geschaffen.[3] Zuvor hatte man mehr verschiedene Währungen als man verschiedene

[1] Siehe dazu Rose, Do we really know that the WTO increases trade?, *EUI Working Papers*, RSC No. 2003/15, Transatlantic Programme Series, S. 2 ff und 16 ff.. Alle oben genannten Faktoren werden dort benannt und in einer Formel ausgedrückt und für die verschiedensten Länder berechnet.

[2] Siehe auch die Website der Kommission zum Thema "Der Euro: unsere Währung" unter http://europa.eu.int/euro/entry3.html.

[3] Zur Legitimation dieser zunächst umstrittenen Währungsunion, siehe Christian Joerges, Das Recht im Prozess der europäischen Integration, *EUI Working Paper Law*, No. 95/1, S. 33. Seiner Ansicht nach war die europäische Währungsunion ein zum Erfolg verpflichtetes Projekt und ist auch daher legitimierbar.

Landessprachen hatte. Nun hat sich dieses Verhältnis verschoben und die EU zählt deutlich weniger Währungen als Sprachen. Sicher ist die Sprache deutlich identitätsbildender als eine gemeinsame Währung. Auch ist die Betroffenheit des einzelnen Bürgers, wenn es um die Sprache geht, viel stärker als bei einem reinen Zahlungsmittel. Dennoch ist ein einheitliches Zahlungsmittel ein geeignetes Mittel um die europäische Integration voranzubringen und Transaktionskosten zu sparen.[1] Es liegt also Nahe diese beiden Faktoren, die den gemeinsamen Markt mitgestalten auch vorsichtig zu vergleichen. Vor allem die Frage nach der Art der Einführung einer neuen uniformen Maßnahme und deren Akzeptanz ist von entscheidender Wichtigkeit für den späteren Erfolg der Maßnahme.

Einige Jahre später sind vor allem die südeuropäischen Länder, die zuvor in großen Summen rechneten so erinnerungsträchtig, dass sie auch weiterhin in der alten, wie auch der neuen Währung ihre Waren beschriften und bei allen Rechnungen auf den Gegenwert hinweisen.[2] Dennoch fiel durch den Euro relativ schnell, auch in den Köpfen der Verbraucher, das lästige Umrechnen von einer Währung in die andere weg. In den ersten Jahren dachten viele noch an den äquivalenten Preis aus der Zeit vor der Einführung des Euro, aber schon schnell wuchs eine Vorstellung vom Wert der neuen Währung. Ein reiner Preisvergleich von einem Land zum anderen Land wurde in den Ländern der Währungsunion auf einmal eine transparente Angelegenheit frei von dem Risiko der Währungsschwankung.

Trotz der Einführung des Euro kann man dennoch nicht von einer gleichen Kaufkraft in den Ländern der Währungsunion sprechen. Dessen ungeachtet sind auch hier Entwicklungen zu verzeichnen, die von großem ökonomischen Interesse sind. So ist ebenso festzustellen, dass nicht alle Länder in der gleichen Weise mit dem Euro umgehen. Einigen Länder, darunter den Niederlanden ist das kleine Münzgeld lästig, und seit 2004 wird dort in den Supermärkten abgerundet, unabhängig vom Willen und der Zustimmung des Verbrauchers. In Finnland wurden die 1 und 2 Cent Stücke sogar überhaupt nicht erst eingeführt. Solche politischen Entscheidungen wurden nach marktpolitischen Überlegungen

[1] Der Euro wurde im Jahre 2002 mit dem Internationalen Karlspreis zu Aachen ausgezeichnet, da er „wie kein anderer Integrationsschritt zuvor die Identifikation mit Europa befördert und damit einen entscheidenden, epochemachenden Beitrag zum Zusammenwachsen der Völkerfamilie leistet". Siehe Karlspreisträger 2002 unter www.karlspreis.de.

[2] Im November 2003 wiesen die meisten Kassenbons in Florenz noch auf den Gegenwert in Lire hin. Ebenso waren in Salzburg zu dieser Zeit noch viele Speisekarten ausschließlich (!) auf Schillinge lautend.

in undemokratischen Entscheidungsprozessen eingeführt, allein maßgebend war das Argument der Kostenersparnis. Diese Entwicklung war zuvor nicht voraussehbar. Es ist daher im Vorfeld auch genau zu überlegen, in wie fern auch ein gemeinsames Kaufrecht ein Selbstläufer werden könnte und welche Resultate es nach sich ziehen könnte, an die kaum jemand in der Entstehungszeit gedacht hat. Ein besonders heikler Punkt ist dabei auch die Rechtssprechung. Es ist sicher nicht der Sinn einer Rechtsharmonisierung, dass sich dann anschließend eine unterschiedliche Judikatur in den einzelnen Ländern herausbildet.

2.3. Einheit von Währung, Sprache und Recht?

Europa wuchs durch die Einführung des Euro im Alltagsleben zusammen.[1] Das Umwechseln von einer Währung in die andere fällt nun zwischen vielen Ländern weg und die Bürger der Euro-Länder rechnen in einer gemeinsamen Währung und können Preise problemlos vergleichen. Einheitlich sind die Preise derzeit nicht, und das ist auch der Sinn der Sache. Der Binnenmarkt soll dynamisch bleiben und somit auch wettbewerbsfähig. Unterschiedliche Preise geben dem grenzüberschreitenden Handel Schwung und machen den grenzüberschreitenden Handel attraktiv. Ein echter Binnenmarkt für den Verbraucher lebt von einem möglichst ausgewogenen Verhältnis zwischen einem hohen Verbraucherschutzniveau und wettbewerbsfähigen Unternehmen.[2] Ein ausgewogenes Verhältnis, welches sich auch in Preis und Qualität der angebotenen Waren widerspiegelt.

Inzwischen zahlt der Kunde in den Ländern der Währungsunion mit dem Euro, aber dennoch werden alle Kaufverträge weiter nach nationalem Recht abgewickelt. Preis und Recht sind nicht identisch. Praktisch gesagt, heißt das, dass zum Beispiel die Forderung auf die Kaufpreiszahlung unterschiedlich gestaltet sein können in den Euro-Ländern. Während ein unterschiedlicher Preis dem Markt einen positiven Impuls gibt, verhält es sich mit dem Recht anderes. Ein unterschiedliches Recht wird oft als Transaktionskosten erhöhend und als Hindernis erfahren. So wie jede Euromünze trotz Wertharmonisierung eine eigene nationale Seite trägt, ist auch das Recht des Landes, welches die Zahlung mit dem Euro akzeptiert sehr unterschiedlich.

Zwar gibt es gemeinsame Grundzüge, wie ein einheitliches Richtlinienrecht, welches der gemeinsamen Euromünzenseite gleicht, aber schaut man die Kehrseite der Münze und des Rechtes an, so sieht man deutliche nationale

[1] Siehe Consumer Policy Strategy 2002-2006 auf Seite 8: 'Cross-border opportunities should, therefore, become more evident for consumers'.

[2] Siehe Grünbuch der Kommission „Die Überprüfung des gemeinschaftlichen Besitzstandes im Verbraucherschutz". KOM (2006) 744 final, S. 4.

Unterschiede.[1] So wird zum Beispiel auch das Richtlinienrecht unterschiedlich in den einzelnen Ländern in die nationalen Gesetze implementiert. Die Münzen der Eurowährung zeigen auch deutlich, dass es trotz aller Harmonisierungsbestrebungen immer noch ein nationales Interesse an der Mitgestaltung gibt. Allerdings beeinträchtigt diese nationale Verschiedenheit im Eurofall die Funktionalität nicht, da alle Münzen in den Ländern der Währungsunion anerkannt werden, unabhängig aus welchem Euroland sie kommen und welches nationale Bild sie tragen. Viel mehr werden sogar einzelne Münzen als besondere Sammlungsobjekte besonders geschätzt. So ist es aber nicht mit dem Recht. Die Harmonisierungsbestrebungen des Richtlinienrechts führten keineswegs zu einem einheitlichen gleichen Anwendungsrecht, welches problemlos transferierbar ist. Deutliche nationale Besonderheiten prägen die einzelnen nationalen Rechtsordnungen im Bereich des Kaufrechts und stellen ein Hindernis für den Fremden dar. Aber nicht nur das Vertragsrecht ist unterschiedlich, ebenso unterschiedlich sind zum Beispiel auch die Regelungen über eine Vertragsstrafe. Fällige Summen landen in dem einen Land in der Staatskasse und in einem anderen bei der Gegenpartei. Unterschiede gibt es auch bei der Durchsetzung von Forderungen sowie bei der Dauer eines Prozesses. Auch gibt es bestimmte nationale Regeln in Hinblick auf die Anwendung eines bestimmten Rechts im grenzüberschreitenden Kauf. Eine freie Verwendung der jeweiligen Rechtsordnungen, in gleicher Weise wie die gegenseitige Annahme der nationalen Euromünzen, ist nur sehr eingeschränkt und zumeist nur für den spezialisierten Juristen möglich.

Aber der absolute Wille der einzelnen Länder zur Mitgestaltung der Euromünzen zeigt, dass zum einen ein Harmonisierungswunsch der Länder besteht, aber zum anderen auch ein Interesse daran besteht eine nationale Prägung mitzugeben. Diese Interessenlage ist auch im Bereich des Kaufrechtes vorstellbar. So ist eine weitergehende Harmonisierung, die funktionaler als der bisherige Richtlinienminimalstandard ist, gewünscht, allerdings sollte diese dennoch nicht einer nationalen Einbettung entbehren.

Der Euro zeigt, dass Harmonisierung möglich ist, wenn auch zum Teil ein hoher Preis dafür gezahlt werden muss, wie zum Beispiel ein gewisser Demokratieverlust. Auch ist die Harmonisierung nicht ohne Überzeugungskraft möglich und immer wieder muss mit Diskussionen und Widerstand gerechnet

[1] Allerdings sind kleine Detailunterschiede bei der Euro-Münze nicht nur auf der Bildfläche, sondern auch auf der Kante möglich. So ist auf der Seitenfläche der niederländischen Euro-Münze zu lesen: "*God zij met ons*", andere Länder wählten andere Schriftzüge, ein reines Sternchenmotiv (Belgien) oder nur einen Hinweis, dass es sich um 2 Euro handelt.

werden. Aber dieser Widerstand ist auch etwas positives, denn er zeigt wie brisant das Thema der Vereinheitlichung und Harmonisierung ist, und dass diese Prozesse sich keineswegs nur auf einer rationalen Ebene abspielen. Mit einer gemeinsamen Währung wird auch ein Stück nationaler Kontrolle über wirtschaftliche Vorgänge abgegeben.
Zusätzlich ist eine weite Akzeptanz entscheidend für den Erfolg des Harmonisierungsprozesses. Ohne Opfer war dieser Prozess scheinbar nicht möglich, wie auch der Mord an der schwedischen Politikerin Anna Lindh zeigte, die sich intensiv für die Einführung des Euro in ihrem Land eingesetzt hat.[1] Politische Morde kommen in der Regel unerwartet, daher können und dürfen diese nicht als Maßstab des Handelns gesehen werden und jeden Diskussions- und Konsultationsprozess von vornherein wegen etwaiger Risiken unterbinden. Akzeptanz ist oft beeinflusst mit Lobby und der richtigen Art der Kommunikation mit den Bürgern. Es ist daher vor allem sehr wichtig rechtzeitig darüber nachzudenken, wie so ein rechtlicher Harmonisierungsprozess ablaufen soll.
Da die europäische Integration ein stetiges Zusammenwachsen der Mitgliedstaaten beabsichtigt und schon große Meilensteine erreicht wurden, muss sich dieser Integrationsprozess auch fortsetzen und neue Bereiche behandeln. Nach der Einführung der Währung liegt es nun nahe, das mit Geldtransaktion eng verbundene Kaufrecht zu harmonisieren und dieses in einer Weise zu tun, die das Kaufrecht einfacher zugänglich und transparenter macht.

2.4. Das Problem Recht und Sprache

Ein europäisches Kaufrecht bedeutet auch, dass dieses allen Bürgern der Europäischen Union zugänglich sein muss. Zugänglichkeit beginnt mit einem Text in der jeweiligen Muttersprache.[2] Die Muttersprache ist aber eben nicht immer nur eine der anerkannten und zugelassenen EU-Sprachen[3], sondern kann

1 Siehe zu ihrem Gedächtnis auch: The Anna Lindh Euro-Mediterranean Foundation: http://europa.eu.int/comm/external_relations/euromed/euromed_foundation/network.htm.

2 Lopez-Rodriguez, Towards a European civil code without a common European legal culture? The link between law, language and culture, *Brookl. Journal of International law*, Vol. 29:3, S. 1195-1220.

3 Derzeit gibt es dreiundzwanzig Amtssprachen in der Union: Bulgarisch, Dänisch, Deutsch, Englisch, Estnisch, Finnisch, Französisch, Griechisch, Irisch, Italienisch, Lettisch, Litauisch, Maltesisch, Niederländisch, Polnisch, Portugiesisch, Rumänisch, Schwedisch, Slowakisch, Slowenisch, Spanisch, Tschechisch und Ungarisch. Irisch ist erst seit 2007 eine offizielle Amtssprache der EU. Durch die EU-Osterweiterung im Jahre 2004 kamen zu den bestehenden 11 Sprachen 9 weitere hinzu. Die neuen Sprachen wurden mit dem Tag des Beitritts den schon bestehenden Amtssprachen gleichgestellt. 2007 kamen daher auch noch Rumänisch und Bulgarisch hinzu.

auch eine Minderheitssprache oder eine regionale Sprache sein. Gerade der Kaufvertrag, der so nahe am Verbraucher ist, kann sich dem europäischen Sprachenproblem nicht entziehen. Derzeit wurde diesem Punkt noch nicht genug Beachtung geschenkt, obwohl die Problematik sehr deutlich ist. Es ist keineswegs so, dass ein jeder Käufer englisch spricht und liest und dazu fähig wäre eine Bedienungsanleitung für einen Radiowecker auf Englisch zu verstehen. Oder denken wir an eine Garantie, gerade dieses zugesicherte extra Recht will der Verbraucher natürlich auch verstehen. Allerdings ist dieses Problem der Sprachenvielfalt bisher in den Richtlinien zum Vertragsrecht wie auch in den zahlreichen Dokumenten der Kommission, inklusive den Aktionsplänen, nicht zur Sprache gekommen.[1] Exemplarisch sei hier nur die Richtlinie zum Verbrauchsgüterkauf in Hinsicht auf eine praktikable Sprachenregelung untersucht. Beginnen wir also mit der Richtlinie: In der einleitenden Erwägung stellt der Unterpunkt 2, dass der Binnenmarkt einen Raum ohne Binnengrenzen umfasst, in dem der freie Verkehr von Waren, Personen, Dienstleistungen und Kapital gewährleistet ist. Das hört sich sehr positiv an, lässt jedoch ganz allgemeine Probleme, wie zum Beispiel die Vielfalt der Sprachen in Europa ganz außer Acht. Ein direkter Hinweis auf die unterschiedlichen Sprachen der Verbraucher ist nicht zu finden.
Nur bei den Garantien kommt ein vager Hinweis auf die Sprachen. So sagt Artikel 6 Absatz (4):

„Die Mitgliedstaaten, in denen das Verbrauchsgut in Verkehr gebracht wird, können, soweit dies mit den Vorschriften des Vertrags vereinbar ist, für ihr Gebiet vorschreiben, dass die Garantie in einer oder in mehreren Sprachen abzufassen ist, die der jeweilige Mitgliedstaat unter den Amtssprachen der Gemeinschaft auswählt."

Auf regionale Sprachen oder Minderheitssprachen wird hier überhaupt nicht eingegangen, sondern nur auf die Amtssprachen. Verbindlich ist die Regelung

[1] Siehe weiterführend: Münzel, Lexicographical Musings – The Variegated Language of Sales Law: a Modern Tower of Babel, *Unif. L. Rev.* (2003-3), S. 641; Oppermann, Reform der EU-Sprachenregelung?, *Neue Juristische Wochenschrift* 2001, S. 2663; Pozzo, Harmonisation of European Contract Law and the Need of Creating a Common Terminology, *ERPL*, Vol. 11, No. 6-2003, S. 754; Van Erp, European Private Law: Postmodern Dilemmas and Choices - Towards a Method of Adequate Legal Analysis, *EJCL*, Vol 3.1; De Groot, Language and law, in Netherlands *Reports to the fifteenth international congress of comparative law*, Antwerp/Groningen 1998; Downes und Heiss, Sprachregulierung im Vertragsrecht: Europa- und internationalrechtliche Aspekte, *ZvglRWiss* 98 (1999).

auch nicht. Es bleibt also dem Gesetzgeber überlassen, wie er mit der Sprachenfrage in seinem Land umgeht.[1] Will er seine Produkte eigentlich nur an Landsleute verkaufen oder will er den Erwägungen der Richtlinie folgen und den freien Verkehr im Binnenmarkt unterstützen. Die Sprachenwahl des Gesetzgebers kann daher eigentlich als ein deutliches Statement pro oder contra Europa gewertet werden.[2] Stellen wir uns vor, dass Polen nun ein neues Kaufrecht in dem geplanten neuen polnischen Zivilgesetzbuch entwirft, welches vorsieht, dass Garantien neben der polnischen Sprache auch noch in Deutsch und Englisch angeboten werden sollten. So ist das vielleicht sehr freundlich und überdies zeigt es auch eine deutliche Schätzung der westeuropäischen Verbraucher, allerdings würde man sich dann fragen, ob die eigenen ukrainischen und russischen Minderheiten nicht prozentual häufiger ein polnisches Produkt kaufen als Touristen in Polen. Die explizite Sprachenwahl ist also ein deutliches politisches Statement eines jeden Staates. Die Wahl zeigt unübersehbar, ob ein Staat seine Minderheiten vor Augen hat oder doch mehr den auf den europäischen Binnenmarkt orientierten grenzüberschreitenden Warenverkehr und den freien Verkehr von Personen. Eine Lösung, die beiden Polen entspräche, dem innerpolitischen als auch dem außenpolitischen in gleicher Weise, fordert einen jeden Gesetzgeber. Es ist fraglich, ob eine paritätische Lösung wirklich möglich ist, oder nur die Regelungsmasse erhöht. Dennoch darf das Sprachproblem in keiner Weise an den Rand der Diskussion gedrängt werden, denn es ist essen-

1 Siehe zur Diskussion rund um Recht und Sprache auch: Creech, *Law and Language in the European Union, The Paradox of a Babel "United in Diversity"*, Groningen 2005; S. 96-118; Fraser, The Discourse of official texts and how it can impede public service translators, *Journal of multilingual and multicultural development*, Vol. 20, No. 3, 1999; Engberg, Statutory texts as instances of language(s): consequences and limitations on interpretation, *Brookl. Journal of International law*, Vol. 29:3;, S. 28-53; Giesen, Über das Sichwundern, das die Rechtsvergleichung auszulösen vermag, *ZVglRWiss* 97 (1998), S. 227-239; Schröder, Probleme der Übersetzung von Gesetzestexten, *ZStW*. 117 (2005) Heft 1.

2 Siehe auch Grossfeld, *Macht und Ohnmacht der Rechtsvergleichung*, Tübingen 1984; Heutger, Ein kohärenteres europäisches Vertragsrecht, *Jusletter*, 17.2.2003; Heutger, Law and Language in the European Union, *Global Jurist*, Vol. 3, Issue 1, 2003, Article 3; Legrand, *Fragments on Law-as-Culture*. Deventer 1999; Legrand, What "Legal Transplants"? in: *Adapting Legal Cultures*. D. Nelken und J. Feest eds., S. 55-70. Oxford 2001; Legrand und Munday eds. *Comparative Law: Traditions and Transitions*. Cambridge 2003; Rüthers, *Rechtstheorie*, München 1999; Salmi-Tolonen, Legal linguistic knowledge and creating and interpreting law in multilingual environments, *Brookl. Journal of International law*, Vol. 29:3, S. 1167-1191; Sacco, Riflessioni di un giurista sulla lingua, *Rivista di diritto civile*, 1996, S. 57.

tiell für einen zufriedenen Käufer. Daher sollte die Kommission in den kommenden Jahren verstärkt eine intensive Sprachenpolitik fördern und diesem Problem nicht aus dem Weg gehen. Aber wenden wir uns wieder der Richtlinie zu.
Dem Sprachenproblem kommen wir in der Richtlinie in einer verdeckten Form noch einmal entgegen.
Artikel 2 Absatz (5) der Richtlinie sagt:

"Ein Mangel infolge unsachgemäßer Montage des Verbrauchsgutes wird der Vertragswidrigkeit gleichgestellt, wenn die Montage Bestandteil des Kaufvertrags über das Verbrauchsgut war und vom Verkäufer oder unter dessen Verantwortung vorgenommen wurde. Das gleiche gilt, wenn das zur Montage durch den Verbraucher bestimmte Erzeugnis vom Verbraucher montiert worden ist und die unsachgemäße Montage auf einen Mangel in der Montageanleitung zurückzuführen ist. „

Die Richtlinie hüllt sich bezüglich der Sprache der Montageanleitung in Schweigen. Scheinbar gehen die Verfasser der Richtlinie davon aus, dass Montageanleitungen zu zeichnen sind und keiner Sprache bedürfen. Die Erfahrung vieler Käufer lehrt aber, dass nicht alle Montage- oder Bedienungsanleitungen zu zeichnen sind. Sehr häufig ist auch erklärender Text nötig oder eine Benennung von verschiedenen Unterteilen, um ein Produkt erläutern zu können. Allerdings ist es auch hier wieder die Frage, ob man Regeln 1. pur für die innernationale Anwendung festlegen will, 2. ob man auch seine eigenen Minderheiten mit lesbaren Montageanleitungen versorgen will und 3. ob man auch den Binnenmarkt vor Augen hat. Die Sprachenwahl bezüglich einer Montageanleitung ist also essentiell für die Zufriedenheit eines Verbrauchers und anderer Teilnehmer am Binnenmarkt.
Auch hier ist abermals festzustellen, dass ein Hinweis auf Sprachen gleichzeitig ein politisches Statement ist. Recht, Sprache und die Identität eines Bürgers der Europäischen Union sind eng mit einander verknüpft. Auch ist zu sehen, dass derzeit die Länder in denen eine gemeinsame Sprache gesprochen wird, sich keineswegs um eine gemeinsame umgesetzte Richtliniensprache kümmern. So wurde die Richtlinie zum Verbraucherkauf in Österreich und Deutschland auf verschiedene Weise terminologisch in die jeweiligen Gesetzbücher eingefügt. Man nahm vor allem Rücksicht auf die bestehende Wortwahl des jeweiligen Gesetzbuches und nicht auf die Sprache der Bürger von hundert beziehungsweise beinah zweihundert Jahr nach Einführung des jeweiligen Gesetzbuches.

Ähnlich geschah des auch in Belgien und den Niederlanden.[1] Auch hier weicht die Terminologie zwischen der flämischen Variante und der niederländischen deutlich ab. Trotz Anpassung an bestehende Strukturen, wäre hier sicher doch die Möglichkeit zu einer kohärenteren europäischen Fachsprachenentwicklung gegeben gewesen. Es ist bedauernswert, dass diese Möglichkeit nicht genutzt wurde.

2.5. Die Legende vom mündigen Verbraucher

Es liegt nahe zu denken, dass der europäische Verbraucher durch ein europäisches Kaufrecht noch intensiver in den Integrationsprozess eingebunden wäre. Aber man muss feststellen, dass der Verbraucher in der Regel kaum sein eigenes nationales Recht kennt und nur sehr entfernte Vorstellungen von einem Richtlinienrecht hat: er ist also bei weitem noch kein mündiger Bürger, der sich eventuell sogar auch in einem für ihn fremden System auskennen wird. Ganz zu schweigen auch über die Tatsache, dass das Einarbeiten in ein anderes Rechtssystem derzeit auch zumeist verbunden ist mit der Erlernen oder Beherrschen einer fremden Sprache.

Ein einheitliches europäisches Kaufrecht würde daher zur Erweiterung der allgemeinen Rechtskenntnis beitragen. Sollte ein Verbraucher eine Idee von seinen Rechten haben, so kann er dann auch gleich sicher sein, dass diese innerhalb der ganzen europäischen Union die gleichen sind. Sein Verständnis der Rechtslage wird durch die Kenntnis nur eines Rechts deutlich erhöht. Eine Harmonisierung des Kaufrechts wurde infolgedessen überdies die wirtschaftlichen und sozialen Erfordernisse der Gesellschaft treffen. Allerdings kann dieser Prozess nicht nur auf dem Wege einer Rechtsharmonisierung beschritten werden.

Eine leichtere Zugänglichkeit des Gesetzestexts durch das Internet gehört als begleitende Maßnahme dazu, wie auch eine aktive Rolle von Verbraucherschutzorganisationen. Gerade den Verbraucherschutzorganisationen kommt eine wichtige Aufgabe zu, sowohl als Sprachrohr der Verbraucher als auch als erste Anlaufstelle für Fragen. Sie sind nicht nur eine erste Anlaufstelle bei Beschwerden, sondern sie sind auch ein Spiegel der rechtlichen Regelungen. Ihre Inanspruchnahme ist ein deutlicher Gradmesser für die Effizienz einer rechtlichen Regelung. Eine rein gesetzgebungstechnische Lösung ist nicht hilfreich, erst das Zusammenwirken von mehreren Faktoren kann den Binnenmarkt verstärken.

[1] Früher gab es eine deutliche Zusammenarbeit zwischen den beiden Ländern. Van Dievoet, Het Nederlands als wetstaal in België in de negentiende en de twintigste eeuw, *Pro Memorie*, 5.1.

Derzeit ist der grenzüberschreitende Verkehr noch ein Weg für Kenner der Materie und für alle anderen Teilnehmer ein schwerer Weg, dessen Ende unbekannt ist. Unübersichtliche rechtliche Hindernisse sind eines der Hauptprobleme, die den vorsichtigen Verbraucher vor allem davon abhalten, um Produkte, die er nötig hat, außerhalb seines nationalen Radius zu erwerben. In der Regel vertraut der Verbraucher nicht in sein Recht im Ausland, wie es die Richtlinie selber äußert.[1] In der Tat muss man hier, wie zuvor schon angedeutet, die Frage in den Raum stellen, ob der Verbraucher überhaupt sein eigenes Recht kennen würde.[2] Ohne hier nun auf diese brisante und fundamentale Frage eingehen zu wollen, kann davon ausgegangen werden, dass die Ungewissheit über ein fremdes Recht noch größer sein wird. Dieses vornehmlich durch die Tatsache, dass die Bestimmungen des fremden Rechts von den eigenen unterschiedlich sein könnten, zumeist in einer anderen Sprache abgefasst sind und vielleicht auch nicht gut zugänglich. Dennoch sind es meist nicht die Ängste vor der Unkenntnis des jeweils anderen Rechts, die den Verkäufer von einem Kauf im Ausland abhalten könnten. Ein kleiner Fall soll diesen Gedankengang erläutern:

A, ein bekannter Jurist aus dem Lande X, spaziert mit seiner Ehefrau durch die Via Condotti in Rom. Sie sieht eine herrliche Robe, die bemerkenswert ist, sowohl im Hinblick auf Einzigartigkeit als auch vom Preise her. Beide betreten das Geschäft und die Robe passt wie maßgeschneidert. Wie entscheidend wird in diesem Fall wohl die Betrachtung der rechtlichen Aspekte im Kopf von A sein, auch wenn er ein international tätiger Jurist ist?[3]

1 Ein Beispiel ist die Richtlinie 93/13/EWG des Rates vom 5. April 1993 über missbräuchliche Klauseln in Verbraucherverträgen, dort steht in den einleitenden Erwägungen: "*Die Verbraucher kennen im allgemeinen nicht die Rechtsvorschriften, die in anderen Mitgliedstaaten für Verträge über den Kauf von Waren oder das Angebot von Dienstleistungen gelten. Diese Unkenntnis kann sie davon abhalten, Waren und Dienstleistungen direkt in anderen Mitgliedstaaten zu ordern.*"

2 Aber selbst wenn er sein eigenes Recht nicht kennt, so ist zu vermuten, dass er sein eigenes Recht im Zweifelsfall für besser hält als ein fremdes, also glaubt, dass es besser sei (Dieser Punkt wurde von T. Wilhelmsson auf einer Konferenz in Utrecht am 21. Februar 2003 geäußert mit einem Hinweis auf das Eurobarometer 117, 2002).

3 Dieses Beispiel verdanke ich Roy Goode, der es anführte bei seiner Antrittsvorlesung als Gastprofessor in Utrecht am 11 Februar 2003. Christoph Jeloschek und ich verwendeten es auch in unserem Beitrag „Towards a European Sales Law“ in: Hartkamp et. al. (Hrsg.), *Towards a European Civil Code*, The Hague 2004.

Dennoch muss die Frage kritisch gestellt werden, ob ein einheitliches europäisches Kaufrecht auch wirklich den Verbraucher überzeugen wird, verstärkt grenzüberschreitend seine Einkäufe zu tätigen. Aus der Sicht der Kommission ist die Antwort auf diese Frage absolut bejahend. So wird dort in den Erwägungen der Verbrauchsgüter-Richtlinie festgestellt, dass die Verbraucher danach verlangen:

„Dem Verbraucher, der die Vorzüge des Binnenmarkts dadurch nutzen möchte, dass er sich Waren in einem anderen Mitgliedstaat als in seinem Wohnsitzland beschafft, fällt eine fundamentale Aufgabe bei der Vollendung des Binnenmarkts zu; es muss verhindert werden, dass neue künstliche Grenzen entstehen und die Märkte abgeschottet werden. Die Möglichkeiten der Verbraucher haben durch die neuen Kommunikationstechnologien, die einen leichten Zugang zu den Vertriebssystemen in anderen Mitgliedstaaten oder in Drittländern bieten, deutlich zugenommen. Ohne eine Mindestharmonisierung der Bestimmungen über den Verbrauchsgüterkauf könnte die Weiterentwicklung des Warenkaufs mit Hilfe der neuen Fernkommunikationstechniken behindert werden".[1]

Allerdings ist dieses Statement der Kommission nur eines von vielen, die fest an den aktiven Verbraucher glauben. Auf europäischer Ebene, in den Gedanken der Beamten der Kommission, ist der aktive Verbraucher bereits vorhanden und muss nicht erst noch geschaffen werden. So stellt einer der Köpfe, die hinter der Richtlinie zum Verbraucherkauf steckte, fest:

'The active consumer, who seeks to make use of the advantages of the large European market by obtaining products and services abroad, therefore plays a fundamental part in the construction of Europe by preventing the artificial reconstruction of new borders and the commercial partitioning of markets. [...] Therefore his acts must be supported and facilitated by removing existing barriers as far as possible, i.e. the linguistic, cultural, psychological and legal barriers which prevent consumers from profiting from the advantages of the large market, and by giving it added vitality, by obtaining products and services beyond national borders.'[2]

Diese Worte klingen überzeugend, gerade umso mehr als sie von einem der Väter der jetzigen Verbrauchsgüter-Richtlinie stammen. Aber es gibt auch die deutlichen Gegenstimmen, die darauf pochen, dass es sich nur um eine

1 Siehe die Erwägung 4 der Richtlinie 1999/44.

2 Tenreiro, Guarantees and after-sales service: brief analysis of the Green Paper presented by the Commission, *Consumer Law Journal* 1995, S. 81.

Wunschvorstellung vom mündigen und aktiven Verbraucher handelt und alle bisherigen Äußerungen zu diesem Gebiet zu weit gehen.[1]
Die Kommission selber ist recht optimistisch. Sie hofft in der Zukunft den Verbrauchern in der gesamten EU die Botschaft vermitteln zu können, dass sie „gleich was sie, gleich wo in der EU kaufen, die gleichen grundlegenden Rechte besitzen".[2] Die Zuversicht des Verbrauchers in den Binnenmarkt soll also gestärkt werden.
Im hier untersuchten Zusammenhang ist die Frage essentiell, ob davon ausgegangen werden muss, dass die derzeitige Rechtslage in Europa den grenzüberschreitenden Verkauf behindert.[3] Die Antwort auf diese Frage muss auch beachten, dass die wirklichen Hindernisse auf der Verbraucherseite meist eher praktischer als rechtlicher Natur sind.
Vor allem ist der geographische Zugang zum Markt einer der wichtigsten Entscheidungsfaktoren für den Verbraucher bei seiner Wahl des Standortes eines Kaufgeschäftes. Der normale Verbraucher wird sich nicht regelmäßig auf lange Wege einlassen und einen Jagd- und Spürsinn entwickeln wollen, um am vorteilhaftesten an seine Waren heranzukommen.
Der Grossteil jener Verbraucher, die in einem anderen Land als ihrem Heimatland einkauft, sind Touristen oder Geschäftsleute. Eine Ausnahme von dieser Regel bilden nur jene Verbraucher, die grenznah wohnen und die Märkte der jeweiligen Region kennen. Auch der Handel über Internet wird den Verbraucher nicht zu spontanen Ankäufen verleiten, da doch zumeist eine ganze Reihe von persönlichen Daten eingegeben werden muss. Außerdem kommt zu jeder Transaktion via Internet ein Transportrisiko dazu und Transportkosten sind dem Kaufpreis in der Regel noch hinzuzufügen.
Einen weiteren wichtigen Punkt innerhalb der Verbraucherkäufe spielt die jeweilige Sprache. Der Verbraucher will zum einen alles verstehen können, aber zeitgleich sich auch verständlich machen können. Daher wird er in der Regel versuchen, notwendige Gespräche in seiner Muttersprache zu führen. Nicht zu vergessen ist die Tatsache, dass das Verständnis einer gemeinsamen Sprache

1 Heutger/Jeloschek, Towards Principles of European Sales Law, in: Hartkamp et. al. (Hrsg.), *Towards a European Civil Code,* The Hague 2004, S. 537.

2 So das Grünbuch der Kommission „Die Überprüfung des gemeinschaftlichen Besitzstandes im Verbraucherschutz". KOM (2006) 744 final, S. 4.

3 Diese Fragestellung und einige Argumente wurden übernommen von Bradgate, Harmonisation of legal guarantees: a common law perspective, *Consumer Law Journal* 1995, S. 95-97. Heutger/Jeloschek, Towards a European Sales Law, in: Hartkamp et. al. (Hrsg.), *Towards a European Civil Code*, The Hague 2004, S. 533-553 sowie Cranston, The Green Paper on guarantees, *Consumer Law Journal* 1995, S. 110, welcher auch eine einzige Ausnahme benennt, nämlich den Verkauf von Autos.

auch eher ein Vertrauensverhältnis zwischen den Parteien aufbaut, im Gegenteil zu einer nur unzureichenden sprachlichen Verständigung aufgrund unterschiedlicher Sprachkenntnisse.
Ein weiterer Punkt ist auch noch die Logistik. Wie kann der Verbraucher die Waren transportieren, wenn diese eben nicht nur klein und handlich sind. Kaum ein Verkäufer wird ein zusätzliches Transportrisiko und entsprechende Kosten auf sich nehmen wollen, um eine Ware in das Land seines Verbrauchers zu bringen. Demgegenüber steht, dass auch kein Verbraucher bereit ist, die zusätzlichen Kosten selber zu tragen. Darüber hinaus sind Transport und Lieferung noch nicht das Ende einer Beziehung von Käufer und Verkäufer. Was ist erst zu tun, wenn die Ware schließlich auch noch mangelhaft ist und einer Nachbesserung bedarf? Ansprüche, wie jene auf Ersatz, Nachbesserung oder Unterhaltsleistungen sind sehr schwer durchzuführen, wenn der Verbraucher in sein Heimatland zurückgekehrt ist.[1] Wie sind seine Ansprüche durchsetzbar? Wie sieht es mit der Geltendmachung zusätzlicher Garantieleistungen aus?
Beenden wir hier die Diskussion über den aktiven Verbraucher, da dieser noch lange nicht identisch ist mit dem durchschnittlichen Bürger des Binnenmarkts und auch unter den gegebenen Umständen noch nicht hinreichend existiert, um daraus einen Standard entwickeln zu können. Der grenzüberschreitende Kauf bleibt derzeit noch recht beschränkt, da der Verbraucher ein "Gewohnheitstier" ist, welches am liebsten zu einem Geschäft geht, welches in seiner Nähe ist und in dem man seine Sprache spricht. Zu diesem Punkt hat die Kommission auch schon ein Eingeständnis gemacht:

'Cross-border shopping will not replace routine shopping, except for those who live very near borders. But even just making cross-border shopping a realistic possibility can itself have a major knock-on impact on competition in local markets. Even if a small percentage of consumers shop abroad, it will have an effect on the prices in each Member State's overall market.'[2]

Dementsprechend sollte man den Markt durch neue Maßnahmen weiter stimulieren. Es ist zu hoffen, wie auch von der Kommission vorgeschlagen, dass die Entwicklungen auf dem Markt der Kommunikationstechnologie die derzeitige Situation verbessern werden und so eventuell den wirklich aktiven Verbraucher

1 Umfassend zu dieser Fragestellung Schwartze, *Europäische Sachmängelgewährleistung beim Warenkauf*, Tübingen, 2000.

2 *Consumer Policy for 2002-2006*, S. 9. Cf. press-release 'Unlocking the potential of cross-border shopping in the EU' (IP/02/1683): 'Cross-border shopping still appears to be stuck at a stubbornly low level' [quote Commissioner David Bryne].

entstehen lassen.[1] Allerdings wird man sich auch auf eine verbesserte Technologie nicht verlassen können. Viele andere Schwierigkeiten können auch in ein Kaufgeschäft mitverwickelt sein. Um nur eines hier zu nennen, sei der Kreditkauf genannt, der es einigen Verbrauchern überhaupt erst möglich macht, das von ihm gewünschte Gut anschaffen zu können. Hier wird der Fall dann noch komplexer durch verschiedene nationale Bestimmungen zur Vertragshaftung, zum Eigentumsvorbehalt und zum Vertragsrücktritt.

2.6. Stellungnahme

Es ist deutlich, dass ein gemeinsames Kaufrecht verschiedene Faktoren bedenken muss und nicht zuviel Eigeninitiative beim Verbraucher erwarten darf. Ebenso ist festzustellen, dass Recht und Sprache zusammengehören. Der europäische Bürger spricht seine Landessprache und vielleicht eine oder mehrere weitere Sprachen, aber wenn er sein Recht geltend machen will, fühlt er sich doch immer noch am sichersten in seiner eigenen Sprache. Das hängt zum einen mit dem Gedanken der gefühlsmäßigen Rechtssicherheit zusammen und zum anderen mit der hohen Komplexität der juristischen Fachsprache.[2] Ebenso kauft der europäische Bürger auch am liebsten in einer ihm vertrauten Währung, die ihm das Umrechnen erspart, die keinen Kursschwankungen unterliegt und die vergleichbar ist. Will ein Gesetzgeber wirklich seinem Volk dienen, so muss er diese Annehmlichkeiten, die eine eigene Sprache und eine eigene Währung bieten, beide deutlich vor Augen haben. Will der Gesetzgeber zudem auch noch das ganze Volk auf seiner Seite haben, so sollte er faire Lösungen hinsichtlich der Anwendung von Minderheitssprachen bedenken. Jede Sprachenwahl ist ein politisches Statement, welches schnell zum Nachteil einer Personengruppe werden kann.

[1] Erwägung 4 der Richtlinie zum Verbraucherkauf 1999/44: "…es muß verhindert werden, daß neue künstliche Grenzen entstehen und die Märkte abgeschottet werden. Die Möglichkeiten der Verbraucher haben durch die neuen Kommunikationstechnologien, die einen leichten Zugang zu den Vertriebssystemen in anderen Mitgliedstaaten oder in Drittländern bieten, deutlich zugenommen. Ohne eine Mindestharmonisierung der Bestimmungen über den Verbrauchsgüterkauf könnte die Weiterentwicklung des Warenkaufs mit Hilfe der neuen Fernkommunikationstechniken behindert werden." Siehe auch *Consumer Policy for 2002-2006*, S. 8 dort wird darauf hingewiesen, das bereits zum Ende des Jahres 2001 38% aller Haushalte in der Union über einen Internetanschluss verfügen.

[2] Siehe Heutger, Der Platz der juristischen Fachsprache in der Experten-Laien-Kommunikation, *Hermes*, 36-2006, I, S. 54-63.

3. Warum eine Vereinheitlichung des Kaufrechts?

3.1. Einführung

Das Kaufvertragsrecht könnte man die Mutter aller Verträge nennen. Es ist sozusagen der Prototyp aller Vertragsverhältnisse. Innerhalb des Vertragsrechts kommt dem Kaufvertrag ein besonders zentraler Platz zu. In diesem Zusammenhang wird auch von der „Schlüsselrolle des Kaufrechts" oder dem Kaufrecht als „Herzstück" im Zusammenspiel der verschiedenen Verträge innerhalb eines Vertragsrechtssystems gesprochen.[1] Das Kaufrecht ist auch gesetzgebungstechnisch eines der belasteten Teile des besonderen Vertragsrechts, da es sowohl von europäischen Regeln wie auch von einem internationalen Übereinkommen beeinflusst wird. Es ist daher besonders fragmentiert und muss darüber hinaus auch noch verschiedenen Personengruppen dienen und den Verbraucher im Besonderen schützen. Ebenso ist das Kaufrecht der Prototyp eines jeden grenzüberschreitenden Vertrages, da er mit Sicherheit am häufigsten von allen möglichen grenzüberschreitenden Verträgen getätigt wird.

3.2. Wettbewerbsfreiheit versus Verbraucherschutz

Dem Kaufrecht kommt zusätzlich eine wichtige Ausgleichsfunktion zu in dem Spiel von Wettbewerbsfreiheit auf der einen Seite und Verbraucherschutz auf der anderen Seite. Die Qualität des Kaufrechts eines Landes ist auch daran zu messen, inwieweit sie diese unterschiedlichen Forderungen verbinden kann. Beide Bereiche interagieren miteinander, müssen aber dennoch auf völlig verschiedene Traditionen und Entstehungsgeschichten sowie unterschiedliche Gesetzgebungsakte zurückschauen.[2] Ihrer beiden Sprachen sind verschieden, aber beide streben nach einem funktionierenden Markt, der Freiheiten gewähren soll, ohne Monopole zu bilden oder nur solche Monopole bestehen lässt, die sich selber korrigieren.[3] Durch die beiden verschiedenen Elemente wird ein Mächtespiel gestartet, das zum Ziel hat, eine ökonomische Gerechtigkeit zu erreichen. Dass Wettbewerbsrecht und Verbraucherschutz Hand in Hand gehen ist auch an verschiedenen nationalen Institutionen festzustellen, die für beide

[1] Mit weiteren Nachweisen Schroeter, *UN-Kaufrecht und Europäisches Gemeinschaftsrecht*, München 2005, S. 611, in Fußnote 48.

[2] Weber Waller, In Search of Economic Justice: Considering Competition and Consumer Protection Law, 36 *Loy.U.Chi. L.J.* (2005), S. 631.

[3] Siehe auch Weber Waller, The Language of Law and the Language of Business, 52 *Case W. Res. L. Rev.* (2001), S. 301.

Bereiche zuständig sind[1] oder sich zumindest wissenschaftlich damit auseinandersetzen. An den Universitäten werden beide Fächer noch streng geschieden unterrichtet. Die Interaktion wird daher innerhalb der juristischen Ausbildung nicht deutlich kenntlich gemacht. Da jedoch der Gedanke der ökonomischen Gerechtigkeit sich in den vergangenen Jahren immer stärker ausbildet, ist es zu erwarten, dass sich das Bild in der Zukunft ändern wird. Der Gerechtigkeitsgedanke wird auch in andere Ebenen weiter getragen. So macht sich in Europa seit einiger Zeit eine Gruppe für die soziale Gerechtigkeit innerhalb des Vertragsrechts stark, mit dem tragenden Gedanken, dass politische Entscheidungen auf einer demokratischen Grundlage gefällt werden müssen und nicht durch einige wenige durchgesetzt werden müssen.[2] Soziale Gerechtigkeit an sich sollte auch ein Leitmotiv sein bei jeglicher Gesetzgebung zum Wettbewerbsrecht und zum Verbraucherrecht.

3.3. Gemischte Vertragstypen

In den so genannten modernen Vertragstypen, die zumeist gemischte Vertragstypen sind, ist der Basisvertrag häufig ein Kaufvertrag. Der Kaufvertrag ist sozusagen ein Bauelement und rechtliches Instrument der Marktwirtschaft.[3] Auch in einer sich wandelnden Handelskultur kommt dem Kaufvertrag unangefochten eine besondere hervorgehobene Stellung zu. Der Kaufvertrag ist der wichtigste Vertragstyp, dessen Regelungen auch immer wieder zur analogen Bewertung anderer Rechtsprobleme herangezogen werden können. Allerdings wurde der Kaufvertrag innerhalb der Forschung und der Diskussion in der Europäischen Union noch unterbewertet, auch in Bezug auf seine interdisziplinäre Dimension. Viele Fragen des Kaufrechts interagieren ja mit Fragen anderer Disziplinen. So stellt sich die Frage, in welcher Sprache die Waren angeboten werden sollen, wie neue Märkte eröffnet werden können und inwieweit eine Finanzierung des Warenkaufs geregelt werden kann.

1 So zum Beispiel eine zeitlang in Ungarn. In den Vereinigten Staaten wurde an der Loyola Universität Chicago ein Institute for Consumer Antitrust Studies, www.luc.edu/law/academics/special/center/antitrust.shtml.

2 Unterzeichnet von Gert Brueggemeier, Mauro Bussani, Hugh Collins, Aurelia Colombi Ciacchi, Giovanni Comande, Muriel Fabre-Magnan, Stefan Grundmann, Martijn W. Hesselink, Christian Joerges, Brigitta Lurger, Ugo A. Mattei, Marisa Meli, J.W. Rutgers, Christoph M. Schmidt, Lesley Jane Smith, Ruth Sefton-Green, Horatia Muir Watt, und Thomas Wilhelmsson: "Social Justice in European Contract Law: A Manifesto". *European Law Journal,* Vol. 10, No. 6, S. 653-674.

3 So auch die These von Remien, *Zwingendes Vertragsrecht und Grundfreiheiten des EG-Vertrags.* Tübingen 2003, S. 566.

Die bisherigen Richtlinien auf europäischer Ebene lassen viele Fragen offen, die das Kaufrecht betreffen. Die einzige Richtlinie, in der wirklich im Titel das Wort „Kauf" erscheint, ist jene Richtlinie 1999/44/EG vom 25. Mai 1999 zu bestimmten Aspekten des Verbrauchsgüterkaufs und der Garantien für Verbrauchsgüter. Wie der Titel dieser Richtlinie schon suggeriert, werden eben nur bestimme Aspekte, also nur Facetten, der gesamten kaufrechtlichen Materie dort geregelt. Vieles bleibt offen, darüber hinaus begrenzt diese Richtlinie ihren Anwendungsbereich bereits ausschließlich auf bewegliche Güter. Dennoch wird diese Richtlinie als eines der ehrgeizigsten Projekte der Kommission im Bereich des Vertragsrechts genannt. Darüber hinaus sogar als ein bedeutender Schritt auf dem Weg zu einem Europäischen Zivilgesetzbuch gelobt, und dies, obwohl der Verkauf von Immobilien, der Kaufvertrag zwischen zwei Privaten, der Handelskauf sowie viele weitere Bereiche auf EU-Ebene noch ungeregelt sind und von der Richtlinie dementsprechend überhaupt nicht berührt werden.[1]

In den zahlreichen Dokumenten der Kommission zum Kaufrecht, sei es die Mitteilung über die Zukunft des Vertragsrechts oder der Aktionsplan 2003, immer wird dem Kaufrecht ein zentraler Platz eingeräumt.[2] Zum einen, da der Kauf eben ein Vertrag ist, der den Bürgern der Europäischen Union am nächsten steht und zum anderen auch, da dieser Bereich bereits so vielfältig geregelt wurde. An Regelungen ist neben den nationalen Zivilgesetzbüchern, Verbrauchergesetzen und Handelsgesetzbüchern vor allem an das UN- Kaufrecht und die oben benannte Richtlinie zu denken. Die Koexistenz dieser vielfältigen Regeln muss auf dem Weg zur Harmonisierung zu Problemen führen, da komplett verschiedene Ansätze, wie der internationale Warenkauf, der europäische Verbraucherschutz und innernationale Regeln auf einen Nenner gebracht werden müssen, der aber auf keinen Fall der kleinste gemeinsame Nenner sein soll, sondern die beste Lösung für alle Anwendungsfälle.[3] Ebenso ist auch die Stellung der nationalen Verbraucherschutzorganisationen nicht zu unterschätzen, die in einzelnen Ländern einen großen Einfluss in Bezug auf die Rechte des Verbrauchers haben.

1 Siehe Klauer, *Die Europäisierung des Privatrechts, der EuGH als Zivilrichter*. Baden-Baden 1997, S. 149.

2 Siehe für die entsprechenden Dokumente: http://ec.europa.eu/consumers/cons_int/safe_shop/fair_bus_pract/cont_law/index_en.htm

3 Siehe auch Kruisinga, What do consumer and commercial sales law have in common? [...] *ERPL* 2001, S. 177-188.

3.4. Internationale Vorbilder

Innerhalb des Handelskaufs ist das UN-Kaufrecht (Übereinkommen der Vereinten Nationen über Verträge über den internationalen Warenkauf von 11. April 1980, allgemein bekannt als CISG) nicht mehr wegzudenken.

Das UN-Kaufrecht hat das Haager Einheitskaufrecht (EAG und EKG[1]) abgelöst, das auf den berühmten Vorarbeiten von Ernst Rabel beruhte.[2] Dem „Haager Abkommen über das auf internationale Käufe beweglicher Sachen anwendbare Recht" vom 15.06.1955 sind im Gegensatz zum UN-Kaufrecht nur ganze neun Mitgliedsstaaten beigetreten.[3] Außerdem machten einige der Beitrittsstaaten auch noch Gebrauch von den im EAG und EKG vorgesehenen Vorbehaltsmöglichkeiten. Dadurch wurde die einheitliche Geltung dieser Kaufgesetze noch weiter eingeschränkt.

71 Länder sind derzeit Mitglieder des UN-Kaufrechts.[4] Diese große Mitgliedszahl spricht schon für sich. In der deutschsprachigen Literatur wurden viele Synonyme für diese Regelung gefunden. So spricht man von UN-Kaufrecht, einheitliches UN-Kaufrecht, UN-Einheitskaufrecht, Wiener Kaufrecht, Internationales UN-Kaufrecht und CISG.[5] Diese Fülle von Namen zeigt auch schon, wie häufig dieses Übereinkommen beschrieben worden ist. Immer wieder wird es in der wissenschaftlichen Literatur zitiert, immer mehr Entscheidungen werden auf diesen Bestimmungen aufgebaut, in immer mehr Verträgen wird die Anwendung dieses Rechtsinstruments ausgeschlossen[6] und immer besser werden die Database zu diesem Rechtsinstrument, welches eine neue Ära des Vertragsrechts einläutete.[7] Das UN-Kaufrecht gehört zu den wenigen Rechtsregeln, die von Juristen der ganzen Welt angewendet und beachtet werden. Nicht nur Anwälte und Richter bedienen sich dieses Rechtsinstruments, sonder auch

1 EAG steht für Einheitliches Gesetz über den Abschluss von internationalen Kaufverträgen über bewegliche Sachen und EKG steht für Einheitliches Gesetz über des internationalen Kauf beweglicher Sachen.

2 Rabel, *Das Recht des Warenkaufes* I und II, Berlin 1936 [1957] und 1958.

3 Informationen über die deutsche Rechtsprechung zu diesen Vorläufern der CISG bei Schlechtriem/Magnus, *Internationale Rechtsprechung zu EKG und EAG*, Baden-Baden 1987.

4 Stand März 2007. Eine Aufzählung der Länder ist zu finden unter www.unilex.info.

5 Flessner/Kadner. CISG? Zur Suche nach einer Abkürzung für das Wiener Übereinkommen über Verträge über den internationalen Warenkauf vom 11. April 1980, *ZEuP* 1995, S. 347-350.

6 Leider gibt es keine Statistik, die sehen lässt, wie oft tatsächlich das CISG von vorneherein ausgeschlossen wird.

7 Siehe zum Beispiel www.unilex.info, www.cisg.law.pace.edu und www.cisg-online.ch, um nur die bekanntesten zu nennen.

Gesetzgebungsorgane. Dieses Rechtsinstrument ließ die Juristen über den Tellerrand ihrer eigenen Rechtsordnung schauen und es gab ihnen einen gemeinsamen Referenzrahmen für Sachfragen zu grenzüberschreitenden Kaufverträgen.
Von den Mitgliedsstaaten der Europäischen Union sind alle Staaten außer dem Vereinigten Königreich, Irland und Portugal Mitglied der Konvention. Daher kann man nicht von einem dem *acquis communautaire* zugehörigen europäischen Rechtsinstrument sprechen. Dennoch ist sein Einfluss deutlich. Durch die Mitgliedschaft so vieler Länder ist das UN-Kaufrecht eines der erfolgreichsten Modelle für die Rechtsvergleichung auf dem Gebiet des Kaufrechts. Die Database UNILEX bietet derzeit bereits über 600 Fälle in denen auf Grund des Wiener Kaufrechts geurteilt wurde. In verschiedenen Sprachen erschienen Kommentare zum UN-Kaufrecht.[1] Es ist hier nicht der Ort, an dem eine weitere Einleitung in das Werk gegeben werden soll. Hier soll es nur darum gehen zu skizzieren, welchen Stellenwert das einheitliche UN-Kaufrecht innerhalb eines möglichen gemeineuropäischen Kaufrechts erhalten soll. Es ist sicher, dass es in hohem Masse beachtet werden muss, wenn man eine glaubwürdige und praktikable Lösung entwickeln will.

3.5. Das UN-Kaufrecht

Im letzten Jahrhundert wurden viele internationale Institutionen sowie internationale Übereinkommen und internationale Standards geschaffen. Mitten im Prozess einer voranschreitenden Internationalisierung des Rechts entstanden dann die ersten europäischen Richtlinien. Das Richtlinienrecht ist also nur ein kleiner Teil des weltweiten Rechtsharmonisierungsrechts. Allerdings ist zu beachten, dass es sich bei den Ländern, für die das Richtlinienrecht gilt, um starke Mächte im weltweiten Gefüge handelt. Auf jeden Fall kann der Binnenmarkt von noch größeren Internationalisierungsprozessen lernen. So lassen sich in einigen Bereichen Erfahrungswerte durch einen Größenschluss bilden. Vom Großen, den internationalen Übereinkommen, lässt sich auf Möglichkeiten und Gefahren bei Regelungen im kleineren Rahmen, Europa, bzw. der EU, schließen.
Als Vorbild dieser rechtsvergleichenden Studie soll das bereits bewährte Übereinkommen der Vereinten Nationen über Verträge über den internationalen Warenkauf[2] und die Richtlinie 1999/44/EG vom 25. Mai 1999 zu bestimmten Aspekten des Verbrauchsgüterkaufs und der Garantien für Verbrauchsgüter

1 Eine ausführliche Bibliographie ist auf der Website von www.unilex.info zu finden.
2 Vom 11. April 1980 (siehe z.B. deutsches BGBl. 1989 II S. 588), für Text und Fallsammlung siehe www.unilex.info.

gelten. Ausgehend von den dort genannten Regelungen und auch den dortigen eventuellen Lücken soll eine Antwort gefunden werden, ob ein einheitliches gemeineuropäisches Kaufrecht sinnvoll sein wird und ob überhaupt Regelungsbedarf besteht. Eine regionale Harmonisierung ist aber nicht nur auf internationaler Ebene denkbar. Vielmehr ist der europäische Raum besonders geeignet, da er nach wirtschaftlicher Integration strebt und Rechtsharmonisierung daher ein wichtiger Diskussionspunkt sein muss. Allerdings kann nicht immer erwartet werden, dass Rechtsharmonisierung durch einen konstitutionellen Auftrag geschehen muss. Daher ist es mehr als angebracht, dass private Institutionen und auch akademische Gruppierungen die Initiative ergreifen und mit Entwürfen an die Öffentlichkeit treten.[1]

Innerhalb der Wissenschaft werden immer wieder Stimmen laut, dass einem europäischen Gesetz schnell ein demokratischer Unterbau fehlen kann. Vieles spricht aber dafür, dass diese Frage erst beantwortet werden kann, wenn wirklich alle Weichen für ein verbindliches Gesetz gestellt worden sind. Zu einem Zeitpunkt an dem nur an wissenschaftlichen Entwürfen und Modellgesetzen und einem gemeinsamen Referenzrahmen gearbeitet wird, sozusagen nur am reinen Instrumentarium, sind diese Befürchtungen nicht angebracht.[2]

Ebenso sollte die derzeitige Existenz von einem internationalen und einem möglichen europäischen Kaufrecht keineswegs als konflikterregend angesehen werden. Die Erfahrungen auf internationalem Niveau können Befürchtungen auf regionalem Niveau vielmehr zerstreuen und Ansätze, die verfolgt werden könnten, deutlich aufzeigen.[3] So liegen zum Beispiel bereits Erfahrungen durch Lehrveranstaltungen zum einheitlichen UN-Kaufrecht vor. Außerdem haben Tausende von Studenten praxisbezogene Erfahrungen durch die Teilnahme an *CISG-Moot Courts* sammeln können.[4] Darüber hinaus wurde das UN-Kaufrecht auch vielfach als Modellgesetzgebung eingesetzt und hat so schon das europäische Vertragsrecht beeinflusst. Die Entwicklung hin zu einem europäischen Kaufrecht verläuft also auf einem Weg, der schon geebnet wurde.

3.6. Kaufrecht und *Lex Mercatoria*

Im internationalen Handelsrecht kommt man oft dem Begriff *Lex Mercatoria* gegen. Was genau unter einer *Lex Mercatoria* verstanden wird, darüber streiten sich seit langer Zeit die Gemüter. Eine präzise Definition ist nicht vorhanden

1 So Kronke, Unidroit 75th Anniversary Congress [...], *Unif. L. Rev.* (2003), S. 14.
2 Siehe zu diesem Gedanken auch Brueggemeier et. al. Social Justice in European Contract Law: A Manifesto. *European Law Journal,* Vol. 10, No. 6, S. 653-674.
3 Kronke, Unidroit 75 th Anniversary Congress [...], *Unif. L. Rev.* (2003), S. 16.
4 Siehe zum Vis Arbitral Moot: www.cisg.law.pace.edu/vis.html.

und so ist es ein inhaltlich nicht abschließend fixierter Begriff. Auf die *Lex Mercatoria* berufen sich zumeist Parteien, die allgemein gebräuchliche Handelsusancen ihrem Vertrag im Streitfalle zugrunde legen möchten. Im internationalen Vertragsrecht wird regelmäßig auf die *Lex Mercatoria* als Norm zurückgegriffen, in der Annahme, dass Parteien gleiche Verkehrsauffassungen haben. Aber nicht nur auf dem internationalen Parkett wird die *Lex Mercatoria* eingesetzt, auch europäische Verträge berufen sich auf die *Lex Mercatoria* als Vertragsgrundlage. Die Begriffe *Lex Mercatoria*, Globalisierung und Europäisches Privatrecht stehen dicht beieinander. In diesem Zusammenhang wird sogar auch von einer „neuen" *Lex Mercatoria* gesprochen.[1] Diese wird als ein Rechtssystem angesehen, welches seine Basis nicht im nationalen Recht hat.[2] Eine genaue Definition, welche Rechtsregeln und Grundprinzipien diese *Lex Mercatoria* umfassen soll, ist zumeist nicht ersichtlich, sowohl auf internationalem als auch auf europäischem Niveau nicht. Auf internationaler Ebene kann in so einem Fall auf die UNIDROIT Grundprinzipien verwiesen werden.[3] Diese Grundprinzipien verweisen auf diese Möglichkeit auch explizit in ihrer Präambel:

Preamble (Purpose of the Principles)
These Principles set forth general rules for international commercial contracts.
They shall be applied when the parties have agreed that their contract be governed by them. [...]
They may be applied when the parties have agreed that their contract be governed by general principles of law, the lex mercatoria or the like.

1 Lando, The European Principles in an Integrated World, *ERCL* 1/2005, S. 7.

2 Berger, European Private Law, Lex Mercatoria and Globalisation, in: Hartkamp et. al. (Hrsg.), *Towards a European Civil Code,* The Hague 2004, S. 43.

3 Weiterführende Literatur: Baron, Do the UNIDROIT Principles of International Commercial Contracts form a New Lex Mercatoria? *Arbitration International,* 1999, 115-130; Berger, *The Creeping Codification of the Lex Mercatoria*, The Hague/London/Boston, 1999; Berger, The relationship between the UNIDROIT Principles of International Commercial Contracts and the new lex mercatoria, *Unif. L. Rev.* (2000) S. 153-170; Bonell, UNIDROIT Principles and the Lex Mercatoria, in: Carbonneau (ed.), *Lex Mercatoria and Arbitration,* The Hague/London/Boston 1998, S. 249-255; Herber, "Lex mercatoria" und "Principles" – gefährliche Irrlichter im internationalen Kaufrecht, *Internationales Handelsrecht*, 3 (2003), S. 1-10.

Auf europäischer Ebene wäre eine Verweisung auf die *Principles on European Contract Law* möglich.[1] Ein eigener Referenzrahmen im Bereich des Kaufrechts, also bezüglich Regeln, die weiter reichen als das allgemeine Vertragsrecht, fehlt aber noch. Dieser, nun noch leere Platz, könnte durch Regeln zu einem europäischen Kaufvertragsrecht gefüllt werden.

3.7. Gemeinsame Regelung von Handels- und Konsumentenrecht?

Es stellt sich immer wieder die Frage, ob eine gemeinsame handels- und konsumentenrechtliche Lösung vorstellbar ist. Die derzeitige rechtliche Ausgestaltung der europäischen Länder kennt häufig eine strenge Trennung von Handels- und Zivilrecht. So z.B. in Österreich wo in verschiedenen Gesetzbüchern die Regelungen für Konsumentenrecht, Handelsrecht und den Standardkaufvertrag zu finden sind. Für eigentlich ein und dasselbe Rechtsgeschäft werden hier verschiedene Gesetzesgrundlagen benötigt. Anders ist die Lage z.B. in den Niederlanden, wo im *Burgerlijk Wetboek* die gesamten kaufvertraglichen Regelungen, sogar einschließlich des (See-) Transportrechts, zu finden sind.

Für Transaktionen innerhalb des europäischen Binnenmarkts wäre ein einheitliches Gesetzbuch sicher von Vorteil. Sollte dieses aber doch noch nur ein ferner Traum sein, so könnten gemeinsame Regeln zum Kaufrecht doch einen sinnvollen Platz einnehmen, um Kaufrechtsregeln für den europäischen Binnenmarkt transparent darstellen zu können.

Der Vergleich von Lösungen innerhalb von zwei Rechtssystemen, dann noch vielleicht in ein, zwei oder sogar drei verschiedenen Gesetzbüchern, also bis hin zu sechs Gesetzbüchern bei zwei Ländern, wenn man von einem grenzüberschreitenden Kauf ausgeht und eine richtlinienkonforme Auslegung der Texte, sowie ein Nebeneinander von UN-Kaufrecht und nationalem Recht könnte durch ein gemeinsames Kaufrecht der Vergangenheit angehören. Der Gedanke an ein gemeineuropäisches Kaufrecht ist also schon allein aufgrund der umfangreichen Regelungen in den einzelnen Mitgliedstaaten ein legitimier Wunsch. Allerdings sind natürlich weit mehr als nur die Volumen von Gesetzbüchern zu beachten.

[1] So Blasé, *Die Grundregeln des Europäischen Vertragsrechts als Recht grenzüberschreitender Verträge*, Münster 2001.

3.8. Einführung und Durchsetzbarkeit

Ein gesamteuropäisches Kaufrecht ist nicht erzwingbar. Es bedarf zu seiner Entwicklung und Einführung eines demokratischen Prozesses.[1] Dieser Prozess muss transparent sein. Die einzelnen Mitgliedstaaten der EU müssen abwägen, ob für sie ein einheitliches Kaufrecht von Nutzen sein würde und den Rechtsverkehr erleichtern würde. Dass im Kaufrecht und an seiner Stellung im Schuldrecht Regelungsbedarf bestand, beweisen die schon vor Jahrzehnten vorgelegten Vorschläge zur Schuldrechtsreform und die später durchgeführte Schuldrechtsmodernisierungsreform in Deutschland und vielen anderen Ländern.[2] Wenn in den einzelnen Mitgliedstaaten Handlungsbedarf besteht, dann ist der automatisch auch in Europa insgesamt der Fall. Das Kaufrecht muss in der Zukunft übersichtlicher werden. Eine einheitliche europäische Regelung würde hier zusätzliche Rechtssicherheit schaffen.

Wie die europäische Lösung, technisch betrachtet, aussehen sollte, ist nicht so leicht vorauszusehen. Vieles spricht für einen *‚top-down-approach'*.[3] Das würde im Fall des Kaufrechts meinen, dass ausgehend von der internationalen Methode, welche vom UN-Kaufrecht angeboten wird, eine spätere modifizierte Version für den europäischen Markt angeboten wird. Dennoch muss gerade im Kaufrecht vorsichtig von einer internationalen Methode gesprochen werden, denn trotz seiner Internationalität ist das UN-Kaufrecht nicht ein wirklich weltweit anerkanntes Rechtsinstrument, da die Länder selber wählen dürfen, ob sie Mitglied der Konvention werden wollen. Eine weitere Möglichkeit wäre es daher eine komplett neu entwickelte identische europäische Lösung in allen Mitgliedstaaten einzuführen.

Aber dennoch könnte es sein, dass in weiter Zukunft die Existenz eines europäischen Kaufrechts, welches auf den Erfahrungen mit dem UN-Kaufrecht fußt, zu einem wirklichen globalen Kaufrecht führen würde, einem so genannten *‚bottom-up-approach'*. In diesem Fall würde der Kreis sich wieder schließen. Zunächst hat dann das UN-Kaufrecht das nationale Recht sowie das Richtlinienrecht beeinflusst. Durch dieses Wechselspiel könnte ein modernisiertes Kaufrecht entstehen, welches dann seinerseits wieder eine Vorbildwirkung für ein globales Kaufrecht haben könnte.

Das Zusammenwirken von regionaler Rechtsharmonisierung, wie innerhalb Europas, und einer internationalen Vereinheitlichung ist bislang kaum untersucht

[1] Siehe dazu auch Flessner, Juristische Methode und europäisches Privatrecht, *JZ* 2002, S. 14-23.

[2] Siehe zu diesen Entwicklungen unter vielen anderen: Gutachten und Vorschläge zur *Überarbeitung des Schuldrechts,* Band I und Band II, 1981.

[3] Kronke, Unidroit 75th Anniversary Congress [...], *Unif. L. Rev.* (2003), S. 16.

worden und Erfahrungswerte im großen Rahmen fehlen.[1] Daher sind mögliche Entwicklungen auch nur schwer vorherzusagen. Auch kann man nicht auf Erfahrungswerte in vergleichbaren Situationen bauen, da die Europäische Union in ihrer rechtlichen Gestalt, inklusive ihren Beschränkungen einmalig ist. Dazu kommt auch, dass die neuen Technologien neue Wege eröffnen, an die ein klassischer nationaler Gesetzgeber nie hat denken können.
Immer wieder wurde von einem *Cyber Code* gesprochen,[2] einem digitalen Zivilgesetzbuch, das für alle denkbaren Probleme eine Lösung oder sogar eine ganze Reihe von Lösungen anbietet und es dann den Parteien überlässt, aus dieser Datenfülle einen maßgeschneiderten rechtlichen Rahmen für ihre Parteivereinbarung zu wählen. Dieser *Cyber Code* wird wohl nicht so schnell kommen, aber in gewisser Weise kann man den geplanten europäischen gemeinsamen Referenzrahmen sehr wohl mit diesem *Cyber Code* vergleichen. Es wäre ein Prototyp für den Bereich des Vertragsrechts. Denn auch der gemeinsame Referenzrahmen wird in erster Linie nur online bestehen und ein reichhaltiges *opt-in* Menü enthalten.
Genau zu überlegen wäre die Art der Einführung eines möglichen neuen Kaufrechtes. Sollte es als EG-Richtlinie seiner Umsetzung durch die Mitgliedsstaaten harren? Sollte es eine Empfehlung zumindest für die Länder, die zur europäischen Währungsreform gehören, sein? So könnte monetäre Einheit mit der rechtlichen gepaart gehen. Könnte die Grundlage andererseits nicht am besten ein multilateraler Vertrag sein, um so die Abschlussfreiheit und die Privatautonomie der einzelnen europäischen Länder zu garantieren?[3] Oder Würde diese Autonomie sich anschließend als nachteilig erweisen, wenn einmal ein Konsens zu einer Textänderung erricht werden muss? Könnte eine europäische Regelung richtungweisend sein und kopiert werden von Ländern, die sich nun gerade außerhalb der EU neue Kodifikationen geben? Oder würde diese Form der schleichenden Harmonisierung nur einem europäischen Vereinheitlichungsprozess im Wege stehen und durch den Dominoeffekt bei der Übernahme nur zu einer Verzögerung führen und somit einer Vereinheitlichung im Wege stehen? Sollte es die Form eines optionellen Instrumentes haben, wie es im

[1] Basedow, Worldwide Harmonisation of Private Law and Regional Economic Integration – General Report, *Unif. L. Rev.* (2003), S. 31.
[2] De Geest, Comparative Law and Economics and the Design of Optimal Doctrines, in Deffains/Kirat (Hrsg.), *Law and Economics in Civil Law Countries*, New York 2001, S. 107-124.
[3] Siehe auch das Kapitel zu Vertragsrecht und Vertragsfreiheit von Remien in *Zwingendes Vertragsrecht und Grundfreiheiten des EG-Vertrags*, Tübingen 2003. S. 24 ff.

Aktionsplan zu einem kohärenteren Vertragsrecht vorgestellt wird? Sollte es bei vertraglicher Nichtregelung der Parteien als verbindliches subsidiäres Recht Anwendung finden? All diese Fragen gilt es zu beantworten, wenn ein einheitliches Kaufrecht in Geltung käme. In der Zukunft muss auf all diese Fragen eine Antwort gefunden werden, für den Fall, dass die Notwendigkeit eines gesamteuropäischen Kaufrechts bejaht werden muss.
Gegen eine Europäisierung des Privatrechts wird oft das Argument angeführt, dass weder der Vertrag von Amsterdam noch der von Maastricht ein klares Mandat zur Einführung eines europäischen Privatrechts vorsehen.[1] Es wird in den Verträgen noch nicht einmal erörtert, ob solch eine Option überhaupt bestehen sollte.[2] Allerdings übertrug der Vertrag von Amsterdam 1997 der Europäischen Gemeinschaft die Kompetenz zur Regelung des Internationalen Privatrechts.[3] Bei einem deutlichen Set an Verweisungsregeln ließen sich eventuell auch Interpretationsinstrumente unterbringen. So könnte ein europäisches Kaufrecht zumindest als sekundäres Recht als Interpretationsmittel zur Geltung kommen.
Erst langsam hat sich Brüssel mit dem Gedanken eines europäischen Privatrechts anfreunden müssen. Eine umfassende Regelung des Privatrechtes auf europäischer Ebene wurde nur in Entschließungen des Europäischen Parlaments in Betracht gezogen.[4] Immer mehr Stimmen wurden inzwischen laut, die eine Vereinheitlichung oder zumindest Harmonisierung des Privatrechts forderten. Das Privatrecht umfasst aber viele Bereiche mit sehr nationaler Prägung, wie zum Beispiel das Familien- und Erbrecht oder auch das Schadenersatzrecht, man denke nur an Fragen des Schmerzengeldes. Bisher war die Aufmerksamkeit der Kommission auf das Vertragsrecht beschränkt. Es wurde also ein Bereich gewählt der bereits deutlich geprägt ist durch Richtlinienrecht und vor allem den Schutz des Verbrauchers in den Mittelpunkt stellt.

[1] Van Gerven, Codifying European private law? Yes, if...! in Werro/Probst, *Das schweizerische Privatrecht im Lichte des europäischen Gemeinschaftsrechts [...]*, Bern 2004, S. 186.

[2] Lando in Evolutionary Perspectives and Projects on Harmonisation of Private Law in the EU, *EUI Working Papers*, Law No. 99/7, S. 11.

[3] Basedow, Worldwide Harmonisation of Private Law and Regional Economic Integration – General Report, *Unif. L. Rev.* (2003), S. 31.

[4] Dem Parlament kommt eine Vorreiterrolle in der Diskussion rund um ein europäisches Zivilgesetzbuch zu. Siehe Schroeter, *UN-Kaufrecht und Europäisches Gemeinschaftsrecht*, München 2005, S. 605.

3.9. Sind isolierte gemeinsame Kaufrechtsregeln darstellbar?

Da das Kaufrecht fester Bestandteil aller europäischen Gesetzgebungen ist, sind gerade in diesem Bereich feste Strukturen zu finden und eine umfängliche Rechtsprechung sowohl zum nationalen Recht als auch zum UN-Kaufrecht. Außerdem wird ein Kaufvertrag häufig umgeben von Allgemeinen Geschäftsbedingungen und begleitet von allgemeinen Regeln zum Vertragsabschluss. Darüber hinaus wird das Kaufrecht des nationalen Zivilgesetzbuches in vielen Rechtsordnungen von einem eigenen Handelsrecht ergänzt. Unerwähnt bleiben dürfen auch Regelungen zu Vertragstrafen oder zur Durchsetzung von Forderungen nicht. Eine zu isolierte Regelung des Kaufrechts, oder gar eine pure Verbraucherkaufrechtsregelung würde also dem Gesamtbild des Kaufrechts nicht gerecht.

Das Kaufrecht ist auch eingebettet in eine Reihe von anderen Verträgen wie Werk- und Dienstvertrag, um nur einige zu nennen. In allen Ländern hat sich überdies so etwas wie eine Verkehrssitte herausgebildet mit der jeder Jurist und normal auch jeder Konsument vertraut ist. Hier liegt genau auch die Schwierigkeit bei einer eventuellen Regelung dieser Materie. Man muss sich die Frage stellen, ob eine isolierte Regelung des Kaufrechts überhaupt durchführbar wäre? Oder ist eventuell eine Regelung mit einer Anzahl Veränderungen in anderen Bereichen verbunden? Einige neue Vertragstypen, wie z.B. das Leasing verbinden den eigentlichen Kaufvertrag mit anderen Elementen, die dem Kaufvertrag nur eine untergeordnete Rolle zukommen lassen. Diese gemischten Verträge sind dann kein Kaufvertrag im eigentlichen Sinne, sondern Verträge *sui generis*. Wie soll eine moderne Gesetzesnorm auf diese Vertragstypen reagieren?

Das Kaufrecht selber baut auf viele andere Normen auf. Unmöglichkeit einer Leistung, Eigentumsübergang, Verjährung und viele andere Fragen hängen an dieser Materie. Daher ist ein einheitliches Kaufrecht nur eingebaut in ein System von allgemeinen Regeln denkbar[1], die Fragen des allgemeinen Vertragsrechts mit umfassen, wie auch ausgewählte Fragen des Sachenrechts. Eine allein stehende Regelung des Kaufrechts würde sehr viele allgemeine Regeln auf europäischer Ebene als Bezugsrahmen fordern, die wiederum die Übersichtlichkeit stören würden, insofern diese nicht in ein größeres Ganzes eingebettet wären. Im Falle einer isolierten Regelung des Kaufrechts, würden viele der Regeln z. B. zum Vertragsabschluss auch für andere Vertragstypen passen und es stellt sich die Frage, ob es sinnvoll wäre nur das Kaufvertragsrecht zu regeln.

Es spricht also vieles für eine Einbettung des Kaufrechts in ein Regelungsumfeld zum allgemeinen Vertragsrecht und zu besonderen Vertragstypen. So

[1] Siehe Heutger, Do we need a European Sales Law, *Global Jurist,* Vol. 4, Issue 2, 2004, Article 1, S. 1-14.

könnten auch Zweifelfälle, wie Kaufverträge mit einem Produktionsanteil, oder Geschäftseinheiten, wie beim Abzahlungskauf, deutlicher geregelt werden. Das würde allerdings schnell für eine umfassende Regelung des Vertragsrechts sprechen, sozusagen für ein Gesetzbuch zum Vertragsrecht. Derzeit ist noch nicht vorherzusagen, welchen Weg die Europäische Union gehen wird. Ein Zivilgesetzbuch steht noch nicht auf der Agenda. Es wird derzeit nur vom Europäischen Parlament gefordert und dann von der Europäischen Kommission deutlich abgelehnt. Allerdings macht der zu schaffende gemeinsame Referenzrahmen[1] und die Möglichkeit eines späteren optionellen Instruments den Weg durchaus frei für noch weitere Harmionisationsbestrebungen in der Zukunft. Auch ist der Entwurf der neuen Richtlinie zum Verbraucherkredit ein Beweis dafür, dass sehr wohl eine Maximalharmonisierung auf europäischer Ebene denkbar und durchführbar ist. Mit dieser Richtlinie wurden neue Standards gesetzt, die sicher auch erheblichen Einfluss auf die zukünftige Gestaltung des Regelungsumfelds des Vertragsrechts im Ganzen haben werden.
Die Hinwendung von der Minimalharmonisierung zu einer Maximalharmonisierung ist ein Schritt in die Richtung einer umfassenderen Regelung der Materie. Allerdings ist auch in dieser Richtlinie, wie auch schon in der Richtlinie zum Verbraucherkauf, das Problem der Regelungen ohne privatrechtliche Rechtsmittel offensichtlich. Beide Richtlinien kennen Formvorschriften, wie die Forderung nach einer klaren Sprache oder der Anbietung von Informationen in einer bestimmten Weise, die nicht so einfach durchgesetzt werden können, da kein Rechtsmittel zur Sicherung ihrer Durchsetzbarkeit zur Verfügung steht. Dennoch können diese Richtlinien als ein Indikator für einen neuen Kurs in Richtung einer Maximalharmonisierung gesehen werden. Der Schritt von einer Maximalharmonisierung hin zu einer gemeineuropäischen Rechtsvereinheitlichung ist dann nur noch ein kleiner.

3.10. Mögliche Bestandteile eines europäischen Kaufrechtes?

Da ein gemeinsames europäisches Kaufrecht in erster Linie dem gemeinsamen Wirtschaftsmarkt entsprechen soll, liegt es nahe, nur jenes zu regeln, was auch wirklich zwischen zwei Ländern transferiert werden kann. Aus diesem Grund schließt die vorliegende Untersuchung den Erwerb unbeweglicher Güter aus. Diese Begrenzung musste auch wegen der Vergleichbarkeit mit der Richtlinie zum Verbrauchsgüterkauf und dem UN-Kaufrecht vorgenommen werden. Das UN-Kaufrecht beschränkt seinen Anwendungsbereich allein auf den Warenkauf,

1 Der gemeinsame Referenzrahmen sieht Regelungen zum Kaufrecht neben Regelungen zum Versicherungsvertragsrecht explizit vor. Siehe COM(2004) 651 final, *European Contract Law and the revision of the acquis: the way forward.*

also auf den Transfer von beweglichen Sachen. Allerdings schließt das UN-Kaufrecht einige Waren besonders aus.[1] Es ist die Frage, ob ein Ausschluss von bestimmten Waren bei einer gesetzlichen Regelung für den europäischen Markt nötig ist? Viele Waren, die 1980, also im Jahr der Ausfertigung des UN-Kaufrechts noch sehr schwierig zu transferieren waren, sind nun ein Vierteljahrhundert später zu normalen Handelswaren geworden. Man denke nur an Elektrizität, Gas und den Verkauf von Schiffen bis hin zu Weltraumobjekten. Daher muss der europäische Gesetzgeber sich sicher erneut Gedanken darüber machen, welche Waren von einem europäischen Gesetz umfasst sein sollen.

3.11. Stellungnahme

Die vergangen Jahre haben gezeigt, dass das Kaufrecht immer wieder im Mittelpunkt der Diskussion um ein vereinheitlichtes Vertragsrecht steht. Die Diskussion wurde vor vielen Jahrzehnten eröffnet mit dem bahnbrechenden Werk von Rabel über das Recht Warenkaufs.[2] Seitdem ist der Gedanke an eine Vereinheitlichung nicht aus den Köpfen der Juristen verschwunden. Zunächst wandte man sich dem Handelskauf zu und nach dem nicht so erfolgreichen Haager Kaufrecht wurde das UN-Kaufrecht dann ein durchschlagender Erfolg. Dieses wiederum inspirierte die Kaufrechtrichtlinie. Nun wurden zwei wichtige Bereiche des Kaufrechts, der Handelskauf und der Verbraucherkauf, abgedeckt. In den vergangen Jahren wurden dank Ebay und anderen Internetforen auch viele EU-Bürger zu kleinen privaten Geschäftsleuten, es wäre daher widersinnig, nicht auch diesen Verkauf von Privat zu Privat auf europäischen Niveau regeln zu wollen. Der Gedanke an eine einheitliche Regelung des Kaufrechts für alle an einem Kauf beteiligten Parteien liegt also nahe. In der Zukunft sollte auf die Regelung des Kaufrechts für nur bestimmte Parteien verzichtet werden, es sollte in Europa ein gemeinsames Kaufrecht, wenn auch mit bestimmten

[1] Artikel 2 UN-Kaufrecht [Anwendungsausschlüsse]
Dieses Übereinkommen findet keine Anwendung auf den Kauf
a) von Ware für den persönlichen Gebrauch oder den Gebrauch in der Familie oder im Haushalt, es sei denn, daß der Verkäufer vor oder bei Vertragsabschluß weder wußte noch wissen mußte, daß die Ware für einen solchen Gebrauch gekauft wurde,
b) bei Versteigerungen,
c) aufgrund von Zwangsvollstreckungs- oder anderen gerichtlichen Maßnahmen,
d) von Wertpapieren oder Zahlungsmitteln,
e) von Seeschiffen, Binnenschiffen, Luftkissenfahrzeugen oder Luftfahrzeugen,
f) von elektrischer Energie.

[2] Rabel, *Das Recht des Warenkaufs*, I und II, Berlin 1957.

Schutzvorschriften für die schwächere Partei, gelten. Welche gesetzesgeberische Form dieses Kaufrecht haben wird, das bleibt vorerst noch offen.

4. Ein Gesetzbuch oder kleinere Schutzgesetze?

4.1. Einführung

In Europa wurde in den letzten Jahren viel auf dem Gebiet des Verbraucherschutzes getan. Gerade das Kaufrecht ist eine Materie, die dem Verbraucher besonders nahe steht. Daher wäre es durchaus möglich eine grenzüberschreitende Regelung auf das Verbraucherrecht einzuschränken. Sicher wurde schon ein recht hohes Harmonisierungsniveau durch die Richtlinie 1999/44 zum Verbraucherkauf erreicht, aber dennoch wurden viele Teilaspekte nur unzureichend geregelt. Hier ist zum Beispiel zu denken an die Garantien[1], die nur sehr kurz in der Richtlinie geregelt wurden und wo weitergehende Schutznormen gut denkbar sind. Ein weiterer Bereich, der noch geregelt werden muss, ist jener der Haftungsverschiebung vom Verkäufer auf den Produzenten oder Importeur. Die Beziehung von Verkäufer und Produzenten oder Importeur liegt dann schon bereits in der handelsrechtlichen Sphäre, die dann auch wiederum als Einzelgesetz geregelt werden könnte. Einen eigenen Bereich stellt auch die Regelung der Rechtsbeziehung von Nichtkaufleuten, die in ihrer freien Zeit Waren im Internet oder an anderen Orten anbieten. Es ist nun die Frage, ob alle diese Bereiche getrennt oder zusammen geregelt werden sollten.

4.2. Kaufrecht als Teil einer größeren vertragsrechtlichen Regelung

Dieses Buch ist mit dem Kaufrecht vor Augen geschrieben, allerdings darf nicht unerwähnt bleiben, dass es auch möglich wäre das Kaufrecht als einen Bestandteil umfassenderer Regelung zu verschiedenen Vertragstypen anzusehen. So könnte an Stelle des Verkäufers von einem Übergeber, und anstatt von einem Käufer von einem Übernehmer gesprochen werden.[2] Dieser Ansatz würde die Möglichkeit geben, um das Kaufrecht in das gesamte Vertragsrecht einzubetten und auf diese Weise auch große Teile des Dienstleistungsrechts, des Mietrechts, Leasingverträge, Kreditverträge und weitere Vertragstypen zu bedienen.

[1] Der Gedanke der Garantien ist bereits aus der Antike bekannt. So wurden schon bei den alten Griechen Garantien für Sklaven gegeben. Siehe Pringsheim, *The Greek Law of Sales,* S. 472 ff.

[2] Das österreichische Allgemeine Bürgerliche Gesetzbuch hat diesen Weg gewählt und behandelt das Kaufrecht und das Dienstleistungsrecht in einem Kapitel.

4.3. Die technischen Möglichkeiten

Ein rechtsvergleichender Blick in die einzelnen Mitgliedstaaten lässt schnell deutlich werden, dass es kein Patentrezept gibt, wie man das Kaufrecht kodifizieren kann. Eine Fülle von Möglichkeiten ist denkbar. So kann das Kaufrecht komplett im Zivilgesetzbuch geregelt werden. Zu dem Kaufrecht im Zivilgesetzbuch könnte aber auch noch ein Handelsgesetzbuch kommen[1] und eventuell auch ein Verbraucherschutzgesetz.[2] Darüber hinaus könnten auch bestimmte Formvorschriften außerhalb einer privatrechtlichen Kodifikation durch verwaltungsrechtliche Maßnahmen geregelt werden.[3] Auch ist daran zu denken, überhaupt nur ein Gesetz für den grenzüberschreitenden Handelskauf zu machen oder auch nur für den Verbraucherkauf. Auch wäre es möglich einen neuen Weg einzuschlagen und nur Basisprinzipien zu regeln und den Rest dem freien Markt zu überlassen. Auch könnte man eine außergerichtliche Einrichtung schaffen, die Lösungen im Fall einer Vertragswidrigkeit anbietet, wie zum Beispiel ein Ombudsmann.[4]

Im Folgenden sollen nun kurz die Vor- und Nachteile dieser verschiedenen Variationen beschrieben werden.

a.) Die unitäre Lösung

Eine gemeinsame Regelung des Kaufrechts, welche sowohl das Verhältnis von Kaufmann zum Verbraucher (der Familienvater Krosig kauft einen Familienwagen vom Autohaus Mayer), von Verbraucher zum Kaufmann (wegen seiner Scheidung verkauft Herr Krosig sein Auto zurück an das Autohaus), von Kaufmann zu Kaufmann (ein Autohaus kauft vom Hersteller) als auch von Bürger zu Bürger (Herr Krosig verkauft sein Fahrrad an einen Studenten) umfasst, könnte in einem einzigen europäischen Gesetzbuch geregelt werden.

Allerdings sind dann genaue Regeln festzulegen, welche Bestimmungen für den Verbraucherkauf bindend sind und welche Regeln auf keinen Fall den Verbrau-

1 So zum Beispiel seit der Schuldrechtsmodernisierung in Deutschland.

2 Diese Lösung wählte zum Beispiel Österreich.

3 Diese wohl eher unübliche Methode wählten die Niederlande zum Beispiel für das Timesharing. In einem *gegevensbesluit* werden Formvorschriften aufgezählt.

4 Siehe die Erwägung 25 der Richtlinie 1999/44/EG: Entsprechend der Empfehlung der Kommission vom 30. März 1998 betreffend die Grundsätze für Einrichtungen, die für die außergerichtliche Beilegung von Verbraucherrechtsstreitigkeiten zuständig sind, können die Mitgliedstaaten Einrichtungen schaffen, die eine unparteiische und effiziente Beschwerdebehandlung im nationalen und grenzüberschreitenden Rahmen gewährleisten und die von den Verbrauchern als Vermittler in Anspruch genommen werden können.

cher benachteiligen dürfen. Jeder einzelne Artikel müsste also einen Label tragen, inwieweit hier Verbraucherrecht behandelt wird. Außerdem wären sicher einige Regeln, wie zum Beispiel eine eingehende Untersuchungspflicht der gelieferten Ware nur von Kaufleuten untereinander zu beachten und fänden überhaupt keine Anwendung auf den Verbraucherkauf. Solche Regeln müssten also im Blick auf ihre Nichtanwendung für den Verbraucherkauf gekennzeichnet werden.

Ebenso wäre auch in einem politischen und demokratischen Entscheidungsprozess festzustellen, ob solch ein europäisches Kaufrecht nur für den grenzüberschreitenden Kauf anzuwenden wäre und somit neben die nationalen Zivilgesetzbüchern zu stehen käme, oder ob es eine Lösung würde, die an Stelle der Bestimmungen der nationalen Zivilgesetzbücher treten würde.

b.) Zweiteilung zugunsten des Verbraucherkaufs

Wählt man die Lösung neben ein Zivilgesetzbuch, oder allgemeine Regeln zum Kaufrecht, auch noch ein Verbraucherschutzgesetz zu setzen, so schafft man Klarheit, was genau den Verbraucher betrifft, allerdings wird man dann nicht ohne Verweise auskommen. Zumindest würde man in so einem Fall eine Regelung brauchen, dass alles was im Verbraucherschutzgesetz steht, eine *Lex Specialis* ist. Politisch gesehen würde diese Variante eventuell in Europa auf Konsens treffen, da sie zum einen dem Verbraucher genau dessen Rechte mitteilt, und somit die von der Europäischen Kommission gegebene Entscheidung, vor allem die Verbrauchervertragsrechte zu regeln, unterstützt und zum anderen eine transparente und zugängliche Lösung wäre. Allerdings wäre die Entwicklung einer solchen Regelung schließlich doch mit gewissen Schwierigkeiten verbunden, da man entweder mit Verweisen zum allgemeinen Vertragsrecht arbeiten müsste oder aber alle allgemeinen Regeln noch einmal im Verbraucherschutzgesetz wiederholen müsste. Diese ausgebreitete Variante würde allerdings wiederum zu einer größeren Regelungsmasse führen und trägt die Gefahr in sich, dass durch die Wiederholung von Regelungen auch wieder Interpretationsmöglichkeiten gegeben sind, die vom Gesetzgeber selber gar nicht beabsichtigt waren.

c.) Zweiteilung zugunsten des Handelsrechts

Diese Lösung würde neben das Zivilgesetzbuch ein Handelgesetzbuch stellen. Eine Zweiteilung zugunsten des Handelsrechts bringt es mit sich, dass die kaufwilligen Parteien ein bürgernahes Kaufrecht mit allen Regelungen vor sich haben, insoweit sie als Privatperson oder als Verbraucher handeln. Allerdings sind in diesem Fall die schutzspezifischen Vorschriften für den Verbraucher nicht sofort ersichtlich und die höhere Regelungsmasse macht dieses Werk vielleicht auch nicht für jeden einfach zugänglich. Für den reinen Handelskauf wären in diesem Fall die Regeln durch ein eigenes Gesetzbuch für den Handelskauf leicht ersichtlich. Allerdings ist zu bedenken, dass die meisten Geschäftsleute zum einen durch einen Handelskauf ihre Produkte einkaufen, allerdings jener Geschäftsmann am Ende der Handelskette seine Produkte in den meisten Fällen an einen Verbraucher verkaufen wird. Gegenüber diesem so genannten Endverbraucher wäre daher dann zumeist wieder Verbraucherkaufrecht anzuwenden. Die Geschäftsleute am Ende der Handelskette müssten dann also auch wieder auf zwei verschiedene Regelungen zurückgreifen. Für den Einkauf würden sie das Handelskaufbuch zu Rate ziehen und für den Verkauf das Zivilgesetzbuch.

d.) Eine Dreiteilung

Einige Länder schauen auf Erfahrungen mit einer Dreiteilung der Kaufrechtsmaterie zurück. Das heißt, sie haben ein allgemeines Kaufrecht neben dem Handelskauf und dem Verbraucherkauf. Ohne eine klare Subsidiaritätsregel ist dieser Weg nicht begehbar. Dennoch ist dieser Weg nicht kompliziert, da die Spezialgesetze einen deutlich umschriebenen Anwendungsbereich haben. Ein Vorteil dabei ist, dass jede Interessengruppe sofort weiß, wo sie ihr Recht suchen muss. In den meisten Fällen wird jedoch bei diesem Weg immer das allgemeine Kaufrecht zu Rate gezogen werden müssen um nicht parteispezifische Lösungen aufzuzeigen und um auch eine Wiederholung des allgemeinen Kaufrechts im Spezialgesetz zu vermeiden. Für jede Art Kauf, ausgenommen dem Kauf und Verkauf zwischen zwei Privaten, müssten also bei dieser Lösung zwei Gesetzesbücher zu Rate gezogen werden. Nur der Verkauf und Kauf zwischen zwei Personen, die nicht in der Ausübung ihres Berufs handeln, wäre einheitlich in einem Gesetz geregelt. Allerdings ist dieses in der Anwendung der seltenste Fall. Viel häufiger finden Verbraucherkäufe und Handelskäufe statt. Die wiederum wären dann in allgemeinen und im Spezialgesetz geregelt. Und auch hier kommt wieder auf den Geschäftsmann am Ende der Handelskette die Aufgabe zu, für seinen Einkauf und Verkauf alle verfügbaren gesetzlichen Regelungen zu Rate ziehen zu müssen.

e.) Eine reine Regelung des Handelskaufs

Denkbar wäre auch zu sagen, dass der interne Markt vor allem transparent für die handeltreibenden Parteien sein sollte. Das würde heißen, dass Privatrecht bezüglich des Verbraucherkaufes und des Verkaufs von privat zu privat weiterhin in den Händen des Nationalstaates zu lassen und nur eine reine Regelung des grenzüberschreitenden Handelskaufs zu erlassen, der dann im Gegensatz zum UN-Kaufrecht auch die Länder England, Portugal und Irland binden würde, sowie bei einer EU-Ausweitung auch neu hinzugetretene Länder. Dieser Weg hätte den Vorteil, dass die Mitgliedsstaaten, die in großer Anzahl gerade vor wenigen Jahren ihr Verbraucherrecht wegen der Implementierung der Richtlinie 1999/44/EG angepasst haben, nun nicht schon wieder mit einer erneuten Änderung der Regeln rechnen müssten. Außerdem könnte diese Lösung den Binnenmarkt stärken und seine Wettbewerbsfähigkeit gegenüber außereuropäischen Staaten steigern. Jeder potenzielle Handelspartner wüsste dann gleich, welches Recht für den gesamten Binnenmarkt gilt und müsste dann nicht mehr auf lokale Unterschiede in der Gesetzeslage und Rechtsanwendung achten. Allerdings ist beim Handelskauf die Vertragsautonomie und die besondere Kenntnis der Parteien wieder so hoch, dass eine eigene Regelung des Handelskaufs alleine für Europa nicht nötig wäre. Will man den Handelskauf grenzüberschreitend regeln, so sollte man das dann gleich global tun.

f.) Ein allein stehendes Verbraucherkaufsrecht

Die Lösung, nur ein Verbraucherkaufrecht für Europa zu entwerfen, wird vor allem von den Verbraucherschutzorganisationen, wie z. B. BEUC, immer wieder als die beste Lösung angeführt. Inhaltlich schließt sie bei dem an, was die europäische Kommission in den letzten Jahren systematisch getan hat, nämlich den Verbraucherkauf zu regeln. Man würde also dem mündigen Verbraucher eine Kodifikation bieten, die seine Rechte umschreibt. Fraglich bleibt allerdings, wie übersichtlich in diesem Fall das Werk würde. Sicher müssten viele allgemeine Fragen des Vertragsabschlusses in dieser Regelung auch festgelegt werden.

Was nun das UN-Kaufrecht für den internationalen Warenkauf ist, das wäre das Verbraucherkaufsrecht für den Verbraucher in der Europäischen Union. Ein verlockender Gedanke. Der Handelskauf würde in diesem Fall weiterhin dem UN-Kaufrecht unterliegen oder der Vertragsgestaltung der Parteien. Zu klären wäre nun noch, ob dieses Verbraucherrecht nur für den grenzüberschreitenden Verkehr anwendbar wäre oder einen allgemeinen Standard für Europa setzen würde, also auch innerhalb der Nationalstaaten Anwendung finden würde. Zwei Systeme parallel zu haben, würde nicht dem Schutzgedanken des Verbraucherrechts entsprechen, da dann Inkohärenzen oder verschiedene Schutzniveaus in Konkurrenz stehen könnten. Davon wäre also abzuraten, wenn schon ein Verbraucherkaufsrecht, dann europäisch. Allerdings wird damit die Kluft zwischen Handelsrecht und Verbraucherrecht immer größer. Denn dann würde einem europäischen Verbraucherkaufrecht ein uneinheitliches Handelskaufrecht

gegenüber stehen, da eben nicht alle Mitgliedsstaaten dem UN-Kaufrecht beigetreten sind.
Es ist auch fraglich, wo dann der Kauf und Verkauf zwischen zwei Privaten zu regeln sein wird. Wenn man den reinen Verbraucherkauf vor Augen hat, dann müsste dieser Bereich auch bei den Nationalstaaten verbleiben, mit der Möglichkeit, dass dann sehr verschiedene Regeln zu finden sind. Aus einem abgeleiteten Verbraucherschutzgedanken stellt sich die Frage, ob diese Parteien nicht auch bestimmte Schutzregeln brauchen, da sich in diesem Fall der Verkäufer vielleicht nicht immer seiner Pflichten bewusst sein wird. Es ist fraglich, ob er seine Pflichten bezüglich Schadenersatzansprüchen und Gewährleistung überhaupt kennt und ob ihm nicht, abgeleitet aus einem breit aufgefassten Verbraucherschutzverständnis nicht auch bestimmte Schutzrechte zukommen.
Ein reines Verbraucherschutzrecht könnte die Gefahr mit sich bringen, dass dann sehr viele unterschiedliche Gesetze nebeneinander stehen und somit die Übersichtlichkeit stark gefährdet werden könnte. Neben dem europäischen Verbraucherschutzgesetz würde es dann noch ein nationales Zivilgesetzbuch geben, daneben vielleicht noch ein Handelsgesetzbuch, welches wiederum ergänzt wird durch die Regelungen des UN-Kaufrechts.

g.) Selbstregulierung

Möglich wäre auch die Überlegung nur Grundprinzipien zum Kaufrecht als Mindeststandard für den europäischen Markt festzusetzen und alles weitere dem freien Markt zu überlassen. In diesem Fall müsste es eine klare Regelung geben, wann das UN-Kaufrecht Anwendung finden würde. Ansonsten würden die Grundprinzipien von der jeweiligen Branche durch Selbstregulierung ergänzt werden. Welche Qualitätsgüte Produkte zum Verkauf haben müssen, oder was die beste Verpackung ist, was eine noch akzeptable Qualitätsabweichung ist und wie lange eine Garantie dauern sollte, könnte im Prinzip vom Markt selber geregelt werden. Wettbewerbsrecht und Verbraucherrecht müssten dann in einem freien Mächtespiel versuchen, sich die Waage zu halten. Allerdings würde es dann einer unabhängigen Kontrollinstanz bedürfen, die schaut, ob auch alle Handlungen in einem Gleichgewicht zwischen den Parteien geschehen. Es sollte nicht so sein, dass den Konsumenten dann kein Schutz mehr zukommt. Dafür hätten sich dann wieder die Verbraucherschutzorganisationen einzusetzen. Außerdem braucht man dann auch einen außergerichtlichen Entscheidungsweg, um Streitigkeiten zu lösen.

4.4. Der Weg zur Integration: ein politischer Entscheidungsprozess

Ein europäisches Kaufrecht könnte die verschiedensten Formen annehmen. Die ideale Passform ist derzeit noch nicht gefunden. Ebenso wenig gibt es bisher den perfekten Gesetzgeber.

Heute gibt es keinerlei Kompetenz, ein Kaufrecht für den Binnenmarkt zu erlassen, welches auch auf nationalstaatlicher Ebene Anwendung finden kann. Dennoch ist es natürlich der Parteiautonomie der einzelnen Vertragsparteien zugestanden, für ihr jeweiliges Geschäft den Rahmen einer europäischen Regelung zu wählen. Aber eben nur zu wählen, also rein im Rahmen ihrer individuellen Ausgestaltung des Vertrages. Die Idee, dass eine europäische Regelung unmittelbar anwendbar sein sollte, also auch auf ein rein nationales Kaufgeschäft, ist noch zu sehr Zukunftsmusik, die nicht hörbar wird. Hier wird in den kommenden Jahren noch ein politischer Entscheidungsprozess beginnen müssen.

Zurzeit sind die einzelnen Länder noch in der Jubelstimmung bezüglich ihrer nationalen Kodifikationen. Frankreich feierte 2004 die Zweihundertjahrfeier des Code Civil. Österreich bereitet sich auf eine Zweihundertjahrfeier des Allgemeinen Bürgerlichen Gesetzbuches im Jahre 2011 vor und in Deutschland war der Jahrtausendbeginn auch zugleich das Jahr der Hundertjahrfeier des Bürgerlichen Gesetzbuches. Demgegenüber stehen dann auch noch all die vielen osteuropäischen Mitgliedstaaten, die nun an neuen Kodifikationen arbeiten oder diese gerade in Kraft gesetzt haben. Eingeleitet wurde diese neue Kodifikationswelle mit dem *Burgerljik Wetboek* der Niederlande aus dem Jahre 1992. Wir leben also noch deutlich in einem Zeitalter der nationalen Zivilgesetzbücher. In fast allen Ländern ist das geltende Zivilgesetzbuch ein Teil des nationalen Stolzes.

Es deutlich, dass Konflikte entstehen müssen, wenn der eingeschlagene Weg der Rechtsharmonisierung ohne eine politische Richtungsentscheidung weiterverfolgt wird. Dann wird es in der nahen Zukunft neben dem UN-Kaufrecht und dem in nationales Recht umgesetzten Richtlinienrecht auch noch das Recht des Gemeinsamen Referenzrahmens geben.[1] Dieses Recht des Gemeinsamen Referenzrahmens wird eine Ansammlung von verschiedenen Grundprinzipien und Definitionen sein, das zur freien Verfügung der Parteien steht. Die Europäische Kommission hofft, dass dieser Gemeinsame Referenzrahmen durch eine intensive Verwendung Einfluss auf eine zukünftige europäische Vertragsrechtstradition nimmt und so auch wieder Hinweise liefert auf jene Bereiche, wo wirklich Handlungsbedarf besteht. Für diese Bereiche soll dann in der fernen Zukunft eventuell ein so genanntes optionales Instrument entwickelt werden,

[1] Siehe den Aktionsplan (KOM 2003) 68 final.

welches dann spezielle Regeln zur Ausgestaltung bestimmter Verträge enthält. Die Zukunft soll also vor allem aus einer Zunahme an Regelungsmasse und einer vermehrten Wahlmöglichkeit bestehen. Es ist sehr fraglich, ob dies der Transparenz und Kohärenz zu Gute kommt. Es ist zumindest zu empfehlen, dass dann eine deutliche Hierarchie dieses Miteinanders bestimmt wird.
Spielen wir einmal die heutige Situation durch. Solange eine Vertragspartei aus einem Beitrittsland des UN-Kaufrechts kommt, würde dieses angewendet werden, vorausgesetzt, dass die Parteien nichts anderes bestimmt haben und beide Kaufleute sind. Grenzüberschreitendes Verbraucherrecht dagegen wird in der Regel dem nationalen Recht unterliegen. Der grenzüberschreitende Kauf zwischen zwei Privaten, die also nicht der Verbrauchersphäre und auch nicht der Kaufmannssphäre zuzurechnen sind, fallen etwas heraus und werden nicht besonders geschützt und müssten Rechtsprobleme nach dem Internationalen Privatrecht und dem damit korrespondierenden nationalen Zivilrecht lösen, ohne dass sie auf den von Brüssel gelenkten Verbraucherschutz rechnen können.
Da die Kommission noch nicht verlautbart hat, welche Funktion der Gemeinsame Referenzrahmen haben wird, muss dieser zunächst auch erst einmal als Fundgrube angesehen werden ohne bindende Kraft und wird daher auch zunächst keinen Einfluss auf das nationale Recht und das UN-Kaufrecht ausüben. Eine einschlägige Verbesserung der Möglichkeiten ist also in der kommenden Zeit nicht in Sicht und es ist daher wichtige um an alternativen Lösungen zu arbeiten, um eines Tages tatsächlich eine kohärente Lösung zu haben.

5. Vereinheitlichung des Zivilprozessrechts

Ein harmonisiertes Kaufrecht ist nur schwer erdenklich ohne eine adäquate Anpassung des relevanten Zivilprozessrechts. Rein nationales Zivilprozessrecht muss zu diesem Zwecke abgegrenzt werden gegenüber transnationalem und internationalem Zivilprozessrecht.[1] Nationales Zivilprozessrecht kann von einem nationalen Gesetzgeber entworfen und in Kraft gesetzt werden, ungeachtet seines nationalen oder grenzüberschreitenden Inhalts und seines Anwendungsbereichs. Die Differenzierung von transnationalem und internationalem Zivilprozessrecht fällt dagegen viel schwerer und ist noch nicht allgemein ver-

[1] Siehe hierzu die verschiedenen Beiträge in dem Band ‚Harmonising Transnational Civil Procedure: The ALI/UNIDROIT Principles and Rules', *Unif. L. Rev.* (2001), S. 735-1033 und die dort anschließend abgedruckten ALI/UNIDROIT Draft Principles and Rules on International Civil Procedure (auf Englisch S. 1035-1103).

bindlich definiert worden.[1] Dementsprechend könnte man unter internationalem Zivilprozessrecht jene Normen verstehen, die innerhalb eines internationalen Übereinkommens als verbindlich erklärt werden oder z. B. durch eine Richtlinie der Europäischen Gemeinschaft veröffentlicht wird. Als transnationales Zivilprozessrecht könnte man dem gegenüber jene Bestimmungen qualifizieren, die inhaltlich Regeln niederlegen, die fremde Rechtselemente beinhalten, oder das fremde anzuwendende Recht benennen. Diese Versuche einer Definition lassen bereits die Schwierigkeiten erkennen, die bei der Einordnung des Zivilprozessrechts in einen internationalen oder transnationalen Kontext vorhanden sind. Will man wirklich das Vertragsrecht europaweit harmonisieren, so muss auch das Zivilprozessrecht neu überdacht werden.

Nicht zu vergessen ist, dass die EU seit einiger Zeit über relativ neue, weit reichende und stark diskutierte Kompetenzen innerhalb des Zivilprozessrechts verfügt.[2] Reflektiert man über den Sinn und Zweck eines vereinheitlichten Zivilprozessrechts in Bezug auf das Kaufrecht, so sind verschiedene Kriterien zur Zweck- und Sinnbestimmung ausschlaggebend.

Im Gegensatz zu Regeln, die ein Kaufrecht innerhalb Europas vereinheitlichen könnten, spielen im Rahmen des Zivilprozessrechts Argumente wie Ästhetik, Transparenz, wissenschaftliches Interesse und eine leichte Zugänglichkeit keine dominierende Rolle, sondern vielmehr die Notwendigkeit eines regelnden Werkzeuges. In den meisten Fällen wird die gewünschte Regelung nicht gleichzeitig notwendigerweise eine internationale, also weltweite Dimension haben müssen, sondern wird einen regionalen Charakter im jeweiligen Anlassfall erhalten.

Der Anwendungsbereich eines europäischen Kaufrechts wäre also viel breiter als jene eventuell relevanten zivilprozessrechtlichen Bestimmungen, da natürlich das Zivilprozessrecht nur in den Fällen zur Anwendung kommen würde, in denen die Parteien zu Lösung ihres Konflikts sich eines gerichtlichen Verfahrens bedienen. Darüber hinaus wird der durchschnittliche europäische Verbraucher sich auch nicht selber des Zivilprozessrechts bedienen, sonder eher der ihn vertretende Anwalt. Zivilprozessrecht kann daher mit Recht als Juristen-

1 Siehe auch Kerameus, Some Reflections on Procedural Harmonisation: Reason and Scope, *Unif. L. Rev.* (2003), S. 443 ff.

2 Siehe Freudenthal, The future of European Civil Procedure, *EJCL*, Vol. 7.5 (December 2003), und Kronke, UNIDROIT 75th Anniversary Congress [...], *Unif. L. Rev.* (2003), S. 22.

Recht klassifiziert werden, in jenem Sinne, dass Juristen hauptsächlich die Empfänger und Anwender der prozessualen Regeln sind.[1]
Derzeit ist ein europäischer erstinstanzlicher Gerichtshof für Rechtsprobleme des grenzüberschreitenden Verkehrs noch in keiner Hinsicht denkbar. Daher ist es noch nicht an der Zeit, in diesem Bereich abschließende Vorschläge zu machen. Es kann nur festgestellt werden, dass zu einer kohärenten Regelung des Kaufrechts auch die Regelung zivilprozessrechtlicher Regeln gehören würde.
Ein europäisches Kaufrecht würde auch eine partielle Harmonisierung gewisser Aspekte des Zivilprozessrechts benötigen. Im Rahmen einer funktionsfähigen Regelung wäre ein in sich geschlossenes System an zivilprozessrechtlichen Regeln nötig, um auf weitere Verweise verzichten zu können und eine leichte Auffindbarkeit der relevanten Regeln garantieren zu können. Die Regeln sollten überdies ohne weitere ergänzende bi- oder multilaterale Abkommen anwendbar sein.

6. Das derzeitige europäische Privatrecht

Man wird auch nur spekulieren können über die Anwendbarkeit bei Transaktionen mit einem oder mehreren Geschäftspartnern außerhalb des europäischen Binnenmarktes. Hier ist es derzeit der Autonomie der Vertragsparteien überlassen, sich für oder gegen die europäische Lösung zu entscheiden. Wenn beide Länder Mitglied des UN-Kaufrechts sind, wäre eine Anwendung der europäischen Lösung nur möglich, wenn die Parteien das UN-Kaufrecht zuvor ausdrücklich ausgeschlossen haben.
Das Kaufrecht ist nur ein Aspekt der umfassenden Materie des Privatrechts. Das Kaufrecht selber steht in engem Zusammenhang mit dem allgemeinen Vertragsrecht. Außerdem gibt es Schnittstellen mit dem Dienstleistungsrecht. Bei individuellen Gütern stellt sich schnell die Frage, was ist hier nun eine maßgeschneiderte Dienstleistung und was ist ein Produkt, was unter einen Kaufvertrag fällt. Was ist sozusagen eine Standardware und wo wurde schon ein Prozess begonnen, um diese Waren kundenorientiert zu individualisieren. Die Grenze ist nicht immer leicht zu finden, so dass neben dem Kaufrecht auch Rechtsbereiche des Dienstleistungsrechts mit hineinspielen. Ebenso ist es möglich, dass ein Produkt so fehlerhaft ist, dass es einen Schaden verursacht, der weit über die Kompensationsmöglichkeiten des Vertragsrechts hinausreicht. Hier greift dann das Produkthaftungsrecht, welches außerhalb des Vertragsrechts innerhalb des Privatrechts zu finden ist. Man kann das Kaufrecht folglich nicht isoliert betrachten. Man denke auch nur an den Transport und die Lagerung von Waren,

[1] Kerameus, Some Reflections on Procedural Harmonisation: Reason and Scope, *Unif. L. Rev.* (2003), S. 445.

die zum Verkauf bestimmt sind, auch hier greifen Regelungen ein, die außerhalb des puren Kaufrechts zu finden sind. Bei den Reflexionen rund um ein europäisches Kaufrecht müssen all diese Elemente beachtet werden.
Es wird auch immer wieder gefordert, dass ein europäisches Privatrecht nicht aus Brüssel kommen soll, sondern vom Volk in einer demokratischen Beschlussformung verfasst werden sollte.[1] Ebenso sollten die Menschen der Wirtschaft fordern, dass ein einheitliches Privatrecht angewandt wird, welches die Kosten und Risiken vermeidet bei jedem grenzüberschreitenden Verkehr über Grenzen, die schon lange keine echten Grenzen mehr sind.[2] Die Internationalisierung der Wirtschaft erfordert eine Anpassung auch in Europa. Das Recht denkt oft noch nationaler als die Wirklichkeit ist. In einigen Bereichen ist das Vertragsrecht auf Weltebene bereits weiter entwickelt als auf der Ebene der Europäischen Union. Auch diese Tatsache muss zu denken geben. Als Beispiele sollen hier nur die INCOTERMS, die *Hague-Visby-Rules* und das UN-Kaufrecht angeführt werden. Das Welttransportrecht hat Europa überholt. Ähnliches wird auch bald mit dem Sicherungsrecht geschehen.[3]
Es werden aber auch immer wieder Stimmen laut, die fordern, dass ein Europäisches Privatrecht von einem europäischen Gesetzgeber erlassen werden muss.[4] Wer genau dieser Gesetzgeber sein soll, wird aber nie definiert. Die Europäische Kommission scheinbar nicht, denn die ist ständig starker Kritik ausgesetzt und dem Europäischen Parlament fehlt es an einer Gesetzgebungsbefugnis.
Um einer Idee Kraft zu verleihen sind Institutionen wichtig, die den Legitimationsprozess unterstützen. So wurde wiederholt gefordert, ein *European Law Institute* einzurichten.[5] Ähnlich UNCITRAL und UNIDROIT könnten Gesetzes-

[1] Brueggemeier et. al. Social Justice in European Contract Law: A Manifesto. *European Law Journal,* Vol. 10, No. 6, S. 653-674.

[2] So Lando, in Evolutionary Perspectives and Projects on Harmonisation of Private Law in the EU, *EUI Working Papers*, Law No. 99/7, S. 13 und 40.

[3] UNIDROIT Convention on International Interests in Mobile Equipment, signed at Cape Town on 16 November 2001. Auch die Europäische Union erwägt einen Beitritt.

[4] So z.B. Schulze, Auf dem Weg zu einem europäischen Zivilgesetzbuch?, *NJW,* 1997, 50(41), S. 2742 ff.

[5] Als Vorbild dient das American Law Institute. Siehe dazu Hyland, The American Experience: Restatements, the UCC, Uniform Laws, and Transnational Coordination, in: Hartkamp et. al. (Hrsg.), *Towards a European Civil Code*, The Hague 2004, S. 59 ff.; Lando in Evolutionary Perspectives and Projects on Harmonisation of Private Law in the EU, *EUI Working Papers*, Law No. 99/7, S. 50; Larouche, Ius Commune Casebooks for the Common Law of Europe, *EUI Working Papers*, Law No. 99/7, S. 120 f.

vorschläge dann von diesem Institut kommen. Es ist erstaunlich, dass solch ein Institut nie näher bedacht und konkretisiert worden ist. Einige halbherzige Schritte wurden in diese Richtung unternommen, so wie die Europäische Rechtsakademie in Trier, allerdings wurde nie an ein Institut mit echten Befugnissen gedacht.

Die europäische Union steht vor dem komplexen Problem der Mehrschichtigkeit der Rechtssysteme. Nicht nur allein auf der Ebene der EU sind verschiedene Formen, wie Verträge, Richtlinien und Verordnungen zu finden, sondern dazu kommen noch all die Rechtsinstrumente der Mitgliedstaaten. Mit den kommenden Jahren wird die Unübersichtlichkeit nur noch steigen. Initiativen zu ergreifen wäre daher sinnvoll. Ein *European Law Institute*, getragen von allen EU-Mitgliedsstaaten, wäre dem Integrationsprozess von großem Nutzen. Ähnlich dem *American Law Institute* sollte auch das *European Law Institute* zusammengesetzt sein aus Richtern, Anwälten, Wissenschaftlern und einer Auswahl von einflussreichen ausländischen, das heißt nicht-europäischen, Juristen. Die Zusammenarbeit mit außereuropäischen Juristen bringt neue Einblicke in die Probleme der Rechtsharmonisierung über nationale und europäische Grenzen hinweg.[1]

Die Kommission erkannte, dass ihre Bemühungen um das Vertragsrecht aus einem zu kleinen Blickwinkel gestartet wurden. Daher wurde eine Studie in Bezug auf das Sachenrecht und das außervertragliche Haftungsrecht in Zusammenhang mit dem Vertragsrecht vergeben.[2] Es ist zu hoffen, dass die Europäische Union ihre Aktivitäten im Bereich des Privatrechts weiter verstärkt.[3]

7. Das Problem der europäischen Juristenausbildung

Auf vielen Ebenen findet die Forschung zu einem europäischen Privatrecht statt. Es gibt bereits viele Websites, die sich mit dem Thema beschäftigen. Ebenso gibt es spezielle Forschungsinstitute und akademische Vereinigungen. Die verschiedensten Publikationen sind dem europäischen Privatrecht gewidmet und

[1] Rainer weist mit Recht darauf hin, dass das europäische Privatrecht keineswegs auf Europa beschränkt ist. Ein wisschenschaftliches Verständnis des europäischen Privatrechts umfasst alle Rechtsordnungen, die von europäischen Rechtsordnungen unmittelbar oder mittelbar abstammen. Als Beispiele sind Südafrika, Mauritius und Israel zu nennen. Rainer, *Europäisches Privatrecht*, S. 445.

[2] http://europa.eu.int/comm/consumers/cons_int/safe_shop/fair_bus_pract/cont_law/study.pdf.

[3] Auf der europäischen Agenda steht derzeit auch eine Erneuerung der Konsumentenkreditrichtlinie 87/102 EEC. Siehe EU Institutions press releases, Consumer credit rules for the 21st century, IP/02/1289 vom 11/09/2002. Erneuerungen zum Timesharing warden folgen.

auch gute Lehrbücher sind bereits vorhanden. Allerdings hat das Fach noch keinen allgemeinen Eingang in das juridische Curriculum an den Universitäten gefunden. Nur einige Universitäten in Europa bieten das Fach „Europäisches Privatrecht" regelmäßig an. Daher ist mit Blick auf diese Fach eine Reform der Juristenausbildung nötig, um so eine verstärkte internationale Ausrichtung zu ermöglichen. Erst langsam ist die Rechtswissenschaft im Begriff einen Internationalisierungsprozess durchzuführen, den ihre Grundlagenfächer und sozialwissenschaftlichen Nachbardisziplinen bereits hinter sich gebracht haben.[1] Die meisten nationalen Ausbildungen sind noch vor allem an der jeweiligen nationalen Rechtsordnung orientiert und bilden nicht einen Juristen ohne Grenzen, sondern einen Juristen in den eigenen Grenzen aus. Ein europäischer Jurist sollte aber sowohl sein eigenes Recht sehr gut kennen als auch seinen Weg in Europa finden können und ein Gefühl für die Unterschiede und Gemeinsamkeiten der verschiedenen nationalen Rechtsordnungen haben. Ziel der juristischen Ausbildung muss es sein nicht alleine Vorlesungen über die Materie anzubieten, sondern den auszubildenden Juristen wirklich zu trainieren in den unterschiedlichen Disziplinen.[2] Der Rechtsvergleichung kommt dabei eine besondere Aufgabe zu. Zum einen erweitert sie den Horizont der Juristen und zum andern eröffnet sie den Zugang zum Verhältnis von Rechtsgeschichte, positivem Recht und Rechtstheorie sowie weiteren Grundlagenfächern. Historisch gewachsene Strukturen, genommene politische Grundsatzentscheidungen, methodische und strukturelle Überlegungen werden offensichtlich bei angewendeter Rechtsvergleichung, die über die deskriptive Vergleichung von zwei Rechtsordnungen hinausgeht.

Der fremdsprachliche Unterricht an den Universitäten sollte erweitert und verbessert werden und auch ein gemeinsames Studium von europäischer Rechtsliteratur wäre sinnvoll. Ein Jurist des heutigen Europas sollte in der Lage sein seine eigene Rechtsordnung ohne Mühe in einer fremden Sprache zu erklären. Außerdem wäre es sinnvoll sowohl eine Europäische Rechtswissenschaftliche Fakultät, also eine *European Law School*, zu gründen oder eine oder mehrere schon bestehende Fakultäten in diese Richtung zu entwickeln, als auch einen europäisch einheitlichen Master anzubieten. Der Weg in diese Richtung wird nun langsam schon beschritten, durch die Anrechnung von ausländischen Studienleistungen und ein verstärktes Studium des gleichen Studienmaterials.

[1] Joerges, Die Wissenschaft vom Privatrecht und der Nationalstaat, *EUI Working Papers, Law*, No. 98/4, S. 124.

[2] Sieh auch Heringa zur Ausbildung des europäischen Juristen, Towards a European Law School!, in *Towards a European Ius Commune in Legal Education and Research*, Faure/Smits/Schneider (Hrsg.), Antwerpen/Groningen, 2002. S. 6 ff.

Werke wie die *Principles of European Contract Law* und der Gemeinsame Referenzrahmen, der nun von der Europäischen Kommission entwickelt wird, verstärken das Rechtsverständnis des europäischen Vertragsrechts und sollten mehr in die Lehre eingebunden werden.
Allerdings ist es nicht ausreichend, dass neue Studiengänge und neue Fakultäten gegründet werden. Ein Umdenken ist nötig. Jeder Lehrende an einer juristischen Fakultät sollte eigentlich auf eigene Auslandserfahrung zurückschauen können. Ebenso sollte es selbstverständlich sein, auch im Ausland zu publizieren und so den grenzüberschreitenden Dialog zu verstärken. Universitäten sollten noch stärker als bisher Forschung grenzüberschreitend und interdisziplinär fördern, um Juristen mit Weitblick auszubilden. Der Besuch von internationalen Kongressen sollte eine Selbstverständlichkeit im Leben eines jeden Juristen sein und regelmäßig sollte jedem juristischen Wissenschaftler das Recht (und die Pflicht) zukommen, sich im Ausland während eines Sabbaticals fortzubilden.[1] So würden Studenten von Anfang an mit Standards konfrontiert, die auch an sie anzuwenden wären. Ein Studienjahr im Ausland sollte zu einer europäischen Ausbildung auf jeden Fall dazugehören. Auslandserfahrung kann man nicht aus Büchern lernen und in der Zukunft wird jeder praktizierende Jurist Kenntnis haben müssen von mehr als seinem regionalen Recht.
Zurzeit ist ein echt europäisch ausgebildeter Jurist noch eine Ausnahme und die Entwicklung einer europäischen Juristenausbildung noch ein Zukunftstraum. Die Realität des grenzüberschreitenden Verkehrs im Binnenmarkt ist schon viel weiter entwickelt als die juristische Ausbildung, die sich nur theoretisch mit Kaufrecht und Transportrecht sowie verwandten Themen beschäftigt.

8. Die Gestalt der entstehenden europäischen Privatrechtsprodukte

Noch fehlen dem Europäischen Privatrecht die gewachsenen Wurzeln einer eigenen Rechtskultur und Methode.[2] Das wird deutlich, wenn man die verschiedenen Gruppierungen betrachtet, die an einer Rechtsvereinheitlichung arbeiten. Das Spektrum ist sehr weit gefächert von der Forderung nach einem Zivilgesetzbuch, wie es *die Study Group on a European Civil Code* für die Zukunft verlangt, bis hin zu einem Forum, das nur Diskussionsanstöße geben will, wie

1 So auch Hondius, The European Private Law Movement and the Changes it Requires in Legal Education and Research, in *Towards a European Ius Commune in Legal Education and Research,* Faure/Smits/Schneider (Hrsg.), Antwerpen/Groningen, 2002. S. 54.

2 Hesselink, *The New European Legal Culture,* Deventer 2001.

die SECOLA[1]. Einen eigenen Weg geht Gerrit de Geest, der eine umfassende Kompilation aller Normen in Europa als *Cyber Code* will, mit einer *opting out* Möglichkeit der einzelnen Staaten.[2] Eine Mindermeinung unter den europäischen Privatrechtswissenschaftlern spricht sich gegen eine zukünftige europäische Rechtsvereinheitlichung aus. Diese Gruppe wird angeführt von Legrand und ihm folgt Smits. Beide verfolgen den Ansatz, dass eine Rechtsvereinheitlichung praktisch nicht durchführbar sei und darüber hinaus auch kulturell nicht wünschenswert sei.[3]

Es ist auch festzustellen, dass die verbraucherpolitisch motivierten Sondergesetze als Bedrohung der Einheit des Privatrechts angesehen werden[4] und zu einer Rechtszersplitterung führen. Häufig wurden Verbrauchergesetze überstürzt erlassen. Für diese war, systematisch gesehen, kein Raum in den nationalen Gesetzen. Auf europäischer Ebene wurde das Verbraucherproblem nicht besser gelöst und eine Vielzahl von Richtlinien wurde erlassen, die keine Einheitlichkeit erkennen ließen. Die derzeitige Vielgestaltigkeit und Rechtszersplitterung ist auf lange Zeit gesehen nicht wünschenswert. Rechtssicherheit ist nur durch Deutlichkeit und gute Zugänglichkeit zu den Rechtsquellen garantierbar. Daran sollte gearbeitet werden.

Sollte es tatsächlich zu einem einheitlichen europäischen Kaufrecht kommen, so besteht derzeit dafür nur ein sehr eingeschränktes Instrumentarium zur Verfügung. Für eine umfassende Regelung wären neue europäische Regelungen nötig. Die Wahl der Rechtsform wird daher in erster Linie eine politische Entscheidung sein.

Dem Gedanken folgend einen gemeinsamen Referenzrahmen anbieten zu wollen als Schritt auf dem Weg zu einer einheitlichen Regelung, wäre es schlüssig, zunächst als Instrument eine Empfehlung an die Mitgliedstaaten zu wählen. Nachteil einer Empfehlung ist allerdings ihre Unverbindlichkeit. Würde das europäische Kaufrecht in der Form einer Empfehlung geregelt werden, so wäre es ein reines *opt-in* Instrument. Ein *opt-in* Instrument schafft allerdings keine

1 Secola ist die Abkürzung für Society of European Contract Law, www.secola.org. Über den Stand der Diskussion für und gegen ein Europäisches Zivilgesetzbuch in Grundmann/Stuyck (Hrsg.), *An Academic Green Paper on European Contract Law,* The Hague 2002.

2 De Geest, Comparative Law and Economics and the Design of Optimal Doctrines, in Deffains/Kirat (Hrsg.), *Law and Economics in Civil Law Countries,* New York 2001, S. 107-124.

3 Weiterführend Zeno-Zencovich, The 'European Civil Code': European Legal Traditions and Neo-Positivism, in: Alpa/Buccico, *Il Codice Civile Europeo*, S. 375 ff.

4 Weitere Nachweise bei Joerges, Die Wissenschaft vom Privatrecht und der Nationalstaat, *EUI Working Papers*, Law. No. 98/4, S. 111.

klare kohärente Lösung in allen Mitgliedsstaaten. Daher kann zu einer Umsetzung im Rahmen einer Empfehlung nicht geraten werden.
Eine weitere Möglichkeit wäre die Umsetzung in der Form einer EG-Richtlinie. Mit der Umsetzung von Richtlinien haben die Mitgliedstaaten nun schon weitreichende Erfahrungen. Setzte die Richtlinie 1999/44/EG zum Verbraucherkauf noch einen Minimalstandard, so sind nun schon Richtlinien in der Diskussion, die umfassende Regelungen bieten wollen, wie die geplante Richtlinie zum Verbraucherkredit. Es ist dennoch bei jeder Richtlinie weiterhin dem nationalen Gesetzgeber überlassen, wie und in welchem Stil er die Richtlinie in nationales Recht umwandelt. Durch die nationale Bearbeitung geht jedoch meistens ein großes Stück Vergleichbarkeit und Kohärenz verloren. Daher ist von diesem Instrument auch eher abzuraten. Aus der Vereinheitlichung wird in diesem Fall mehr eine Angleichung, deren harmonisierende Funktion nur in Bruchstück von statten geht.
Gesetzgebungstechnisch würde vieles für eine EG-Verordnung sprechen. Allerdings ist das ein untypisches Instrument für das Vertragsrecht und steht eigentlich im krassen Widerspruch zum Gedanken der Vertragsautonomie, welche in zahlreichen Dokumenten der Kommission wiederholt angesprochen wird. Im Falle einer Verordnung müssten Regelungen in einer bindenden Form umgesetzt werden. Für dispositives Recht wäre da eigentlich kein Raum mehr.
Denkbar wäre auch ein völkerrechtlicher Vertrag. Die Wahl dieses Instruments wäre eine sehr demokratische Lösung. Der Staat, dem der Inhalt gefällt, unterzeichnet den Vertrag, andere Staaten schließen sich mit einem Vorbehalt an und andere unterzeichnen überhaupt nicht. Ein bedeutender Nachteil ist allerdings die geringe Flexibilität dieses Instruments. Gerade das Vertragsrecht ist nichts Statisches, das für die Ewigkeit gemacht ist. Eine Abänderung des Vertragstextes wäre im Rahmen eines völkerrechtlichen Vertrags daher sehr kompliziert, langwierig und schwierig. Auf Grund dieser Überlegungen ist daher von dieser Form der Umsetzung abzuraten, da sie den Anforderungen der Praxis an ein modernes Vertragsrecht nicht entspricht.
Außer den Möglichkeiten der Umsetzung durch einen Gesetzgeber steht auch noch die Option offen, ein so genanntes *soft law* Instrument zu schaffen. Diesen modernen Weg sind die *Principles on European Contract Law* bereits gegangen, ebenso wie ihre internationale Variante, die UNIDROIT *Principles*. Diese nicht bindende Regelungsform entspricht dem Gedanken der Parteienautonomie und ist daher in einem Europa der mündigen Bürger sehr zu begrüßen, allerdings ist ihr ein integrativer Charakter abzusprechen, da es ein freibleibendes Instrument ist.

9. Konkurrenzlage zum UN-Kaufrecht

Ein noch ungelöstes Problem ist das Verhältnis, welches ein neues europäisches Vertragsrecht zum schon bestehenden UN-Kaufrecht haben soll. Soll ein europäisches Kaufrecht das internationale Kaufrecht ersetzen, wenn es sich um Länder handelt, die beide EG-Mitgliedstaaten sind? Oder muss man ein Prinzip der Subsidiarität einführen? Die europäische Kommission hat sich zu dieser Frage noch nicht geäußert, sondern nur alle interessierten Parteien dazu aufgerufen, eine Stellungnahme zu dieser offenen Frage abzugeben.
Es wäre durchaus denkbar, für den EG-Aussenhandel das UN-Kaufrecht bestehen zu lassen, und sogar als Europäische Union Mitgliedsland zu werden und nur intern im Binnenmarkt ein europäisches Kaufrecht anzuwenden. Allerdings würde dieser Weg nicht zu einer Verringerung des Regelungsumfangs beitragen, sondern eben nur eine geographische Verschiebung der anzuwendenden Kaufrechtsregeln mit sich bringen. Da nicht alle EG-Mitgliedstaaten auch Mitglied des UN-Kaufrechts sind, kann derzeit kein einheitlicher europäischer Entschluss gefasst werden. Hier muss in der Zukunft also noch eine politische Entscheidung kommen.

10. Stellungnahme

Wie aus den obigen Ausführungen zu sehen ist, gibt es zurzeit innerhalb der zur Verfügung stehenden Regelungsinstrumente kein Patentrezept, welches die einzige und die beste Lösung zur Regelung des Kaufrechts sein könnte. Die schwierige Lage, in der sich die europäische Kommission auf ihrem Weg zu einem kohärenteren Vertragsrecht befindet, wurde auch schon in den verschiedenen Mitteilungen deutlich, in denen neue Begriffe eingeführt wurden, um deren Definition nun noch gerungen wird. Es wäre daher wohl voreilig, nun schon eine Form zu wählen, in der das europäische Kaufrecht eine eigene Gestalt erhalten solle.
Eine Fülle von Lösungen ist denkbar, um das Kaufrecht in der Europäischen Union in der Zukunft zu regeln. Neben Fragen der Gesetzgebungskompetenz und in welcher Gestalt es eines Tages erlassen werden könnte, sind eben auch verschiedene Ansätze möglich, die Materie zu ordnen und zu strukturieren. Ein Gesetz oder verschiedene Gesetze, aber auch außergesetzliche Regelungen können das Resultat sein. Eine umfassende Regelung oder nur eine Festlegung von Minimalstandards können in der Zukunft in Europa zu finden sein. Handelsrecht, Verbraucherrecht, ein gemeinsames Gesetz oder ganz neue Wege können beschritten werden. Eine perfekte Lösung gibt es nicht. Derzeit haben auch alle Mitgliedsstaaten einen individuellen Weg eingeschlagen und sind kaum miteinander von der Art und Struktur, wie sie das Kaufrecht geregelt haben, zu vergleichen. Gewachsene Traditionen und gesetzgeberischer Ge-

schmack lassen verschiedene Möglichkeiten entstehen. Dazu kommt auch noch eine länderspezifische Terminologie. Keiner der begangenen nationalen Wege kann als richtungweisend anerkannt werden. Die Entscheidung, wie man das Kaufrecht in Europa regeln sollte, kann daher auch keine *best law choice* sein, sondern einzig eine politische Entscheidung.

III. Das europäische Privatrecht und das Kaufrecht

1. Einführung

Im zweiten Hauptstück haben wir gesehen, dass es bereits schon viele Schritte zur Vereinheitlichung und Harmonisierung des Kaufrechts in Europa gegeben hat. Der Gedanke der Vereinheitlichung des Kaufrechts bewegt alle von einem Kaufvertrag betroffenen Personen, den Verbraucher ebenso wie den Gewerbetreibenden.
Die Mitgliedsstaaten der EU haben die Materie des Kaufrechts sehr individuell gesetzlich geregelt. In ihren unterschiedlich alten Gesetzbüchern wurden verschiedene Wege gefunden, um auf der einen Seite den Verbraucher zu schützen und auf der anderen Seite den Handelskauf ohne zu große Hindernisse durchzuführen. Ein einheitliches Bild dessen, was eine europäische Lösung sein sollte, geben diese Kodifikationen nicht. Daher ist festzustellen, dass es derzeit noch kein Modell eines umfassenden europäischen Kaufrechts gibt. Ebenso kann man auch nicht feststellen, ob nun das eine oder andere Land ein besseres Kaufrecht als die übrigen Länder hat.
Methode, Form, Gestalt, Inhalt und Struktur eines wahrhaftig europäischen Kaufrechts müssen also noch entwickelt werden. Dieser Entwicklung werden Schranken entgegengehalten, die den zu gehenden Weg bestimmen. Diese Schranken sind sowohl in den EG-Verträgen zu finden als auch in den Dokumenten der Europäischen Kommission zum Vertragsrecht als auch in den Richtlinien zum Verbraucherrecht. Dort wird die Materie eingegrenzt mit Regelungen, die z.B. nur den Verbraucherkauf regeln oder es wird ein Korsett angepasst im Blick auf den möglichen gesetzlichen Rahmen. Um eine Übersicht zu geben, sollen hier die wichtigsten europäischen Regelungen vorgestellt und kommentiert werden.

1.1. Die EG und ihre Rechtsetzungskompetenz

Bei der Erörterung einer möglichen Vereinheitlichung des Vertragsrechts innerhalb Europas kommen fast jedem Juristen schnell Zweifel auf, ob die EG-Kompetenzen überhaupt soweit reichen. Eine Rechtsetzungskompetenz könnte für Richtlinien und Verordnungen abgeleitet werden aus den Artikeln 95[1] und 308 EGV[2] (ehemalige Artikel 100a und 235), und für Staatsverträge der Artikel

[1] Für die Angleichung von Rechtsvorschriften sind die Artikel 94 ff über die Angleichung der Rechtsvorschriften des Vertrags zur Gründung der Europäischen Gemeinschaft (Konsolidierte Fassung) Amtsblatt Nr. C 325 vom 24. Dezember 2002 von Bedeutung. Diese Artikel sind im Anhang am Ende dieses Buches zu finden.

[2] Artikel 308 EGV: *Erscheint ein Tätigwerden der Gemeinschaft erforderlich, um im Rahmen des Gemeinsamen Marktes eines ihrer Ziele zu verwirklichen, und sind in*

293 EGV[1] (ehemaliger Artikel 220), und für Maßnahmen des Rats nach einem besonderen Verfahren die Artikel 61 ff des EGV in seiner Amsterdamer Fassung.[2]

Artikel 95 EGV wäre allerdings nur eine geeignete Kompetenzgrundlage, wenn die Vereinheitlichung des Kaufrechts, oder des Vertragsrechts im Allgemeinen der Verwirklichung oder Errichtung des Binnenmarktes dienen würde. Allein ein Blick zurück auf die vergangenen Jahrzehnte lässt deutlich werden, dass der Binnenmarkt auch ohne eine solche Kodifikation funktioniert. Es gibt auch keine europäische Messlatte, die beweisen kann, dass eine Kodifikation einen erheblichen Vorteil für den Binnenmarkt verschaffen würde. Argumentativ kann man folglich aus Artikel 95 EGV keine Kompetenz ableiten.[3]

Ebenso kann man eine Kompetenz zur Schaffung eines vereinheitlichten Vertragrechts eingebettet in ein Zivilgesetzbuch auch schon verneinen aus dem Subsidiaritäts- und Verhältnismäßigkeitsprinzip.[4] Eventuell bleibt im Rahmen des Subsidiaritäts- und Verhältnismäßigkeitsprinzips die Frage nach einer Vereinheitlichung eben nur des Vertragsrechts oder gar sehr eingeschränkt nur des Kaufrechts noch offen. Art. 3 b Abs. 2 EGV erlaubt der Gemeinschaft aktiv zu werden, wenn die verfolgten Ziele auf mitgliedstaatlicher Ebene *„nicht ausreichend erreicht werden können und daher wegen ihres Umfanges oder ihrer Wirkungen besonders auf Gemeinschaftsebene erreicht werden können*".

---

diesem Vertrag die hierfür erforderlichen Befugnisse nicht vorgesehen, so erlässt der Rat einstimmig auf Vorschlag der Kommission und nach Anhörung des Europäischen Parlaments die geeigneten Vorschriften.

1 Artikel 293 EGV: *Soweit erforderlich, leiten die Mitgliedstaaten untereinander Verhandlungen ein, um zugunsten ihrer Staatsangehörigen Folgendes sicherzustellen:*
- den Schutz der Personen sowie den Genuss und den Schutz der Rechte zu den Bedingungen, die jeder Staat seinen eigenen Angehörigen einräumt,
- die Beseitigung der Doppelbesteuerung innerhalb der Gemeinschaft,
- die gegenseitige Anerkennung der Gesellschaften im Sinne des Artikels 48 Absatz 2, die Beibehaltung der Rechtspersönlichkeit bei Verlegung des Sitzes von einem Staat in einen anderen und die Möglichkeit der Verschmelzung von Gesellschaften, die den Rechtsvorschriften verschiedener Mitgliedstaaten unterstehen,
- die Vereinfachung der Förmlichkeiten für die gegenseitige Anerkennung und Vollstreckung richterlicher Entscheidungen und Schiedssprüche.

2 Siehe Lurger, *Grundfragen der Vereinheitlichung des Vertragsrechts in der Europäischen Union,* Wien 2002, 22 f.

3 Der Artikeltext ist in Annex I zu finden.

4 Engel, Ein Europäisches Zivilgesetzbuch? – Zukunftsperspektiven aus dem Blickwinkel der Gemeinschaftskompetenz, *ZfRV* 1999, 121 ff, 127 ff und Lurger, *Grundfragen der Vereinheitlichung des Vertragsrechts in der Europäischen Union,* Wien 2002, 23f mit weiteren Verweisen und Ausführungen.

Da das Kaufrecht in gewisser Weise, ebenso wie der bereits vereinheitlichte Euro, sehr wohl direkten Einfluss auf den Binnenmarkt haben würde, könnte auch Kritikern gegenüber eine gewisse Bedeutung der Vereinheitlichung des Kaufrechts im Prozess der europäischen Integration deutlich gemacht werden. Es bleibt dennoch fraglich, ob daraus wirklich eine Ermächtigung zum Erlass umfassender Vorschriften abzuleiten wäre.
Da die Privatrechtsvereinheitlichung auch sicher nicht als ein anerkanntes sonstiges Ziel der Gemeinschaft qualifiziert werden kann, greift auch Artikel 308 EGV nicht. Es ist auch bedenklich, das Vertragsrecht mit dem Mittel der Staatsverträge regeln zu wollen, da diese unflexiblen Instrumente nicht schnell auf Marktänderungen und moderne Entwicklungen reagieren können.[1] Auch die weiteren Artikel des EGV sind nicht geeignet, um eine Kompetenz der EG zur Einführung eines einheitlichen europäischen Vertragswerkes zu schaffen.
Es ist also deutlich, dass eine politische Entscheidung bezüglich der Zukunft des Vertragsrechts in Brüssel getroffen werden muss. Ein neues Regelungsinstrument ist nötig, da die bisher zur Verfügung stehenden Möglichkeiten unzureichend sind.
Problematisch ist folglich die Anregung von Seiten der Wissenschaft, des Europäischen Parlaments und auch der Kommission das allgemeine und spezielle Vertragsrecht auf europäischer Ebene umfassend zu regeln, da für dieses Vorhaben die Verträge derzeit noch keine ausreichende Rechtsgrundlage bieten.[2] Es wird also mit zwei Geschwindigkeiten gearbeitet. Die Entwicklungen zum Vertragsrecht sind schon weiter fortgeschritten als der Ermächtigungsrahmen für ein solches Handeln.
Nach dem in Art. 5 Abs. 1 EGV normierten Grundsatz der begrenzten Einzelermächtigung ist der Gemeinschaft ein Tätigwerden nur innerhalb der Grenzen der ihr in dem Vertrag zugewiesenen Befugnisse gestattet. Dieses Erfordernis gilt für alle Rechtsakte der Gemeinschaft. Also auch in dem Fall, dass eine europäische Vertragsrechtsregelung nur auf Grund der Willensentscheidung der Parteien angewendet werden sollte, wäre eine Grundlage aus dem EGV dafür nicht gegeben.
Der Europäischen Gemeinschaft ist gegenwärtig keine allgemeine Zuständigkeit zur Regelung des Privatrechts zugewiesen. Sucht man nach weiteren Kompetenzgrundlagen für eine europäische Vertragsrechtsregelung, so kommt noch Art. 94 f EGV in Betracht. Allerdings ist die hier genannte Kompetenz nicht ausreichend für ein umfassendes Vertragsrechtswerk. Sie gestattet lediglich die

1 Lurger, *Grundfragen der Vereinheitlichung des Vertragsrechts in der Europäischen Union*, Wien 2002, S. 23.
2 Siehe Tilman, The legal basis for a European Civil Code, *ERPL*, 1997, S. 471.

Angleichung derjenigen Vorschriften, die sich unmittelbar auf das Errichten und Funktionieren des gemeinsamen Marktes auswirken. Eine derartige Auswirkung haben mitgliedstaatliche Vorschriften nur dann, wenn ihre Unterschiedlichkeit sich störend auf den gemeinsamen Markt auswirkt.
Auch auf die Generalklausel des Art. 308 EGV könnte eine derart umfassende Regelung nicht gestützt werden. Sie gestattet Regelungen nur, um im Rahmen des gemeinsamen Marktes eines der Ziele der Gemeinschaft zu erreichen. Ein gemeineuropäisches Vertragsregelwerk würde aber deutlich über dieses Ziel herausschießen. In solch einer Regelung würden auch Sachverhalte wie etwa Kaufgeschäfte innerhalb eines Mitgliedstaats unter Privatleuten oder Schenkungen geregelt werden, bei denen kein Bezug zu Zielen des gemeinsamen Marktes unmittelbar erkennbar ist.
Es ist festzustellen, dass es an einer derzeitigen Ermächtigung zur Realisierung eines gemeineuropäischen Vertragsrechts fehlt. Für die Gestaltung eines europäischen Vertragsrechtes ist erst noch eine rechtliche Grundlage zu schaffen und genau zu klären, welche Rechtsinstrumente und Gesetzgebungsverfahren hierfür vorzusehen sind.
Auch muss sorgfältig überlegt werden, ob es sich um optionelle oder bindende Regeln handeln soll. Eine gesamteuropäische Vertragsrechtsregelung würde einen erheblichen Eingriff in die Kompetenz der Mitgliedstaaten mit sich bringen. Würde eine zweigleisige Lösung angestrebt werden, d.h. europäisches Recht würde gleichberechtigt neben nationalem Recht stehen, so hieße das, dass es dem Bürger ermöglicht würde sich aus den zwingenden Vorschriften des nationalen Vertragsrechts herauszuoptieren. Das wäre sicher nicht im Interesse des nationalen Gesetzgebers. Langfristig wäre daher zu überlegen, ob nicht eine europäische Kodifikation die nationalen Gesetzbücher ersetzen sollte.
Die Europäische Gemeinschaft erhielt zu Beginn nur soweit eine funktionale Ermächtigung einzelne Bereiche des Privatrechts zu regeln, insofern diese zum Aufbau und Funktionieren des Binnenmarktes beitrugen (z.B. Art. 100, 100a; 54 III, lit. g EGV). Handeln durfte die Gemeinschaft nur, wenn eine Notwendigkeit bestand.[1] Aus dieser Haltung heraus entstanden so zunächst jene verbraucherpolitischen Programme, die in den Jahren 1971 und 1975[2] in privatrechtliche Richtlinien umgesetzt wurden. Daraus entwickelte sich eine Richtliniengeneration, die sich mit konsensfähigen Minimalstandards zufrieden gab und nicht erheblich in das nationale Recht der Mitgliedstaaten eingriff. Einige Jahre später änderte sich dieser Kurs und Richtlinien entstanden, die zum großen Teil den

1 Siehe Müller-Graff, EC Directives as a Means of Private Law Unification, in: Hartkamp et. al. (Hrsg.), *Towards a European Civil Code*, The Hague 2004, S. 73 f.

2 Abl. C 92/1975, 1 und C 133/1981, 1.

Verbraucher zum Ziel hatten, diesen aber nie einheitlich definierten[1] und so den Nationalstaaten bei der Implementation viel Kopfzerbrechen bescherten. Diese Probleme sind bis heute noch nicht gelöst. Vor allem wird die 'pointillistische'[2] Zugriffsweise beklagt, die dazu führt, dass das Gemeinschaftsrecht zu Systembrüchen in den nationalen Privatrechtsordnungen führt.
Bekannte Richtlinien, wie jene zum Verbraucherkredit,[3] zu missbräuchlichen Vertragsklauseln und zu Verbrauchergarantien sind keineswegs nur hilfreich auf dem Weg zur Rechtsvereinheitlichung. Vielmehr führte die Art, wie sie entworfen wurden, zu Problemen. Einige Richtlinien enthalten zum Beispiel Regelungen für deren Verletzung keine Rechtsmittel angeboten werden. So wurde schnell deutlich, dass der den internen Markt unterstützende Effekt sehr eingeschränkt ist, da es sich um häppchenweise Gesetzgebung handelt, die nur Teilausschnitte behandelt. Daher haben die Richtlinien zum Teil sogar einen die Integration einschränkenden Effekt, weil die Regelungsbereiche Konflikte nationaler Rechtssysteme mit supra- und internationalen Rechtsquellen herausfordern. Diese Situationen sind häufig nur schwer regulierbar.[4]
Weitere bekannte Probleme sind die Fragen der Überschneidung der Regelungsmaterien von zwei Richtlinien. So z.B. beim Abschluss eines Timeshare-Vertrages an der Haustür. Derzeit beginnen dann zwei unterschiedlich lange Perioden der Bedenkzeit zu laufen. Die Vielfalt der Regeln auf den verschiedenen Gesetzgebungsebenen erschwert die Vereinheitlichung und auch jede sinnvolle Harmonisierung.

2. Das neue Jahrtausend: eine Wende im Vertragsrecht

2.1. Die Richtlinie 1999/44

Beginnen wir mit einer Bestandaufnahme, dessen was wir europäisches Kaufrecht nennen können. Für die Regelungen zum Kaufrecht innerhalb des nationalen Zivilrechts, d.h. innerhalb und außerhalb eines nationalen Zivilgesetzbuches, ist in der EU die Richtlinie vom 25. Mai 1999 zu bestimmten Aspekten des

1 Einen Vergleich der verschiedenen Definitionen des Verbrauchers im europäischen Richtlinienrecht nahmen Alpa, Herre und Hondius für die Study Group on a European Civil Code vor. Siehe www.sgecc.net.

2 Kötz, Gemeineuropäisches Privatrecht, in *Festschrift Konrad Zweigert*, Tübingen 1981, S. 481 ff., 483.

3 Diese Richtlinie soll demnächst erneut modifiziert werden.

4 Feiden und Schmid in Evolutionary Perspectives and Projects on Harmonisation of Private Law in the EU, *EUI Working Papers*, Law No. 99/7, S. 5.

Verbrauchsgüterkaufs und der Garantien für Verbrauchsgüter von einschlägiger Bedeutung.[1]

Die Richtlinie zum Verbraucherkauf setzte eine Serie von Richtlinien zu verschiedenen Aspekten des Verbraucherschutzes fort und forderte große Eingriffe in das Vertragsrecht der Mitgliedsstaaten. Die Richtlinie zum Verbraucherkauf war gerade einmal 2 Jahre alt und der Termin zu ihrer Umsetzung soeben verstrichen, da wurde auf einmal nicht nur der Verbraucherschutz als eines der zentralen Themen der Kommission gesehen. Auf einmal stand das gesamte europäische Vertragsrecht an zentraler Stelle. Ein völlig neuer Weg wurde eingeschlagen, der es nun auch interessierten Parteien ermöglichte, aktiv am Entscheidungsprozess mitzuwirken und ihre Stimme hören zu lassen. Verbraucherverbände, Regierungen, Akademiker, Anwälte, Notare, als auch Interessenvertretungen und weitere wurden eingeladen ihre Meinung zu Gehör zu bringen.

Der Focus verschob sich von Fragen rund um die Umsetzung einer einzelnen Richtlinie hin zu Fragen der Struktur und der Zukunft des Europäischen Vertragsrechts. Akademische Arbeiten, wie die der Lando-Kommission und die der Arbeitsgruppe rund um Giuseppe Gandolfi wurden Vorreiter einer neuen Wirklichkeit, an die noch nur wenige Jahre zuvor niemand so recht geglaubt hatte. Diese Arbeiten füllten eine Lücke, die vor allem im Bereich des allgemeinen Teils des Vertragsrechts bestand, da die Kommission sich durch ihren sektorspezifischen Ansatz immer nur auf Teilbereiche konzentriert hatte. Die Arbeiten dieser akademischen Gruppen wurden vom Europäischen Parlament als Protagonisten eines europäischen Zivilgesetzbuches angesehen und auch die Kommission lud die Arbeitsgruppen in Form von Ausschreibungen zum Dialog ein. Ein bis dahin unbekannter Diskussions- und Konsultationsprozess wurde eröffnet.

1 Siehe dazu auch als weiterführende Literatur zur Diskussion in Deutschland über die Richtlinie: Helms/Neumann/Caspers/Sailer/Schmidt-Kessel (Hsrg.) *Jahrbuch Junger Zivilrechtswissenschaftler 2001, Das neue Schuldrecht,* Tagungsband einer Tagung in Freiburg am 5. - 8.9.2001; Gsell, Kaufrechtsrichtlinie und Schuldrechtsmodernisierung, *JZ* 2001, 65 ff; Hoffmann, Verbrauchsgüterkaufrechtsrichtlinie und Schuldrechtsmodernisierungsgesetz, *ZRP* 2001, 347 ff; Honsell, Die EU-Richtlinie über den Verbrauchsgüterkauf und ihre Umsetzung ins BGB, *JZ* 2001, 278 ff; Möllers, Europäische Richtlinien zum Bürgerlichen Recht, *JZ* 2002, 121 ff; Roloff, Die Umsetzung der Verbrauchsgüterkaufrichtlinie in das deutsche Recht – Eine Alternative zur Schuldrechtsreform –, *NotBZ* 2001, Beilage Schuldrechtsreform, 30 ff; Roth, Europäischer Verbraucherschutz und BGB, *JZ* 2001, 475 ff.

2.2. Harmonisiertes Gemeinschaftsprivatrecht

Was ist aber nun wirklich kennzeichnend für das europäische Vertragsrecht? Wie präsentiert es sich nach außen? Es ist festzustellen, dass das europäische Vertragsrecht auf offizieller Ebene vom Besonderen zum Allgemeinen sich entwickelt, also in umgekehrter Folgordnung als auf nationalstaatlicher Ebene. Dieser, auch sektorspezifisch genannte Ansatz regelte in den vergangenen Jahrzehnte viele Detailprobleme des Vertragsrechts, wie eben das Verbraucherkaufrecht, ohne nennenswerte Aktivitäten auf dem Gebiet der Harmonisierung des allgemeinen Teil des Vertragsrechts zu unternehmen.[1]
Die akademischen Gruppen dagegen, die sich aktiv um eine Harmonisierung des Rechts bemühen, verfolgen den Ansatz erst einmal einen Allgemeinen Teil in der Form von Grundprinzipien auszuarbeiten und darauf aufbauend die besonderen Fragen des Vertragsrechts zu harmonisieren.[2] Die Europäische Union hat also einen neuen Weg der Rechtsharmonisierung betreten, der zuvor nicht begangen wurde. Aber auch auf diesem Weg hat sie eine Umorientierung hinter sich. Denn auch innerhalb des gewählten sektorspezifischen Ansatzes sind sehr wohl Trends zu verzeichnen. Wurde viele Jahre lang der Trend zur Minimalharmonisierung hochgehalten, so erscheinen die neuen Entwürfe zu Themen wie Timesharing und Verbraucherkredit auf einmal in der Gestalt einer geplanten Maximalharmonisierung.[3] Die Kommission schwankt in ihrer Zielsetzung. Beabsichtigte man noch 2001 das gesamte Vertragsrecht bearbeiten zu wollen, so wurde dieser Beschluss 2005 wieder eingeschränkt auf das Verbrauchervertragsrecht. So ist es nicht immer deutlich zu ersehen, wohin die Rechtsvereinheitlichung gehen soll: in die Richtung eines europäischen Vertragsrechts oder hin zu einem reinen Verbraucherschutzrecht.

3. Die Mitteilung zum Europäischen Vertragsrecht im Jahre 2001

Am 11. Juli 2001 erschien eine allererste Mitteilung[4] der Europäischen Kommission zum Europäischen Vertragsrecht in einer bis dahin unbekannten Form.

[1] So ist in der Mitteilung (KOM(2001) 398 endgültig, Punkt 1.9) zu lesen: „Diese sektorale Harmonisierung betraf bestimmte Verträge oder bestimmte Marketingmethoden. Richtlinien wurden erlassen, wenn ein besonderer Harmonisierungsbedarf bestand."

[2] Heutger, Do we need a European Sales Law? *Global Jurist*, Vol. 4, issue 2, 2004, article 1, S. 5 ff.

[3] Siehe KOM(2005) 483 endgültig, 2002/0222(COD), Geänderter Vorschlag für eine Richtlinie über Verbraucherkreditverträge und zur Änderung der Richtlinie 93/13/EWG des Rates.

[4] http://europa.eu.int/comm/consumers/policy/developments/contract_law/index_en.html.

Wie diese Mitteilung aussehen würde war zuvor ein Anlass von zahlreichen Spekulationen. Mit Ungeduld erwarteten Juristen in Europa dieses Dokument, das eine neue Ära einläuten sollte.[1]
Die Europäische Kommission gab mit dieser ersten Mitteilung zum Vertragsrecht eine Diskussionsgrundlage für die weitere Rechtsharmonisierung innerhalb der Europäischen Gemeinschaft (EG).[2] Die Europäische Kommission forderte das Europäische Parlament, den Rat und andere interessierte Kreise, wie eben auch Juristen aus Praxis und Wirtschaft und die Verbraucherverbände auf, an der Diskussion teilzunehmen. Das Internet und eine neue Vertragsrechtspolitik bildeten eine geeignete Grundlage für die neue Vorgehensweise. Weg vom sektorspezifischen Ansatz wollte man eine Grundlage für eine weitergehende Perspektive entwickeln.[3]
Grundlage für das Dokument der Kommission war unter anderem eine Entschließung des Europäischen Parlaments vom 16. März 2000.[4] Dort wurde vermerkt, dass eine verstärkte Harmonisierung des bürgerlichen Rechts innerhalb des Binnenmarktes unerlässlich geworden sei. Die Kommission wurde zur Ausarbeitung einer Studie aufgefordert. Nach einem Jahr lag diese Studie in der Form einer Mitteilung vor. Hauptdiskussionspunkt war das Vertragsrecht. Andere Rechtsbereiche wie Familien-[5], Arbeits- oder Erbrecht wurden bewusst ausgeklammert, da sich in diesen Bereichen besondere Fragen nationaler Art stellen.
Zwei konkrete Probleme verfolgte diese Mitteilung, zum einen sollte festgestellt werden, ob Probleme vorlagen, die sich aus den unterschiedlichen Rechtslagen der Mitgliedstaten ergeben, zum anderen sollte festgestellt werden, welche

1 Zahlreiche Tagungen wurden dem Vertragsrecht gewidmet. So z.B. bei der ERA in Trier. Siehe www.era.int. Auch bildete sich ein neues Diskussionsforum namens SECOLA. Die Abkürzung steht für Society of European Contract Law. Siehe www.secola.org.

2 Leible, Die Mitteilung der Kommission zum Europäischen Vertragsrecht – Startschuss für ein Europäisches Vertragsgesetzbuch?, *EWS* 2001, S. 471-481.

3 Van Gerven, Codifying European private law? Yes, if...!, in Werro/Probst, *Das schweizerische Privatrecht im Lichte des europäischen Gemeinschaftsrechts [...]*, Bern 2004, S. 174.

4 Siehe auch Entschließung des Europäischen Parlaments zur Annäherung des Zivil- und Handelsrechts der Mitgliedstaaten. ABL. C 377, 29.12.2000, S. 323 (Entschließung B5-0228, 0229-0230 / 2000, S. 326, Punkt 28). Und auch (KOM(2001) 398 + C5-0471/2001 + 2001/2187(COS)).

5 Allerdings setzt sich heute schon einen akademische Gruppe (Commission on European Family Law) für die Vereinheitlichung des Familienrechts ein. Siehe www2.law.uu.nl/priv/cefl/.

Möglichkeiten es in der Zukunft für das Vertragsrecht in der EG geben würde. Zentral stand die Frage, ob die Koexistenz verschiedener Rechtsordnungen sich auf die Funktionstüchtigkeit des Binnenmarktes auswirkt.
Die Kommission stellte fest, dass die Märkte bisher nicht so leistungsfähig sind, wie sie sein könnten und sollten. Trotz Einführung des Euro als gemeinsames Zahlungsmittel ist eine weitere Harmonisierung der Märkte erstrebenswert, möglich und notwendig. Auch erwähnte die Mitteilung der Kommission die Hemmschwelle, die Verbraucher haben könnten, die mit anderen Rechtsordnungen nicht vertraut sind und daher eher von einem grenzüberschreitenden Kauf zurückschrecken. Als möglicher Wettbewerbsnachteile wurden auch die mit der Einholung fremder Rechtsgutachten verbunden Kosten genannt. Das ordnungsgemäße Funktionieren des Binnenmarktes war das zentrale Anliegen, dass die Kommission mit ihrer Diskussionsaufforderung verfolgte. Es sollte erörtert werden, ob Rechtsunterschiede in den einzelnen Mitgliedstaaten vom Abschluss grenzüberschreitender Verträge abhalten oder deren Kosten erhöhen.
Die Kommission präsentierte eine Reihe von Lösungsvorschlägen.[1] Insgesamt wurden vier verschiedene Optionen in der Mitteilung genannt, denen die Aufgabe zukam die Diskussion zu stimulieren und zu strukturieren:
Option I. Keine weitere Ausarbeitung von EG-Massnahmen. Das hieße die weitere Entwicklung ganz der Selbstregulierung durch den freien Markt zu überlassen.
Option II. Förderung der Ausarbeitung gemeinsamer Grundsätze des Vertragsrechts, die zu einer Annäherung der nationalen Rechtsordnungen führen. Man könnte hierbei zum Beispiel an ein *soft law* Instrument für den grenzüberschreitenden Verkehr denken.
Option III. Verbesserung der Qualität bereits geltender Rechtsvorschriften. Diese Option forderte also eine Revision des gemeinsamen Besitzstandes.
Option IV. Erlass neuer umfassender Rechtsvorschriften auf EG-Ebene, wie zum Beispiel ein umfassendes gemeineuropäisches Vertragsrecht oder sogar ein europäisches Zivilgesetzbuch.
Diese Optionen waren von entscheidender Bedeutung für die weitere Entwicklung des Diskussions- und Konsultationsprozesses. Sie waren ein stetiger Wegbegleiter für die Kommission und die interessierten Parteien bis hinein in die später anschließende Diagnosephase. Ebenso waren die genannten Optionen auch eine Richtschnur bei der Erstellung des Programms zum Europäischen

[1] Siehe Staudenmayer, The Commission Communication on European contract law: What future for European contract law? *ERPL*, (2002). 10, S. 249-260 und auch Staudinger, Die Mitteilung der Kommission zum Europäischen Vertragsrecht, in: *Verbraucher und Recht* (2001) 10, S. 353–359.

Vertragsrecht im Rahmen des 6. europäischen Forschungsrahmenprogramms. Die Optionen riefen eine eingehende Diskussion hervor. Aus ganz Europa beteiligten sich Juristen und andere interessierte Parteien an der Diskussion. Der Prozess war und ist nach zu verfolgen auf der Website der Kommission.[1] Neben den Reaktionen selber ist dort auch eine Zusammenfassung der eingegangenen Rückmeldungen zu finden. Betrachten wir nun einmal die verschiedenen Optionen im Lichte der dazu eingegangen Reaktionen.

3.1. Option I: Keine weitere Ausarbeitung von EG-Massnahmen

Aus den eingegangenen Reaktionen lassen sich Neigungsschwerpunkte erkennen. So war kaum jemand für die vorgeschlagene erste Lösung, die dem freien Markt weiten Spielraum geben würde und den gesamten Bereich des Vertragsrechts der Selbstregulierung des Marktes überlassen würde. Dass diese Option keine Unterstützung erhielt, lag sicher an den Erfahrungen und Maßnahmen der Vergangenheit. Immer wieder hatte die Kommission eingegriffen, um deutliche Standards innerhalb des Vertragsrechts zu regeln, oder um die schwächere Vertragspartei zu schützen. Aus diesem Grund sind die meisten der privatrechtlichen Richtlinien entstanden. Diesen Richtlinien kommt innerhalb des Vertragsrechts bis heute eine zentrale Rolle zu, die auch bei der Diskussion um die Option I beachtet werden musste.

Die bisherigen Richtlinien waren sehr konsumentenorientiert und räumten dem Konsumenten bestimmte Schutzrechte ein. Es ist mehr als fraglich, ob Selbstregulierungsinstrumente den gleichen Schutz gewähren können. Die Rechte des Konsumenten sind alleine schon als eine Einschränkung des freien Marktes anzusehen. Neben dem weit reichenden Verbraucherschutz sind in Europa auch noch zahlreiche Wettbewerbsregulierungen zu finden, die Kartellformung, eine Aufteilung der Märkte und einen Machtmissbrauch verbieten.

Schutzrechte sind ein Hindernis im freien Spiel der Mächte auf dem Markt. Darüber hinaus sollte es das Ziel des Binnenmarktes sein, die Rechtslage für die Teilnehmer am Wirtschaftsverkehr möglichst transparent und leicht zugänglich zu halten. Die Unübersichtlichkeit der Rechtslage in den einzelnen Mitgliedstaaten und die Frage des anwendbaren Rechts erscheinen derzeit als die wesentlichen Hindernisse des grenzüberschreitenden Verkehrs. Ist es nun der freie Markt selber, der alles regelt, so ist die Gefahr gegeben, dass sich regionale Märkte ihre eigenen Regeln geben. Transparenz und Zugänglichkeit der Rechtslage würde darunter leiden müssen, da es dann innerhalb des Binnenmarktes ganz verschiedene Regelungen geben würde.

[1] http://europa.eu.int/comm/consumers/cons_int/safe_shop/fair_bus_pract/cont_law/index_en.htm.

Die genannten Defizite, die deutlich festzustellen sind, ließen die Option I als Instrument zur Stimulierung des grenzüberschreitenden Verkehrs als nicht geeignet erscheinen. Eine Regulierung durch den freien Markt erschien nicht möglich. Der erste Vorschlag war somit nicht praktikabel. Die Rechtsharmonisierung dem freien Markt zu überlassen war und ist unrealistisch, und würde eine deutliche Abkehr von der bisherigen Binnenmarktspolitik bedeuten.
Im Fall einer Marktregulierung würden die einzelnen Sektoren sicher auch noch verstärkter als bisher zum Instrument der Selbstregulierung greifen. Das würde aber auch heißen, dass es unüberschaubar wird, wer was in Europa wie regelt. Da die Selbstregulierung aber eine logische Ergänzung der Vertragsautonomie der Parteien ist, sollen hier ein paar Überlegungen zu diesem Regelungsinstrument dargestellt werden. Eine Absage an die Option als solche heißt schließlich noch nicht, dass sie nicht als ergänzende Maßnahme sehr wohl in Betracht kommen könnte.

3.1.1. Exkurs: Der Beitrag von selbstregulatorischen Maßnahmen

Noch nicht beantwortet ist die Frage, welchen Stellenwert selbstregulatorische Maßnahmen in Europa erhalten werden oder überhaupt erhalten können. Meines Erachtens kann man die Selbstregulierung nicht losgelöst von anderen Maßnahmen sehen. Auf europäischer Ebene erschien im Jahre 2002 das Dokument „Bessere Rechtsetzung“[1] und im selben Jahr die Mitteilung der Kommission „Aktionsplan - Vereinfachung und Verbesserung des Regelungsumfelds“[2]. In diesem Aktionsplan ist unter anderem zu lesen, dass der legislative Besitzstand der Gemeinschaft sich auf 80.000 Seiten Text beläuft, ohne eine Nennung von Zeilenabstand oder Schriftgröße. Der Bezugsrahmen wird wohl das *Official Journal* sein. Die Kommission will sich nun in der Zukunft um eine Vereinfachung des Besitzstandes und eine Reduzierung seines Umfangs bemühen. Dazu wurden auch Projekte wie SLIM (*Simpler Legislation for the Internal Market*) eingesetzt. Im Rahmen der im Aktionsplan „Vereinfachung und Verbesserung des Regelungsumfelds“ genannten Maßnahmen muss man sich allerdings fragen, ob die Kommission nicht nur eine Umverteilung der Regelungslast vor Augen hat.
Der Umfang des gemeinsamen Besitzstandes würde durch eine Unterlassung weiterer Maßnahmen eventuell kleiner werden, dafür wachsen aber unter einem anderen Akteur die Regelungen außerhalb der Veröffentlichungsverpflichtungen der Kommission. Sie selber steht dann zwar vielleicht statistisch betrachtet in einigen Jahren besser da, aber eine Vereinfachung oder eine größere Transpa-

[1] KOM(2002) 275 endgültig.
[2] KOM(2002) 278 endgültig.

renz muss dann noch nicht gegeben sein. Viel mehr würde der europäische Bürger sich die Regelungen, die für seine ins Auge gefassten Transaktionen von Belang sein könnten noch komplizierter als bisher zusammensuchen müssen.
Was ist aber nun Selbstregulierung des Marktes genau? Ist das eine Selbstverpflichtung, eine bindende Absichtserklärung oder ist es ein wirksames Regelungsinstrument, welches auch Rechtsmittel zur Verfügung stellen muss? Gibt es dann eine Kommission oder eine Person, wie z.B einen Ombudsmann, die in Problemfällen eingreifen? Solche Kriterien der Wirksamkeit sind von grundlegender Bedeutung, gerade auch im Bereich des Kaufrechts, wo es um große ökonomische Werte gehen kann und um persönliche Entscheidungen, die einzelne Käufergruppen in den finanziellen Ruin treiben können.
In der praktischen Anwendung der Selbstregulierungs-Instrumente wird eine präzise Antwort auf die Frage nach der Gestalt der Selbstregulierung noch vernachlässigt. In den bisherigen Dokumenten der Kommission wird man vergeblich nach einer brauchbaren Definition suchen. Es gibt folglich jetzt noch keine Definition, die einen europäischen Standard setzen könnte.

3.1.2. Das Problem der Evaluierung der Selbstregulierung

Das Hauptproblem der Selbstregulierung liegt darin, dass die Instrumente zur Evaluierung der Wirksamkeit von selbstregulatorischen Instrumenten noch unzulänglich sind. Deshalb werden in der Zukunft erst einmal entsprechende Forschungsarbeiten und Diskussionen gefördert werden müssen, um überhaupt den Gedanken an Selbstregulierung in die Diskussion über die Zukunft des gemeinsamen Marktes einbringen zu können. Die Messung der Wirksamkeit und der Qualität darf sich nicht auf eine reine Auflistung der Verstöße gegen die geschaffenen Selbstregulierungs-Instrumente beschränken. Versucht man abstrakt eine Lösung zu finden, so ist festzustellen, dass Selbstregulierung wohl am wirksamsten ist, wenn bestimmte Voraussetzungen erfüllt sind: kulturelle Rahmenbedingungen, die die Anwendung von Selbstregulierung begünstigen; Vorhandensein gut organisierter Partner, wie z.B. Verbraucherorganisationen; nachhaltige Unterstützung durch den Staat oder in der Zukunft vielleicht auch durch die Europäische Union; sowie zu guter Letzt der Wille der Unternehmer, ihr Image zu verteidigen.[1]
In Ländern, wo z.B. die Verbraucherverbände sich durch Zersplitterung selbst schwächen oder wo eine lange Tradition in der Einschaltung von Laienrichtern besteht, wird die Selbstregulierung nicht so wirksam sein, wie in Ländern, in denen man daran gewöhnt ist, gut organisiert zu sein und ein gewisses Vertrauen in die Unternehmerschaft besteht. Unerlässlich ist auch die Kooperation

[1] Siehe auch www.lexfori.net/soft_law_de.htm.

durch den Staat oder eine europäische Instanz. Ohne eine Überwachung der Anwendung und die Verhängung von Sanktionen im Falle der Nichtbeachtung können die Selbstregulierungsmaßnahmen nicht auf einem hohen Niveau dauerhaft funktionieren. Der Staat oder eine europäische Instanz muss auch im Problemfall gesetzlichen Beistand leisten können. Es bedarf also unabhängiger Kontrollmechanismen, frei nach dem Motto: Vertrauen ist gut, Kontrolle ist besser.
Damit Verstöße geahndet werden können, müssen vor allem die Verbraucher, die zumeist die Partner jener Parteien sind, die Selbstregulierungs-Instrumente einsetzen, über effektive Rechtsmittel verfügen. Denkbar sind Vermittlungs- oder Schlichtungsverfahren, oder auch die Prüfung von Streitigkeiten durch eine zu diesem Zweck eingesetzte Kommission (z. B. Rat für Marktethik in Schweden, M.E.R.,[1] *geschillencommissie* in den Niederlanden [2]). Allerdings ist der Gedanke der Rechtsmittel sicher nicht vordergründig bei der Selbstregulierung, die vor allem auf gegenseitige Anerkennung und Vertrauen baut. Ohne wirksame Rechtsmittel kommt eine Selbstregulierung dennoch nie über den Standard einer reinen Absichtserklärung hinaus. Hierüber muss in der kommenden Zeit gut nachgedacht werden.
Problematisch kann es in der Zukunft bei grenzüberschreitenden Verträgen sein, dass sich in einzelnen Ländern zwar Kommissionen befinden, die Streitigkeiten beilegen können, dass aber eben nicht in allen Ländern vergleichbare Kommissionen arbeiten. Sollte nun ein Belgier etwas Fehlerhaftes in den Niederlanden kaufen, dann hätte er rein theoretisch nur das Recht in diesem Fall die zuständige niederländische Kommission anzurufen. Richtig europäisch würde dieses Selbstregulierungsmodell aber erst sein, wenn der Benachteiligte in seinem eigenen Land und in seiner Muttersprache sein Recht bei einer Kommission zugesprochen bekommt. Das würde aber wieder bedeuten, dass auf europäischer Ebene gemeinsame Standards entwickelt werden müssen, die am besten auch wieder von den jeweiligen Interessengruppen ausgearbeitet werden müssten. Diese Standards können aber nur entwickelt werden, wenn alle europäischen Länder zusammenarbeiten und an einer ständigen Qualitätskontrolle mitarbeiten.
Zur Sicherung der Qualität ist es daher sehr nachdrücklich anzuraten, dass eine regelmäßige Überprüfung der Selbstregelungsinstrumente stattfindet. Die Instanzen, die - unabhängig vom gewählten Streitbeilegungsverfahren (Schlichtung, Rechtsmittelkommission, Ombudsmann) - die eingelegten Rechtsmittel zu prüfen und die Sanktionen zu verhängen haben, müssen sowohl von den Herstellern oder Unternehmen, der Bankenwelt etc., als auch von den Verbrauchern

1 MarknadsEtiska Rådet
2 www.sgc.nl/index.asp.

unabhängig sein (wie z.B. Ombudsmann der Lebensversicherung in den Niederlanden, Europäischer Verband zur freiwilligen Selbstkontrolle der Werbewirtschaft "EASA"[1]). Zentral geregelte bindende Grundsätze sind zur Standardisierung daher unerlässlich. Sie fördern die Kohärenz und die Transparenz. Es ist daher zu begrüßen, dass auch die Europäische Kommission Grundsätze aufgestellt hat und aufstellen wird, die als Bezugsrahmen dienen können. Allerdings sind diese Grundsätze noch in einem nur empfehlenden und deshalb unverbindlichen Stil.
Auch wäre einheitlich zu regeln, was gesetzlich und was durch Selbstregulierung geregelt werden könnte. Stellen wir uns einmal die Frage, was genau unter die Vertragsmäßigkeit der Ware fällt. Es ließe sich eine lange Liste erstellen mit Normen über Verpackung, Gewicht, Zweckbestimmtheit, Montageanleitungen und Gebrauchsanweisungen. Diese einzelnen Punkte könnten dann noch weiter ausgearbeitet werden. Hier stellt sich dann ein Wahlmoment ein. Soll der Gesetzgeber alle Einzelheiten regeln oder kann der Markt das vielleicht besser und flexibler?
In vielen Bereichen könnten anfüllende Regelungen durch Selbstregulierung gewinnbringend sein. Zum Beispiel bei der Qualität von Verkaufsprodukten. Denken wir z.B. an Weizen: Wieviel Prozent Abweichung von der jeweiligen Qualitätsstufe sind hier noch gerade eine vertragsgemäße Erfüllung? Hier wird der Sektor eher eine befriedende Antwort finden können als der Jurist. Oder denken wir an den Zeitraum, in dem mangelhafte Güter repariert werden müssen, um sowohl den Erwartungen des Käufers gerecht zu werden als auch den Umständen, in denen der Verkäufer verkehrt, inbegriffen das Problem des Transports. Auch hier kann der Sektor sicher vernünftige Standards und Normen entwickeln. Oder auch, was ist üblich als Verpackungsmaterial für bestimmte Produkte? Hier entwickelt der Sektor sich so schnell, dass eine Regelung, die abstrakt vorschreibt, dass Waren adäquat verpackt sein müssen, eigentlich nicht als zulänglich anzusehen ist. In vielen Fällen kann die Selbstregulierung hier sogar unerlässlich sein, da die meisten Gerichtssysteme keine erneute Überprüfung der Tatsachen kennen und nur die Rechtsanwendung überprüfen dürfen.
Ein besonders kompliziertes Gebiet ist die Frage nach der jeweiligen Sprache, in der ein Produkt angepriesen werden soll oder in der die Gebrauchsanleitung geschrieben sein soll. In welcher Sprache sollen die Bestandteile beschrieben sein und das Garantiedokument abgefasst sein? Es ist innerhalb Europas beinah unmöglich eine Sprachenregelung im Gesetzestext zu formulieren. Es fängt schon damit an, ob man nur die Amtssprachen oder auch Minderheitssprachen und regionale Sprachen gebrauchen soll. Es ist beinah unmöglich hier eine

1 www.easa-alliance.org/.

catch-all Klausel zu entwerfen. Anfüllende Regelungen, also ergänzende, zusätzliche zum Gesetzeswortlaut, pro Branche und auch pro Land sind in diesem Bereich sicher sinnvoll. Dieses wäre ein Gebiet, wo man noch am ehesten an selbstregulatorische Maßnahmen in der Zukunft denken könnte. Innerhalb von Kaufrechtsverträgen würde eine sinnvolle Sprachenregelung eine wichtige Rolle haben bei Garantien, Gebrauchsanweisungen, Montageanleitungen, Zertifikaten und Dokumenten, die eine stellvertretende Funktion für die Waren haben, wie z.B. Ladescheine oder Konnossement. Eine Sprachenregelung würde es in diesen Bereichen eindeutig erleichtern zu bestimmen, wann einen Ware noch vertragsmäßig ist und wann nicht mehr. Dem Verbraucher wäre sicherlich geholfen, wenn er ein Produkt, wie z.B. eine Küchenmaschine kaufen würde, und er sicher sein kann, dass die beiliegende Gebrauchsanleitung auch in einer ihm zugänglichen Sprache abgefasst ist und nicht auf chinesisch oder estnisch bei einem Produkt welches der Verbraucher in Brüssel gekauft hat. Innerhalb des Kaufrechts wäre eine Überlassung von Aktionen an den Markt also nur anfüllend möglich und im Hinblick auf den Verbraucherschutz als Maßnahme eher abzulehnen.

Eine Erfahrung aus der Rechtsvergleichung spricht allerdings doch noch partiell für die Option I der Mitteilung der Kommission, die darauf abstellt, die zukünftige Rechtentwicklung dem freien Markt zu überlassen. Es ist darauf hinzuweisen, dass bei den Resultaten, zu denen verschiedene Rechtsordnungen kommen, im Ergebnis häufig kaum Unterschiede zu finden sind. Aber dennoch ist dieses Ergebnis von rechtsvergleichenden Studien keine Indikation für die leichte Zugänglichkeit der Lösungen. Im Rahmen einer Kosten- und Nutzenanalyse währe zu untersuchen, ob harmonisierte grenzüberschreitende Verträge mit extra Kosten verbunden sind, und ob diese Kosten dafür aber einen Verlust an Pluralismus und einen möglichen Verlust an Flexibilität vermeiden würden. Sollte man den Lösungsvorschlag der Marktfreiheit wirklich weiter verfolgen, so hieße dies die Anwendung des jeweiligen Rechts im grenzüberschreitenden Verkehr ganz und gar dem Internationalen Privatrecht zu überlassen. Das Internationale Privatrecht scheint aber nicht immer geeignet zu sein zur Regelung von Rechtsproblemen des gemeinsamen Marktes, da auch hier pro Land verschiedene Rechtswahlmöglichkeiten und verschiedene Prozessverläufe und Prozesskosten als Ergebnis herauskommen können.[1] Auch wäre mit zu betrachten, dass neben dem nationalen Recht natürlich auch verschiedene Organi-

[1] Siehe dazu auch Jessurun d'Oliveira, An anecdote, A footnote, *Pro Memorie*, 7 (2005), 1, S. 132-153. Am Ende seines Beitrags spricht er von einem vom Untergang gezeichneten Internationalen Privatrecht, dass all den Harmonisierungsbestrebungen nicht mehr standhalten kann.

sationen eine wichtige Rolle spielen, zu denken wäre zum Beispiel an Verbraucherschutzvereinigungen und Bankaufsichtseinrichtungen.
Es ist außerdem sehr fraglich, ob eine gute Schiedsgerichtsbarkeit nicht ein gesetzlich geregeltes Kaufrecht in Europa ersetzen könnte. Die Antwort auf diese Frage muss verneinend sein. Schiedsgerichte sind dermaßen teuer und zeitraubend, dass sie nicht als eine Alternative für ein gemeineuropäisches Kaufrecht angesehen werden können.
Aber kehren wir nun wieder zurück zur Mitteilung der Kommission von 2001.

3.2. Option II: Ausarbeitung gemeinsamer Grundsätze

Option II, die gemeinsame pan-europäische Grundsätze zum Ziel hat,[1] fand sich später im Aktionsplan der Kommission zu einem kohärenteren Vertragsrecht aus dem Jahre 2003 wieder als so genannter gemeinsamer Referenzrahmen und wird an anderer Stelle in diesem Buch eingehend diskutiert werden. Diese Option war von Anfang an von zentraler Bedeutung für die nahe Zukunft des europäischen Kaufvertragsrechts.

3.3. Option III: Verbesserung der Qualität von Rechtsvorschriften

Die Kommission nannte als dritte Option die Überarbeitung und Verbesserung des geltenden EG-Rechtes. Diese Option stellte also eine Form von Selbstkritik dar. Jene Regeln, die die Kommission selber ausgearbeitet hatte, sollen nun wieder verbessert und nachgebessert werden. Selbsterkenntnis wurde in der Option III offen gelegt.
Die Kohärenz des geltenden EG-Vertragsrechts lässt bis heute an vielen Stellen zu wünschen übrig. Als eines von vielen Beispielen, die in der Mitteilung vorgestellt wurden, sei hier nur genannt, dass zentrale Begriffe, wie z.B. der Verbraucherbegriff oder der Vertragsbegriff, unterschiedlich verwendet und definiert werden.[2] Die Verbesserung der Qualität bereits geltender Rechtsvorschriften kann somit eigentlich nicht als eine eigene Option angesehen werden, sondern war und ist eine absolute Notwendigkeit.[3]
Selbst als anfüllende Maßnahme zu anderen Optionen liegen jedoch viele Probleme verborgen in dieser Option. Man denke nur an das Richtlinienrecht, wel-

[1] Schulte-Nölke, Ein Vertragsgesetzbuch für Europa?, *JZ* 2001, S. 917-920.

[2] Siehe auch: Herre, Hondius, Alpa, The notions of consumer and professional and some related questions, www.sgecc.net.

[3] Diese Auffassung wurde von allen Teilnehmern auf der Secola Tagung in Leuven vertreten, siehe Heutger, Mitteilung der Kommission zum europäischen Vertragsrecht, in: *Jusletter* vom 11. Februar 2002, und den Tagungsband: Grundmann/Stuyck (Hrsg.) *An Academic Green Paper on European Contract Law,* Den Haag 2002.

ches inzwischen bereits von den Mitgliedsstaaten in nationales Recht implementiert worden war. Eine nachträgliche Verbesserung von bereits gebrauchten Begriffen und Konzepten zum Beispiel hätte eine Änderung von 28 (inklusive Schottland) nationalen Rechtsordnungen zur Folge.
Betrachtet man nun die Reaktionen auf die Option III, so ist zu sehen, dass diese Option mit Nachdruck von den interessierten Parteien erwähnt wird und meist im Zusammenhang mit weiteren Optionen gesehen wird. Es handelt sich also bei Option III nicht um eine eigenständige Lösung, sondern um eine anfüllende. Die Kommission schloss sich dieser Sicht an. Durch die absolute Notwendigkeit, mehr Kohärenz in das europäische Recht zu bekommen, wurde die Option III zur Verbesserung der Qualität bereits geltender Rechtsvorschriften von der Kommission im folgenden Aktionsplan aus dem Jahre 2003 wieder aufgenommen. Auch wurde eine eigene Website eingerichtet.[1]

3.4. Option IV: Erlass umfassender EG-Rechtsvorschriften

Die Option IV hatte zum Ziel, das allgemeine und spezielle Vertragsrecht auf europäischer Ebene umfassend zu regeln. Diese Idee war schon lange in den Köpfen vieler Juristen und ist bis heute noch bestechend.[2] Der Erlass neuer umfassender Rechtsvorschriften kann natürlich auf mannigfaltige Weise geschehen. Eine Fülle von Möglichkeiten bot und bietet sich an. So könnten weitere Richtlinien, eventuell mit einer größeren Tendenz zur Maximalharmonisierung erlassen werden, oder gleich Verordnungen, oder gar ein ganzes europäisches Zivilgesetzbuch oder nur Grundprinzipien zu verschiedenen Sektoren oder neue Modelle von so genannten *soft law* Maßnahmen, die zum Beispiel ein Wahlmenü für den Rechtsanwender enthalten könnten. In der Option IV wurde keine abschließende Wahl getroffen, sondern der Gedanke nur andiskutiert und die Grundlage für eine folgende Diskussion gelegt. Bei den eingegangen Reaktionen waren vor allem Wissenschaftler aus ganz Europa begeistert von dieser Option.
Aber warum sind Wissenschaftler nun überzeugt, dass gerade Option IV die Zukunft prägen sollte? Eines der herrschenden Argumente ist, dass die Option IV die Transparenz fördere und ein deutlicheres Bild der Gesetzeslage verschaffen würde. Sozusagen ein gemeinsames einheitliches Gesetzbuch für alle Bürger. Verfolgt man diesen Weg, so ist Option IV in der Tat sowohl mittel- wie auch langfristig das geeignete Instrument. Als kurzfristige Maßnahme kommt Option

1 http://ec.europa.eu/consumers/cons_int/safe_shop/acquis/index_de.htm.
2 So siehe unter vielen Hartkamp et. al. (Hrsg.), *Towards a European Civil Code*, The Hague 2004.

IV aber nicht in Betracht, da die Entwicklung eines gemeinsamen Vertragsrechts doch recht zeitintensiv ist.
Daher, so war bereits 2001 festzustellen, müsste in der Zwischenzeit auch schon etwas geschehen. Das hieße unter anderem, dass die bestehenden Richtlinien an die inzwischen eingetretenen tatsächlichen Entwicklungen angepasst werden müssten. Man könnte also sofort entsprechend der in Option III geäußerten Maßnahmen zur Verbesserung der Rechtslage in Aktion kommen.
Es erschien den Einsendern von Reaktionen vor allem problematisch, dass so viele Teilbereiche des Vertragsrechtes, wie z.B. der Konsumentenbereich, auf EG-Ebene reguliert werden. Auf lange Sicht muss dies zu Rechtszersplitterung führen. Option IV erschien als geeignetes Instrument diese Gefahr zu bannen. Der einmal eingeschlagene Weg des Erlasses von sektorspezifischen Maßnahmen erschien auf lange Sicht ungünstig. Die Förderung eines schon bestehenden und sich weiterentwickelnden Komplexes von gemeinsamen Grundsätzen, ausgedrückt in Richtlinien und Verordnungen, um so schließlich zu einer größeren Annäherung der nationalen Rechtsordnungen zu kommen, konnte und kann kein geeignetes Mittel darstellen, um das Problem eines europäischen Vertragsrechts zu lösen.
In diesem Kontext musste auch von einem Konzept der Teil- und Minimalharmonisierung gesprochen werden. Diese Form der Harmonisierung ist bei grenzüberschreitenden Anlassfällen zu finden. Im Konsumentenrecht findet man auf europäischer Ebene derzeit noch vor allem eine Minimalharmonisierung und die legt dann zwingendes Recht fest. Diese zwingenden Regelungen sind noch relativ überschaubar.
Modernere Richtlinienentwürfe neigen dagegen zu einer Maximalharmonisierung. Es werden Details geregelt und diesen steht dann nicht immer ein Rechtsmittel zur Durchsetzung gegenüber; man denke zum Beispiel an Formvorschriften, die nicht genau eingehalten werden.
Die Analyse des dispositiven Rechtes gestaltet sich in der europäischen Gesetzgebung als recht schwierig. Die Fülle der angebotenen Varianten macht es beinah unmöglich, diese zusammenzufassen und überschaubar zu ordnen. Was soll nun der Weg in der Zukunft sein? Wenige bindende Regeln und größtmögliche Parteienautonomie und ein gutes Angebot an Regeln? Die Antwort auf diese Frage ist mit Blick auf die Forderung der Kommission nach Vertragsautonomie und einem starken Binnenmarkt eindeutig zu beantworten. Ein grenzüberschreitendes europäisches Vertragsrecht sollte dispositiv sein, um möglichst viel Vertragsfreiheit zu bieten. Dieser Wahl schließen sich die meisten Juristen an.[1]

[1] Stellvertretend für andere, siehe Grundmann/Stuyck (eds.) *An Academic Green Paper on European Contract Law*, Den Haag 2002.

Wenn wir nun diesen Gedanken weiterführen und uns bewusst sind, dass Verbraucherschutzregelungen nur wirksam sein können, wenn sie bindend sind, so führt das zu einem gemischten System. Das würde nämlich dann die Trennung von Konsumentenrecht und den übrigen Bereichen des Zivilrechtes mit sich bringen. Also einen Weg fortsetzen, der schon von einigen Mitgliedstaaten begangen worden ist, wie z. B. Frankreich und Italien mit ihren eigenen Gesetzgebungen für den Verbraucher.[1] Ob dieser Weg, einer eigenen Verbraucherschutzgesetzgebung genügend korrespondiert mit der Forderung nach Transparenz und Kohärenz ist eine Frage, die in diesem Zusammenhang noch offen bleiben muss.
Schaut man nun nach dem Stand der Dinge, so lässt sich feststellen, dass die Gemeinschaftsrechtsetzung sehr konsumentenorientiert ist. Demnach wäre es nahe liegend diesen Weg fortzusetzen und eine Vereinheitlichung des Verbraucherrechts anzustreben - unter Hinnahme der damit verbundenen Zersplitterung der Regelungsmaterie.
Die Option IV warf von Anfang an viele allgemeine Gedanken auf und begleitete den Diskussions- und Konsultationsprozess auch noch in den folgenden Jahren.

3.5. Reaktionen auf die Optionen

Die hier zuvor kurz erläuterten Optionen standen also im Jahre 2001 zur Diskussion. Über den Sommer hinweg konnten alle interessierten Parteien ihre Reaktion an die Kommission senden.
Innerhalb der ursprünglich angesetzten Frist bis zum 15. Oktober 2001 gelangten etwa 130 Reaktionen sowohl von Wissenschaftlern bzw. akademischen Einrichtungen als auch aus der Wirtschaft, Politik und von Verbänden bei der Europäischen Kommission ein. Viele weitere trafen später noch ein. Die größte Zahl der Dokumente wurde aus Deutschland eingesandt. Von außerhalb der Europäischen Union kamen unter anderen Zuschriften aus der Schweiz, Japan und dem Beitrittskandidaten Polen.

1 Italien ist derzeit das jüngste Beispiel. Dort wurde der *Codice del consumo* erst am 23. Oktober 2005 eingeführt. Siehe Dlgs n.206/2005 - Suppl. Ordinario n. 162 -GU n.235 del 8.10.2005, eingeführt durch den decreto legislativo 6 settembre 2005, n. 206 Codice del consumo, a norma dell'articolo 7 della legge 29 luglio 2003, n. 229.

Die Anzahl der Einsendungen entsprach jedoch nicht den hoch gesetzten Erwartungen, wenn auch schließlich rund 160 Reaktionen die Kommission erreichten.[1]
Diese erste Mitteilung war also ein erster Schritt zum Einleiten eines Prozesses, der noch nicht abgeschlossen ist. Die eingegangenen Reaktionen wurden von der Kommission systematisiert und zusammengefasst. Auf dieser Basis wurde an einer neuen Mitteilung gearbeitet. Die Kommission war zunächst sehr optimistisch und berichtete, dass ein neues Dokument aus Brüssel etwa ein Jahr später, im Herbst 2002 erscheinen sollte. Der Aktionsplan über die Zukunft des europäischen Vertragsrechtes erschien dann aber erst im Februar 2003.

4. Der Aktionsplan des Jahres 2003: Kohärenz ein ferner Traum?

Am 12. Februar 2003 wurde der Aktionsplan der Europäischen Kommission für ein kohärenteres Vertragsrecht veröffentlicht[2]. Der Titel „Ein kohärenteres europäisches Vertragsrecht – Ein Aktionsplan" war viel versprechend. Der Titel war zugleich Programm des Aktionsplanes.[3] Der Aktionsplan war ein weiterer Schritt innerhalb des 2001 eingeleiteten Diskussions- und Konsultationsprozesses über die Entwicklung des europäischen Vertragsrechtes (Rz. 3)[4]. Auch auf diesen Aktionsplan hoffte die Kommission wieder Reaktionen zu empfangen.
Der Aktionsplan war von grundlegender Bedeutung für die weitere Entwicklung und die Zukunft des gemeineuropäischen Vertragsrechts, da er die Vorhaben der Europäischen Kommission für die kommenden Jahre benannte. Allerdings wurde die Strategie der Kommission aus diesem Dokument nicht wirklich deutlich.
In vielen Punkten bezog die Kommission sich auf die grundlegende Mitteilung aus dem Jahre 2001. So wurden gleich zu Beginn, sozusagen als Entstehungsgeschichte des Aktionsplanes, die einzelnen Punkte der Mitteilung als Identifi-

[1] Ein Teil der eingesandten Dokumente ist immer noch im Internet zugänglich: http://europa.eu.int/comm/consumers/cons_int/safe_shop/fair_bus_pract/cont_law/comments/index_en.htm. Einige Regierungen baten um Nicht-Veröffentlichung.

[2] Der Aktionsplan erschien am 12. Februar 2003 (COM(2003) 68 final). Die Dokumente sind zu finden unter http://europa.eu.int/comm/consumers/policy/developments/contract_law/com_2003_68_de.pdf (deutsche Version) und unter http://europa.eu.int/comm/consumers/policy/developments/contract_law/com_2003_68_en.pdf (englische Version).

[3] Der Aktionsplan wurde viel diskutiert, siehe zum Beispiel: Najork/Schmidt-Kessel, Der Aktionsplan der Kommission für ein kohärenteres Vertragsrecht, *Gemeinschaftsprivatrecht*, 1, 03-04, 1. Jahrgang, S. 4.

[4] Die in Klammern benannten Ziffern beziehen sich auf die Randzeichen des Aktionsplanes.

kationskriterium der bestehenden Harmonisationsprobleme innerhalb des Vertragsrechts benannt. Ihre Motivation für diesen Aktionsplan und den noch offenen Zeitrahmen des Prozesses benannte die Kommission ausdrücklich in der Einleitung:

„Mit der Mitteilung wurde ein Konsultations- und Diskussionsprozess eingeleitet. Die Kommission weiß, dass es sich dabei um einen langwierigen Prozess handelt, und möchte seinen Konsultationscharakter wahren. Nur die kontinuierliche Einbindung aller Gemeinschaftsorgane und aller Interessengruppen kann gewährleisten, dass das Endergebnis dieses Prozesses den praktischen Bedürfnissen aller Wirtschaftsteilnehmer gerecht wird und schließlich von allen Betroffenen akzeptiert wird. Deshalb hat die Kommission beschlossen, den vorliegenden Aktionsplan als Grundlage für die weitere Konsultation vorzulegen."

Aus den eingegangenen Reaktionen auf die Mitteilung von 2001[1] ermittelte die Kommission also nun im Aktionsplan zwei Jahre später die Problembereiche. So wurden Probleme bei der einheitlichen Anwendung des Gemeinschaftsrechts bekannt und benannt (Rz. 16 ff des Aktionsplanes), wie z. B. die starke Zersplitterung der nationalen Vertragsrechte (Rz. 22) und der Grundsatz der Minimalharmonisierung im Verbraucherrecht (Rz. 24). Ausgiebig wurde das Funktionieren des Binnenmarktes erörtert (Rz. 25 bis 51). Hier wurden dann auch die besonderen Probleme der klein- und mittelständischen Unternehmen benannt (Rz. 30). Als weiteres Problem wurde die unterschiedliche Aufnahme von Allgemeinen Geschäftsbedingungen in den Vertrag erwähnt, was wiederum zu Unsicherheiten auf Seiten der Vertragsparteien führe. Der Aktionsplan wollte diese Probleme systematisieren und transparente Lösungsmodelle anbieten.
Wie es scheint, war die Systematisierung der verschiedenen Meinungen nicht einfach. Wohl auch aus diesem Grunde erschien der für den Herbst 2002 vorgesehene Aktionsplan einige Monate später als zuvor angekündigt.

4.1. Koordination mit dem 6. Forschungsrahmenprogramm

Wiederholt habe ich schon auf die Verspätung der Veröffentlichung des Aktionsplanes hingewiesen. Das hat einen besonderen Grund: der Aktionsplan stand nicht allein, sondern war ein Unterteil eines größeren Forschungsvorhabens der Kommission. Die wirklich relevante Verspätung der Veröffentlichung betrug fast zwei Monate. Der Aktionsplan musste inhaltlich auf das 6. Rahmenprogramm im Bereich Forschung und technologische Entwicklung abgestimmt

1 http://europa.eu.int/comm/consumers/cons_int/safe_shop/fair_bus_pract/cont_law/comments/index_en.htm

werden.[1] Dieses Programm wurde bereits Mitte Dezember 2002 gestartet.[2] Aktionsplan und Forschungsrahmenprogramm sollten gemeinsam die Ziele des Aktionsplanes erreichen. Demnach sollte ein europäisches Netzwerk von Wissenschaftlern einen Entwurf für ein europäisches Vertragsrecht liefern. Die Entwicklung dieses Entwurfes sollte wiederum finanziert werden aus Mitteln des 6. Forschungsrahmenprogramms.[3] Im Dezember 2002 wurden auch schon Gutachter für dieses Programm gesucht. Die Gutachter durften allerdings nicht aus dem künftigen Forschungsnetzwerk stammen. Zum Zeitpunkt der Auswahl der Gutachter war allerdings noch nicht bekannt, welche Wissenschaftler nun tatsächlich den Entwurf ausarbeiten sollten. So mancher Sachverständige hat sich also doppelt beworben. Zum einen als Gutachter als auch als Wissenschaftler zur Ausarbeitung, um dann anschließend in der einen oder anderen Gruppe präsent zu sein. Dieser erste Auswahlprozess ließ sehr an Transparenz zu wünschen übrig. Es war mehr als deutlich, dass die einzelnen Departements der Kommission ihre interne Koordination nicht sonderlich zu beachten scheinen.

4.2. Status quo der Kohärenz

Neben der Kommission widmeten auch Parlament[4] und Rat sich in den vergangenen Jahren wiederholt den Problemen der noch unzureichenden Harmonisierung des Vertragsrechtes im Euro-Zeitalter. Das Parlament rief bereits 1989 dazu auf, mit den Arbeiten zu einem Europäischen Zivilgesetzbuch zu beginnen und griff diesen Gedanken später wiederholt auf.[5] Die Kommission blieb in die-

1 Siehe dazu auch die Expression of Interest der Study Group on a European Civil Code, verfasst von Heutger: http://cordis.europa.eu/eoi/dsp_details.cfm?ID=27521.

2 Weitere Informationen unter www.cordis.lu.

3 Auch die Study Group on a European Civil Code schrieb einen Expression of Interest als Antwort auf die Forschungsschwerpunkte des 6. Forschungsrahmenprogramms. Siehe Heutger, Expression of interest from the Study Group on a European Civil Code (SGECC) as an Network of Excellence concerning the preparation of work programmes for the 6th framework programme for research, Identifier: EOI.FP6.2002, http://eoi.cordis.lu/dsp_details.cfm?ID=27521

4 So zum Beispiel: (COM(2001) 398 – C5-0471/2001 – 2001/2187(COS)), siehe auch: www.europarl.eu.int/plenary/default_de.htm.

5 26. Mai 1989, OJ C 158/401 vom 26. Juni 1989, wiederholt wurde dieser Gedanke im Jahre 1994, am 6. Mai, OJ C 205/519 vom 25. Juli 1994. In der Literatur wird sogar vom ersten und zweiten Kodifikationsbeschluss des Europäischen Parlaments in diesem Zusammenhang gesprochen. Siehe: Schroeter, *UN-Kaufrecht und Europäisches Gemeinschaftsrecht*, 2005, S. 605 ff. Inzwischen hat sich das Europäische Parlament bereits zum fünften Mal für eine Kodifizierung des Vertragsrechts ausge-

sem Bereich über einen langen Zeitraum hinweg eher zurückhaltend und schuf lieber sektorspezifische Richtlinien, die keine allgemeine Struktur für das europäische Vertragsrecht aufzeigen konnten.
Der Dialog mit der Öffentlichkeit dagegen wurde richtig ernsthaft erst 2001 aufgenommen. Dieses Jahr kann daher als der Start eines noch stets im Aufbau begriffenen Prozesses gesehen werden, in dem die Kommission sich ihren eigenen Weg zu einem europäischen Vertragsrecht sucht. Auf jeden Fall ist festzustellen, dass damit eine ganze Reihe von akademischen Publikationen verbunden wurde: Ganze neue Studienreihen und Zeitschriften wurden gegründet.[1]
Wenden wir uns zunächst noch einmal dem Aktionsplan von 2003 zu. Als Ziel und Programm des beschriebenen Aktionsplanes wurde ein kohärenteres europäisches Vertragsrecht genannt. Mit einer gewissen Selbstkritik deutete schon der Titel des Aktionsplanes auf den derzeitigen *status quo* hin. Durch Kohärenz zeichneten sich die legislativen Maßnahmen der Kommission nicht aus. Eine Forderung nach einer Steigerung der Kohärenz war daher gerechtfertigt und wünschenswert. An Kohärenz ließ und lässt die derzeitige zersplitterte – im Jargon der Kommission „sektorspezifische" Rechtssetzung im Bereich des europäischen Vertragsrechts zu wünschen übrig.
Die Optionen der Mitteilung von 2001 sollten einen Diskussionsprozess in Gang setzen und Lösungsansätze transparent machen. Nannte die Mitteilung von 2001 noch vier Optionen, nun wurde bereits zwei Jahre später der Optionsumfang auf drei Teilbereiche reduziert. Der Aktionsplan benannte kurz-, mittel- und langfristige Maßnahmen zur Entwicklung eines kohärenteren europäischen Vertragsrechts. Alle benannten Maßnahmen blieben sehr abstrakt in ihrer Beschreibung. Zum einen plante die Kommission einen gemeinsamen Referenzrahmen zu erstellen, der Lösungen bezüglich gemeinsamer Terminologie und Regeln bereithalten soll. Diese Forderung kann als sehr milde Vereinheitlichungs- und Harmonisierungsbestrebung angesehen werden und wird in der Zukunft sicher den größten Einfluss auf die Entwicklung eines gemeineuropäischen Vertragsrechts haben.[2]

---

sprochen. Zuletzt im Jahre 2006. Am 23. März 2006 wurde die Entschließung des Europäischen Parlaments zum Europäischen Vertragsrecht und zur Überarbeitung des gemeinschaftlichen Besitzstands: weiteres Vorgehen (2005/2022(INI)) P6_TA-PROV(2006)0109 A6-0055/2006 veröffentlicht.

1 Einen sicheren Marktanteil verschaffte sich hier Sellier International Law Publishers mit neuen Studienreihen und einer neuen Zeitschrift zum Gemeineuropäischen Privatrecht. Siehe www.sellier.de.

2 Huguenin, Europäisches Vertragsrecht auf dem Weg vom Konsumentenrecht zum Allgemeinen Vertragsrecht, in Kellerhals (Hrsg.). *Einführung ins europäische Wirtschaftsrecht.* Zürich 2003. S. 183.

4.3. EU-weite Allgemeine Geschäftsbedingungen

Der Aktionsplan sah zum anderen auch die Gestaltung einer Datenbank zur Förderung der Ausarbeitung von EU-weiten Allgemeinen Geschäftsbedingungen für den grenzüberschreitenden Verkehr vor. Gleich als Anschluss an die Veröffentlichung des Aktionsplanes wollte die Kommission die Initiative zur Bereitstellung einer Datenbank zum grenzüberschreitenden Informationsaustausch ergreifen. Nach der Ansicht der Kommission lag die Zukunft des europäischen Vertragsrechtes nicht in einem europäischen Zivilgesetzbuch, sondern in der Ausarbeitung von EU-weiten Allgemeinen Geschäftsbedingungen oder abstrakter benannt, in EU-weiten Standardvertragsklauseln[1].

Zur Erstellung dieser Allgemeinen Geschäftsbedingungen wollte die Kommission eine koordinierende Position einnehmen, um so die Ausarbeitung durch interessierte Parteien zu fördern. Die Kommission plante eine Erleichterung des Austausches von Informationen über bestehende oder geplante Initiativen, sowohl auf europäischer Ebene, als auch innerhalb der einzelnen Mitgliedstaaten. Leider wurde der sachliche Anwendungsbereich der Liste mit Allgemeinen Geschäftsbedingungen im Aktionsplan nicht klar benannt. Offenbar bezog sich die Kommission vor allem auf jene Allgemeinen Geschäftsbedingungen, die im grenzüberschreitenden Verkehr von Bedeutung sind. In kleinen Schritten wollte die Kommission eine Harmonisierung durch bessere Zugänglichkeit der Informationen vornehmen, oder zumindest zu dieser Form der Harmonisierung ermutigen.[2]

Die Kommission beabsichtigte im Jahre 2003 also die Einrichtung einer Website, auf der Unternehmen, Einzelpersonen und Organisationen, auf eigene Verantwortung, Informationen über bestehende und geplante Initiativen im Bereich der EU-weiten Standardvertragsklauseln hätten auflisten können (Rz 87 des Aktionsplans). Nachdem, wie sich diese Maßnahme im Aktionsplan las, war wohl von Anfang an nicht mehr als ein großes Gästebuch europäischer Unter-

1 Anscheinend haben verschiedene Übersetzer an dem Aktionsplan und der Zusammenfassung desselben gearbeitet. So spricht der Aktionsplan selber immer von Standardvertragsklauseln, die Zusammenfassung hingegen von Allgemeinen Geschäftsbedingungen. Ebenso wird in der Zusammenfassung von einem mit Großbuchstaben beginnenden „Gemeinsamen Referenzrahmen" berichtet, während dieser im Aktionsplan selber zu einem schlichteren kleingeschriebenen "gemeinsamen Referenzrahmen" wird. Schon in ihrem Aktionsplan kommt die Kommission ihrer eigenen Forderung nach einheitlichem Gebrauch der Begriffe nicht nach und stellt gleich zwei nebeneinander.

2 Huguenin, Europäisches Vertragsrecht auf dem Weg vom Konsumentenrecht zum Allgemeinen Vertragsrecht, in Kellerhals (Hrsg.). *Einführung ins europäische Wirtschaftsrecht*. Zürich 2003. S. 187.

nehmen zu erwarten. Eine Database, in der jedes Unternehmen seine Allgemeinen Geschäftsbedingungen hinterlegen konnte, aber eben ohne eine spätere Kontrolle, ob diese noch in Gebrauch sind. Also ein freibleibendes Angebot, um zu sehen, was so auf dem Markt ist. An eine *up-date* Regelung wurde von Beginn an nicht gedacht.
Nach 18 Monaten wurde gemeinsam von Kommission und Nutzern eine Evaluation der Nützlichkeit der Website geplant. Daran anschließend behielt die Kommission es sich vor, weitergehende, angemessene Maßnahmen zu ergreifen. Die Limitierung dieser Aktion wurde aber auch gleich im Aktionsplan vorgesehen, nämlich durch die Herausgabe eines Leitfadens, wohl so etwas wie ein (ethischer) Leitrat, der den interessierten Parteien die nötigen Grenzen für solche Initiativen erläuterte. So wurde durch die Kommission in Erinnerung rufen, dass bei der Abfassung von Standardvertragsklauseln gewisse rechtliche und sonstige Einschränkungen zu beachten seien.
Es wurde also nicht wirklich deutlich, was die Kommission mit ihrem Projekt zu den Allgemeinen Geschäftsbedingungen, oder in der Kommissionssprache Standardvertragsklauseln, vorhatte. Die mangelnde sprachliche Einheit der deutschen Fassung des Aktionsplanes, die schon hier an einer kohärenten Lösung zweifeln ließ, gab wenig Hoffnung auf einen wirklich wertvollen Beitrag, welcher grenzüberschreitende Transaktionen positiv unterstützen würde. Allgemeine Geschäftsbedingungen sind häufig zu umfangreich und ähneln eher einer eigenen kleinen Vertragslandschaft. Dazu sind sie oft unverständlich und unklar und häufig sprichwörtlich kleingedruckt.
Der Gedanke der Kommission durch einen Leitfaden zu ihrer Abfassung hier einen gewissen Standard hineinzubekommen, war daher in gewisser Weise begrüßenswert, aber doch auch hoffnungslos. Auch war es in Wirklichkeit wieder ein Schritt zurück auf dem Weg zur Privatautonomie der Parteien.[1] Kontrolle und eine Anregung zur Uniformierung sind sicher nicht fördernd in Bezug auf eine kreative individuelle Vertragsgestaltung. Die Vertragsfreiheit der Parteien könnte durch ein Angebot zur Übernahme fremder Allgemeiner Vertragsbedingungen eingeschränkt werden.
Der Gedanke, eine Sammlung der EU-weiten Allgemeinen Geschäftsbedingungen (AGB) vorzunehmen wurde von der Kommission noch ein Jahr später wieter verfolgt. So plante die Kommission in ihrer Mitteilung aus dem Jahr 2004 noch immer die Erstellung einer eigenen Website, ohne allerdings Maßnahmen bekannt zu geben, wie diese Website *up-to-date* gehalten werden sollte.

1 Huguenin, Europäisches Vertragsrecht auf dem Weg vom Konsumentenrecht zum Allgemeinen Vertragsrecht, in Kellerhals (Hrsg.). *Einführung ins europäische Wirtschaftsrecht.* Zürich 2003, S. 187.

Außerdem plante die Kommission auch eine Plattform für den Informationsaustausch zu bestehenden und geplanten EU-weiten AGB sowie Leitlinien zum Verhältnis zwischen den Wettbewerbsvorschriften und EU-weiten AGB und die Ermittlung legislativer Hindernisse bei der Verwendung EU-weiter AGB.
Allerdings stellte sich schnell heraus, dass es zu kostspielig war eine Datenbank zu Allgemeinen Geschäftsbedingungen zu unterhalten. Die Stakeholder rieten der Kommission ab, dieses Vorhaben in die Tat umzusetzen.[1] Aus der Praxis wurde diese Initiative der Kommission auch nicht weiter unterstützt. Allgemeine Geschäftsbedingungen sind unter anderem ein geldwerter Bestandteil eines Betriebes und daher bestand kein Interesse diese öffentlich zugänglich zu machen. Da dieser Punkt später nicht mehr von der Kommission verfolgt wurde, soll er hier auch nicht weiter behandelt werden.

4.4. Verbesserung der Qualität des acquis communautaire

Entsprechend dem Titel des Aktionsplanes war es ein Hauptanliegen der Kommission, den bestehenden gemeinsamen Besitzstand europäischer vertragsrechtlicher Regelungen, den so genannten acquis communautaire, zu verbessern und somit auch die Kohärenz zu erhöhen, sowie Undeutlichkeiten zu vermeiden. Der Aktionsplan sah also eine kritische Durchsicht des EG-Rechts vor.[2] Zur Schaffung eines kohärenteren europäischen Vertragsrechts, so hieß es, müssten daher festgestellte Unstimmigkeiten im EG-Vertragsrecht beseitigt werden.
Selbstkritisch forderte die Kommission auch eine Überprüfung der redaktionellen Qualität und eine Vereinfachung und Klarstellung der geltenden Rechtsvorschriften. Auf dem Aktionsplan standen auch die Anpassung und die Modernisierung geltender Rechtsvorschriften. Einige Vorschriften passen nicht mehr in die heutige Zeit, da seit dem Zeitpunkt ihres Erlasses nicht vorhersehbare Entwicklungen in Wirtschaft, Handel und anderen Bereichen stattgefunden haben und diese Regelungen daher nicht mehr dem heutigen Stand der Dinge entsprechen.[3]
Ebenso forderte die Kommission, dass Lücken und Unstimmigkeiten in EG-Rechtsvorschriften, die zu Problemen bei der Anwendung geführt haben, ge-

1 Siehe Punkt 4.1. in: Erster jährlicher Fortschrittsbericht zum europäischen Vertragsrecht und zur Überprüfung des gemeinschaftlichen Besitzstands, KOM(2005) 456 endgültig.

2 Kritisch über die Unergiebigkeit des acquis äußert sich auch Remien. *Zwingendes Vertragsrecht und Grundfreiheiten des EG-Vertrags*. Tübingen 2003. S. 45.

3 Zu denken ist hier zum Beispiel an Veränderungen im Versicherungssektor sowie an Entwicklungen im Bereich des Verbraucherkredits und des Timesharing.

schlossen werden müssten. Der Weg zu diesem umfassenden Vorhaben sollte unter anderem durch einen gemeinsamen Referenzrahmen[1] geebnet werden. Diese Maßnahmen hören sich noch nach keinem neuen Programm an. Eine Qualitätssteigerung ist allzeit wünschenswert, und an der Tradition des bisher eingeschlagenen Weges festzuhalten, ist auch nicht innovativ. Der Aktionsplan enthält aber zumindest Vorschläge für ein neues Instrumentarium und neue Schlüsselfiguren, die bei der Ausarbeitung des europäischen Vertragsrechtes mit einbezogen werden sollen.

4.5. Der Ansatz der Kommission

Die Kommission selber schlug zur Entwicklung eines kohärenteren europäischen Vertragsrechts eine Kombination aus nichtgesetzgeberischen und gesetzgeberischen Maßnahmen vor. Ebenso sollten auch kurz-, mittel- und langfristige Maßnahmen zum Erreichen des nicht deutlich umschriebenen Ziels eingesetzt werden.
Zu Beginn des Prozesses hatte die Kommission wohl vor allem eine Verbesserung der Qualität im Bereich des Vertragsrechts im Auge. Diese Verbesserung sollte allerdings nicht allein nur aus Brüssel kommen. Zur Qualitätssteigerung wollte die Kommission die Beteiligung der Öffentlichkeit an diesem Prozess fördern. Die Kommission sah ihre Rolle dabei sowohl in einer koordinierenden Tätigkeit, als auch in der Bereitstellung der nötigen finanziellen Mittel. Problematisch war dabei allerdings, dass verschiedene Generaldirektionen an diesem Prozess beteiligt waren, was zu Undeutlichkeiten führte und deutlich werden ließ, dass die Koordination und Zusammenarbeit der verschiedenen Generaldirektionen nicht optimal und schon gar nicht kohärent funktioniert.
Man war sich einig, dass unterschiedliche Stakeholder angesprochen werden sollten. Zu denken war dabei sowohl an Vertreter aus Industrie als auch von Seiten der Verbraucherverbände. Ebenso Wissenschaftler als praktizierende Juristen, Richter sowie auch Anwälte und Gesetzgebungsjuristen. Vertreter von Regierungsseite als auch von Lobbygruppen. Auch sollten alle Mitgliedstaaten an der Diskussion beteiligt werden. Es war möglich sowohl mündlich als auch schriftlich bei so genannten Workshops beitragen zu können.[2] Die *Policy* der Kommission gegenüber diesen Workshops in Brüssel änderte sich allerdings im Laufe des Jahres 2006. Unerwartet wurden bereits abgesprochene Workshops

1 Aktionsplan, Rz. 59.

2 Die Teilnehmer an den Workshops wurden allerdings von der Kommission selber ausgewählt und ihre zum Teil schriftlichen Beiträge können nur von ausgesuchten Teilnehmern innerhalb des 6. Forschungsrahmenprogramms auf der extra dafür eingerichteten circa-Website passwortgeschützt eingesehen werden.

abgesagt. Auch reagierte die Kommission auf diese Workshops nicht in allen Fällen mit den von ihr zuvor zugesagten Äußerungen in einer angemessenen Zeit.

Grobe Entwicklungslinien wurden dennoch sehr deutlich. Grundsätzlich schien die Kommission ihren sektorspezifischen Ansatz weiter verfolgen zu wollen, allerdings unter einer Erhöhung der Kohärenz der geltenden Rechtsvorschriften untereinander.[1] Als langfristige Reaktion auf die Ergebnisse und Beiträge einer Studie zu Detailproblemen des Vertragsrechts und des Deliktsrechts[2] wollte die Kommission dann auch selber die Qualität, vor allem im redaktionellen Bereich ihrer legislativen Maßnahmen, steigern.

Das Kohärenzgebot beschäftigte die Rechtstheorie schon immer, umso schöner ist es zu sehen, dass sich nun auch die Kommission darauf besinnt. In der Zukunft darf der europäische Bürger also endlich kohärente Richtlinien erwarten. Als zukünftige Aufgabe wollte die Kommission folglich abstrakte Begriffe einheitlich definieren, und in verschiedenen Richtlinien den abstrakten Begriff in derselben Bedeutung verwenden (Rz. 57). Ob dieser ehrgeizige Plan eines kohärenteren Vertragsrechtes tatsächlich gelingen wird, erscheint bis heute mehr als zweifelhaft, wenn man bedenkt, dass es bislang den verbraucherorientierten Richtlinien noch nicht einmal gelungen ist, den Begriff des „Verbrauchers" abschließend und einheitlich zu definieren.[3]

Diese Maßnahmen hörten sich noch nach keinem neuen Programm an. Eine Qualitätssteigerung ist allzeit wünschenswert, und an der Tradition des bisher eingeschlagenen Weges festzuhalten, ist nicht gerade innovativ. Der Aktionsplan enthielt aber zumindest Vorschläge für ein neues Instrumentarium und neue Schlüsselfiguren, die bei der Ausarbeitung des europäischen Vertragsrechtes mit einbezogen werden sollten.

4.6. Ein gemeinsamer Referenzrahmen

Die Kommission strebte, mit Hilfe von Forschung und aller interessierten Parteien, die Erstellung eines Gemeinsamen Referenzrahmens an. Undefiniert blieb über lange Zeit die gewünschte Form dieses Referenzrahmens. Dieser unbe-

1 So zu lesen unter Randzeichen 55 des Aktionsplans von 2003.

2 Siehe Study on Property Law and Non-contractual Liability Law as they relate to Contract Law, Submitted to the European Commission - Health and Consumer Protection Directorate-General – SANCO B5-1000/02/000574. Autoren der Studie sind Ch. von Bar und U. Drobnig.

3 Innerhalb der *Study Group on a European Civil Code* beschäftigte sich eine eigene Arbeitsgruppe (Leitung: G. Alpa, J. Herre und E. Hondius) mit der Definition des Verbrauchers. Die Ergebnisse wurden auf der Website der Study Group veröffentlicht unter www.sgecc.net.

stimmte Begriff scheint einen ganzen Entwicklungsprozess beschreiben zu wollen. Er diente somit als Arbeitstitel und musste noch definiert werden. Seine wahre Gestalt blieb verborgen. In irgendeiner Weise festlegen wollte sich die Kommission im Jahre 2003 keineswegs. Sicher wurde lange nach diesem wenig indikativen Wortungetüm innerhalb der Kommission gesucht. [1]
Möglich erschienen eine gigantische Datenbank, ein monströses Nachschlagewerk[2] oder eine Kompilation von Vertragsgrundsätzen,[3] eventuell in der Gestalt von *Principles*, die jenen von UNIDROIT[4] oder denen der *Commission on European Contract Law*[5] oder jenen der *Study Group on a European Civil Code* gleichen.[6] Unbeantwortet blieb im Aktionsplan von 2003 die Frage nach der Sprache. Es blieb offen, ob dieser Referenzrahmen alle Sprachen der Europäischen Union abdecken sollte, oder nur in einer oder eventuell auch zwei offiziellen Sprachen konsultierbar sein sollte.
Allerdings informierte die Kommission darüber, dass dieser Referenzrahmen ein der Öffentlichkeit zugängliches Dokument sein sollte, das den Gemeinschaftsorganen helfen solle, eine kohärente Ausgestaltung der geltenden und künftigen Gemeinschaftsvorschriften im Bereich des europäischen Vertragsrechts zu gewährleisten.
Unter der Öffentlichkeit ist allerdings auch der normale Verbraucher in den einzelnen Mitgliedstaaten zu verstehen. Dieser ist daran gewöhnt Dokumente in seiner Muttersprache, oder zum Teil sogar in seiner regionalen Sprache zu lesen.

1 Welchen rechtlichen Rahmen dieses neue Instrument haben wird, war nicht bekannt. Im Vorfeld des Aktionsplanes dachten einige Juristen an eine gemeineuropäische Rahmenrichtlinie zum Vertragsrecht. Diese gedachte Rahmenrichtlinie ist aber anscheinend zum gemeinsamen Referenzrahmen mutiert.

2 Wiederholt kommt auch der Gedanke einer “toolbox” vor, so auch Beale, The Development of European Private Law and the European Commission’s Action Plan on Contract Law, Iuridica International, 1-2005, S. 14.

3 Siehe dazu auch Schulze, European Private Law and Existing EC Law, *ERPL*, Vol. 13, 1, 2005, S. 5ff.

4 www.unilex.info und www.unidroit.org.

5 Das Ergebnis dieser Arbeitsgruppe sind die Principles of European Contract Law. Lando/Beale, *Principles of European Contract Law,* Part I and II, Den Haag 2000 und Lando/Clive/Prüm/Zimmerman. *Principles of European Contract Law*, Part III. Den Haag 2003.

6 Als Nachfolgeorganisation der Commission on European Contract Law gründete sich 1997 die Study Group on a European Civil Code. Das Ziel dieser Gruppe ist es das gemeineuropäische Vermögensrecht in Form eines Zivilgesetzbuches festzulegen. Information unter www.sgecc.net. Die Ergebnisse dieser Arbeitsgruppe werden in einer Serie bei Sellier International Law Publishers veröffentlicht.

Daher wird der Referenzrahmen zumindest in allen offiziellen Sprachen zugänglich sein müssen. Ob die Kommission das Sprachproblem bei der Erstellung des Aktionsplanes im geforderten Ausmaß bedacht hat, lässt sich nicht mehr rekonstruieren. Es erscheint auch zweifelhaft, ob sie sich den zum Veröffentlichungszeitpunkt nahe bevorstehenden EU-Osterweiterungsprozess deutlich genug vor Augen geführt hat. Wie auch in vielen anderen Bereichen hüllt die Kommission sich hier in Schweigen.
Der gemeinsame Referenzrahmen wird nicht alle Gebiete des Privatrechts abdecken können. Das kann langfristig zu einer Rechtszersplitterung führen, da man auf weitere Gesetze außerhalb des Referenzrahmens zurückgreifen muss.[1]

4.7. Die Binnenmarktfunktion des Referenzrahmens

Mit großen Worten wurde im Aktionsplan von 2003 die Binnenmarktfunktion des Referenzrahmens beschrieben. Der Referenzrahmen sollte demnach dazu beitragen, dass sich die Wirtschaft des Binnenmarktes zur dynamischsten der Welt entwickele (Rz. 59), indem der Binnenmarkt den Bedürfnissen und Erwartungen der Wirtschaftsteilnehmer innerhalb des Binnenmarktes entspräche. Der gemeinsame Referenzrahmen sollte die besten Lösungen für eine gemeinsame Terminologie bereithalten sowie gemeinsame Regeln und Grundsätze festlegen.
Darüber hinaus sollten Definitionen von grundsätzlichen Konzepten und unbestimmten Rechtsbegriffen enthalten sein. Durch dieses Instrument, welches im wahrsten Sinne des Wortes gemeinsamer Referenzrahmen genannt wurde, sollte eine größere Annäherung der Vertragsrechte der einzelnen EU-Mitgliedstaaten und unter Umständen auch geeigneter Drittstaaten erreicht werden (Rz. 62).
Im Aktionsplan wurde angedeutet, dass dieser gemeinsame Referenzrahmen im Rahmen des 6. Forschungsrahmenprogramms ausgearbeitet werden sollte.[2] Also innerhalb eines europaweiten Programms, welches vor der Veröffentlichung des Aktionsplans schon gestartet wurde.

4.8. Die voraussichtlichen Elemente des Referenzrahmens

Eines der Ziele des Aktionsplanes war die Ausarbeitung eines gemeinsamen Referenzrahmens zu fördern. Der Referenzrahmen sollte nach den Anforderungen, die der Aktionsplan nannte, Regeln für Vertragsarten bereithalten, die innerhalb des grenzüberschreitenden Geschäftsverkehrs von Bedeutung sind.

1 In Annex II wurden zwei mögliche Strukturen des Gemeinsamen Referenzrahmens aufgenommen. Zum einen der Entwurf der Kommission und zum anderen die vorläufige Struktur des Forschungsnetwerks.

2 Unter der Priorität 7 "Bürger und Staat in der Wissensgesellschaft" war Programmpunkt (5.1.3.) der Zukunft des Europäischen Vertragsrechts gewidmet.

Besonders benannt wurden Kauf- und Dienstleistungsverträge. In diesen Kontext passte auch die Forderung nach allgemeinen Bestimmungen über den Abschluss, die Wirksamkeit und Auslegung von Verträgen, sowie über die Erfüllung, Nichterfüllung und daraus resultierende Gewährleistungsansprüche[1]. Des Weiteren wurden Regelungen für Sicherheiten an beweglichen Sachen sowie Regelungen für das Recht der ungerechtfertigten Bereicherung gewünscht.
Aber nicht nur diese neu zu schaffenden Regelungen sollten enthalten sein. Vielmehr wurde auch noch ein rechtsvergleichender Unterbau gefordert. Dieser sollte die nationalen Rechtsordnungen enthalten und diese funktional nach Harmonie und Außenseiterposition zusammenfassen, um aus einem eventuellen gemeinsamen Nenner Grundsätze zu entwickeln und gegebenenfalls die besten Lösungen ermitteln zu können.[2] Ein reiner Bezug auf Gesetzeswerke wurde allerdings auch nicht gewünscht, sondern Rechtsprechung und Vertragspraxis sollten auch enthalten sein. Es wurde also genug Arbeit benannt, um damit ein riesiges Forschungsinstitut für mindestens 10 Jahre beschäftigt zu halten. Allerdings gab es weder das Forschungsinstitut noch 10 Jahre Zeit.
Die soeben benannten Aufgaben waren aber nicht alle Elemente, die bearbeitet werden sollten. Abschließend sollte eine Analyse des vorhandenen EG-Besitzstandes erstellt werden. Diese sollte die einschlägigen verbindlichen internationalen Instrumente, vor allem das UN-Übereinkommen über den internationalen Warenkauf (CISG) beinhalten. Diese internationalen Instrumente sollten beschrieben werden und auch sollte ihr Platz innerhalb des Binnenmarktes analysiert werden.
Wenn man bedenkt, dass bisherige Kommissionen, wie z.B. jene, die die *UNIDROIT Principles* oder die *Principles of European Contract Law* schrieben, mehr als zehn Jahre bis zur Veröffentlichung ihrer Ergebnisse brauchten, war das ein mehr als ehrgeiziger Plan. Dieses Projekt konnte von Anfang an nur gelingen, wenn man auf die schon erbrachten Leistungen von akademischen Arbeitsgruppen zurückgriff.

1 In diesem Punkt liegt in der deutschen Version des Aktionsplanes ein Druckfehler vor. Wo die englische Version von *remedies* spricht, steht im deutschen Aktionsplan das bisher noch unbekannte Wort "Ausprāche". Dass es sich hier um einen neuen abstrakten Begriff handelt, ist ausgeschlossen.

2 Siehe auch Staudenmayer, The Place of Consumer Contract Law Within the Process on European Contract Law, *Journal of Consumer Policy*, Vol. 27, number 3, 2004, S. 269-287.

4.9. Ein optionelles Instrument

Als dritte Maßnahme stand die Schaffung eines optionellen Instruments zur Diskussion.[1] Ein kohärenteres europäisches Vertragsrecht sollte folglich durch nichtgesetzgeberische und gesetzgeberische Maßnahmen erreicht werden.

Der letzte Teil des Aktionsplanes beschäftigt sich daher mit der Reflektion der Zweckmäßigkeit nicht sektorspezifischer Maßnahmen im Bereich des europäischen Vertragsrechts. Allein schon sprachlich hält die Kommission sich hier viele Möglichkeiten offen. In der englischen Version wird durchgehend von der Einsetzung eines eventuellen *„optional instrument"* gesprochen. Die deutsche Version ist dagegen wesentlich vielfältiger und bietet die Varianten eines optionalen Rechtsinstrumentes in der Zusammenfassung des Aktionsplanes an,[2] später spricht sie dann von der Reflexion über ein freiwilliges Instrument (Rz.54),[3] um dann im Abschnitt, der diesem *optional instrument* gewidmet ist, von einem optionellen Instrument (Rz.90) zu sprechen.[4] Allein schon die sprachliche Vielfalt der deutschen Version lässt vermuten, dass die Kommission selber noch keine Definition dieses unbestimmten Rechtsbegriffes vorgesehen hat und es mit der Kohärenz wirklich nicht zu genau nimmt. Soll es ein reines opt-in Instrument werden, welches ausschließlich zur Anwendung kommt, wenn die Parteien seine Geltung im Vertrag vereinbart haben? Unterscheidet es sich dann überhaupt noch von den auf akademischer Seite ausgearbeiteten soft-law Angeboten, wie zum Beispiel den PECL oder den UNIDROIT-Grundprinzipien? Ein wirklich neues Rechtsinstrument wäre das optionelle Instrument also nur, wenn es ein opt-out Instrument werden würde. Dann wäre es ein geltender EG-Rechtsakt, der automatisch Anwendung fände, es sei denn, dass die Parteien übereinstimmend seine Anwendung ausschließen.[5] In der Praxis würde es also der Anwendung des UN-Kaufrechts entsprechen, auch hier müssen die Parteien

[1] Erdacht wurde dieses Instrument wohl von Staudenmayer, Ein optionelles Instrument im Europäischen Vertragsrecht, *ZEuP* 2003, S. 828-846.

[2] Dort ist zu lesen: "Das zweite Ziel des Gemeinsamen Referenzrahmens ist es, die Basis für die weitere Überlegung zu einem optionalen Rechtsinstrument auf dem Gebiet des Europäischen Vertragsrechts zu liefern."

[3] So wird uns zugesagt: "Die Reflexion über ein freiwilliges Instrument wird mit diesem Aktionsplan beginnen und parallel zu dem gesamten Prozess stattfinden."

[4] Unter dem Titel über weitere Reflektion zur Zweckmäßigkeit nicht sektorspezifischer Maßnahmen wird angeführt: "Es wurden einige Argumente für ein optionelles Instrument vorgebracht, das den Vertragsparteien ein besonders gut an grenzüberschreitende Verträge im Binnenmarkt angepasstes modernes Regelwerk bieten würde."

[5] So auch mit weiteren Nachweisen: Schroeter, *UN-Kaufrecht und Europäisches Gemeinschaftsrecht*, München 2005, S. 607.

im Einzelfall, wollen sie das UN-Kaufrecht nicht zur Anwendung kommen lassen, dieses ausschließen.
Es könnte zum einen bei allen grenzüberschreitenden Verträgen automatisch Anwendung finden, oder auch bei alles Internet-Transaktionen innerhalb Europas, es könnte aber auch neben das nationale Vertragsrecht treten und subsidiär als Auslegungshilfe fungieren oder sogar nationales Recht verdrängen. Für den Fall, dass dieses optionelle Instrument das Kaufrecht behandelt, so wäre dann deutlich das Verhältnis dieses Instruments zum UN-Kaufrecht festzulegen. Allerdings ist es fraglich, inwieweit ein *opt-out* Instrument den Namen „freiwilliges" Instrument tragen darf.
In vielen europäischen Projekten wird derzeit ein Ansatz verfolgt, Regelungen zum Kaufrecht so zu gestalten, dass die Bestimmungen, die den Verbraucher betreffen möglichst zwingend sind[1] und auf keinen Fall zum Nachteil der Verbraucher abgeändert werden dürfen.[2] Es wäre daher unlogisch mit einem freiwilligen Instrument auch eventuell das Verbraucherrecht regeln zu wollen, was zumeist aus bindenden Regeln besteht.
Offenbar soll die Definition dieses optionellen Instruments aber gemeinschaftlich innerhalb des Prozesses rund um den gemeinsamen Referenzrahmens erarbeitet werden. Eines der Ziele des gemeinsamen Referenzrahmens soll es nämlich sein, die Basis für die weitere Überlegung zu einem optionellen Rechtsinstrument auf dem Gebiet des Europäischen Vertragsrechts zu liefern.[3] Ähnlich wie der Begriff Referenzrahmen unerläutert bleibt, so wird auch die Definition des optionellen Instruments nicht angeboten.
Aus dem, was der Aktionsplan an Informationen bietet, soll das optionelle Instrument die Züge eines Regelwerkes bekommen, das außerhalb eines nationalen Rechts angewendet werden kann. Das optionelle Instrument sollte nach der Vorstellung der Kommission den Ansprüchen des so modernen *soft law* entsprechen, und so nur in einer beschränkten Anzahl der in diesem Regelwerk enthaltenen Bestimmungen zwingend sein, z.B. bei Bestimmungen des Verbraucherschutzes.
Assoziationen mit schon bekannten Regelwerken wie dem UN-Kaufrecht (CISG), den UNIDROIT Principles und den Principles of European Contract

1 Verbraucherrecht sollte in der Regel zwingendes und kein nachgiebiges Recht sein. Allerdings wird es in der Anwendung keineswegs immer deutlich sein, wann genau eine Regel trotzdem noch abänderbar sein wird. Siehe dazu auch Hesselink, Non-mandatory Rules in European Contract Law, in *ERCL*, Vol. 1 (2005), no. 1, S. 44 ff.

2 So zum Beispiel der Entwurf zum Kaufrecht der Study Group on European Civil Code, www.sgecc.net.

3 Um diese Optionen zu prüfen, bat die Kommission um die Erstellung und Formulierung von einschlägigen Grundsätzen und Regelungen (64).

Law, scheinen gewollt zu sein.[1] Als optionelles Instrumente kämen somit, unter anderen, ein europäisches Vertragsgesetzbuch, allgemeine Vertragsgrundsätze oder eine allgemeine Rahmenrichtlinie in Betracht. Ungeklärt ist noch seine Beziehung zu den bestehenden Richtlinien und dem Wiener Kaufrecht. Soll es ein Miteinander werden oder ein Nebeneinander? Fordert der interne Markt wirklich eine Harmonisierung des Vertragsrechts oder ist doch nur Marktregulierung ein Ziel? Auf diese Fragen muss in den kommenden Jahren noch eine Antwort gefunden werden.

4.10. Opt-in versus opt-out

Das freiwillige Instrument der Kommission könnte auf verschiedene Arten angeboten werden: entweder als *opt-in* oder als *opt-out* Instrument. Das schon bestehende UN-Kaufrecht beinhaltet eine *opt-out* Möglichkeit für die Parteien.[2] Da das nationale Recht nach den Aussagen der Kommission durch ein optionelles Instrument nicht ersetzt werden soll, spricht diese Auffassung deutlich für eine *opt-in* Lösung im nationalen Bereich.[3] Für die Verbindlichkeit des optionellen Instruments im grenzüberschreitenden Verkehr spricht dagegen eine *opt-out* Lösung. Eine *opt-out* Lösung ist auch aus dem Gesichtspunkt eines effizienteren Verbraucherschutzes anzuraten. Erfahrungen aus der Rechtspraxis haben aber gezeigt, dass hier lieber ein *opt-in* Instrument gesehen würde. In den Niederlanden z. B. wird das UN-Kaufrecht regelmäßig per Vertrag ausgeschlossen, ein *opt-in* Instrument würde daher mehr den Anforderungen des Marktes entsprechen. Ein *opt-in* Instrument entspricht mehr der Forderung nach soviel Vertragsfreiheit wie möglich. Sollte das optionelle Instrument keine Verbraucherkäufe umfassen wollen, so ist eine *opt-in* Lösung anzuraten. Sollten auch Verbraucherkäufe geregelt werden, so ist eine *opt-out* Lösung aus Rechtssicherheits- und Verbraucherschutzabwägungen für den Handelskauf anzuraten.
Ein Pluspunkt des optionellen Instruments wäre seine Präsenz in den verschiedenen Sprachen der Europäischen Union. Häufig scheitert der Vertragsabschluss vor allem im Bereich von Verbraucherverträgen über eine Grenze hinweg an der Unsicherheit, in der fremden Sprache auch wirklich alles verstehen zu können. Ein optionelles Instrument würde dieses sprachliche Hindernis beseitigen.

1 Die Kommission fragt in diesem Zusammenhang direkt nach Stellungsnahmen zum Anwendungsbereich eines (nun statt optionellen wieder) freiwilligen Instruments im Verhältnis zum Übereinkommen der Vereinten Nationen über Verträge über den internationalen Warenkauf (CISG).

2 Siehe zur Stellung des UN-Kaufrechts in Europa: Bernstein/Lookofsky, *Understanding the CISG in Europe*, Den Haag 2003. 2. Auflage.

3 Siehe auch Basedow, Ein optionales Europäisches Vertragsgesetz – opt-in, opt-out, wozu überhaupt?, *ZEuP*, 2004, S. 1-4.

Für ein optionelles Instrument im Bereich des Kaufvertragsrechts würde auch die gemeinsame Währung des Euro sprechen. Es wäre konkludent zusätzlich zu einer gemeinsamen Währung bei Transaktionen auch ein gemeinsames Recht als Grundlage im grenzüberschreitenden Verkehr anzuwenden.
Ein optionelles Instrument im Bereich des Kaufvertragsrechts sollte alle möglichen Parteien umfassen, also sowohl im Bereich Business zu Business als auch Business zu Verbraucher sowie auch den nicht geschäftsmäßigen Verkäufer.

4.11. Die Reaktionen auf den Aktionsplan

Neben dem direkten Kontakt zwischen Kommission und interessierten Parteien durch verschiedene Workshops, bestand die Möglichkeit, sich schriftlich an der Diskussion zu beteiligen: Bis zum 15. Mai 2003 erwartete die Kommission Reaktionen auf ihr Dokument. Der Aktionsplan löste vor allem auf akademischer Ebene schnell viele Reaktionen aus.[1] Es gingen viele Reaktionen ein, wenn auch weniger als vielleicht erwartet.[2] Die Beteiligung aus den einzelnen Ländern war sehr unterschiedlich.
Hier soll kurz auf die Reaktionen eingegangen werden, da sie sozusagen ein Spiegelbild der Personen und Gruppen sind, die ein aktives Interesse an der Mitgestaltung des europäischen Vertragsrechts haben. Die dann in sechs Kategorien aufgeteilten Reaktionen sind, wie auch zuvor bei der Mitteilung von 2001, zum größten Teil auf der Homepage der Kommission zugänglich.[3] Insgesamt reagierten innerhalb der angegebenen Frist, und zum Teil ein wenig später, 11 Regierungen oder relevante Institutionen. Viele Regierungen aus Ländern, in denen der Aktionsplan auf akademischer Ebene sehr wohl diskutiert wurde, reagierten nicht. Das war relativ erstaunlich. So traf zum Beispiel keine

1 Einige Tage später erschien eine Anmerkung zu diesem Aktionsplan im *Jusletter* vom 17. Februar 2003 von Heutger, Ein kohärenteres europäisches Vertragsrecht, www.jusletter.ch. Auch im Februar 2003 kam ein Bericht von Staudenmayer zum Aktionsplan in *ERPL* 2, 2003. Viele weitere Besprechungen erschienen in den folgenden Monaten, siehe zum Beispiel: Najork / Schmidt-Kessel, Der Aktionsplan der Kommission für ein kohärenteres Vertragsrecht, *Zeitschrift für Gemeinschaftsprivatrecht*, 1, 03-04, 1. Jahrgang, S. 4. In ganz Europa setzen sich Juristen mit diesem Dokument der Kommission auseinander, siehe Hesselink, Naar een coherenter Europees contractenrecht? Het Actieplan van de Europese Commissie, *Nederlands Juristenblad*, 40, s. 2086 und Smits/Hardy, Het actieplan voor een coherenter Europees contractenrecht: een bespreking, *WPNR* 6532 (2003), S. 385.

2 http://europa.eu.int/comm/consumers/cons_int/safe_shop/fair_bus_pract/cont_law/stakeholders_de.htm.

3 Siehe http://ec.europa.eu/consumers/cons_int/safe_shop/fair_bus_pract/cont_law/actionplan_en.htm

Regierungsreaktion oder ein Beitrag vom Justizministerium der Niederlande ein, oder eine Reaktion der italienischen oder französischen Regierung. Es scheint so, dass einige Regierungen aus politischen Gründen lieber direkt zur Stellungnahme aufgefordert werden möchten, und nicht auf allgemeine Aufrufe reagieren wollen.

Im Verhältnis zu den Reaktionen auf die Mitteilung von 2001 war der Anteil der osteuropäischen Regierungen stark, die nun reagierten. Drei der elf Reaktionen von Regierungsseiten kamen aus den Ländern Bulgarien, Ungarn und Rumänien. Die Schweiz, die sonst die europäische Gesetzgebung immer sehr genau verfolgt, äußerte sich jedoch nicht zu diesem Aktionsplan.

Die nächste Kategorie, welche die Auflistung der Kommission enthält, ist jene der Reaktionen aus der Wirtschaft. Immerhin 29 Reaktionen trafen aus diesem Kreis ein. Allein sieben Reaktionen stammten aus Deutschland. Aus den Kreisen der Verbraucherorganisationen gingen nur vier Reaktionen ein. Da das Vertragsrecht doch für Konsumentenverträge sehr relevant ist, hatte ich hier mehr Reaktionen und eine aktivere Teilnahme am Diskussionsprozess erwartet. Allerdings kann man sagen, dass die Verbraucherorganisationen mit einer Stimme gesprochen haben, da eine Reaktion von BEUC (The European Consumers' Organisation) eingegangen war.

Weiter finden sich immerhin 19 Reaktionen aus dem Kreis der Praktiker, also von Notaren und Rechtsanwälten. Deutschland und das Vereinigte Königreich sind hier die aktivsten Teilnehmer mit jeweils vier Reaktionen[1]. In dieser Kategorie ist auch eine schweizerische Reaktion von C. Locher – Staub Hilti & Partner Rechtsanwälte zu finden.

Wie auch schon zuvor bei den Reaktionen auf die Mitteilung der Kommission[2] stammt der größte Teil der Interessierten aus dem Kreis der Akademiker. 55 Wissenschaftler reagierten auf den Aktionsplan der Kommission. Beachtenswert ist, dass eine Reaktion aus Japan in diese Kategorie einging. Wie auch in den anderen Kategorien war die Teilnahme aus Deutschland sehr aktiv. Gut ein Drittel aller Einsendungen stammte aus Deutschland. Italien, Frankreich und Spanien sorgten für mehr als zwanzig Beiträge. Aus Österreich kam nur eine Einsendung. Diese stammte von dem inzwischen leider verstorbenen Innsbrucker Professor F. Reichert-Facilides.

Erstaunlicherweise sind in dieser Kategorie, wie auch in jener der Praktiker, keine Einsendungen von Juristen aus den osteuropäischen Ländern und zukünftigen Mitgliedsstaaten zu finden. Das ist schade, da deren Blick durch eigene

[1] Für Deutschland sind es sogar eigentlich fünf Reaktionen, da der Deutsche Notarverein aus Brüssel reagierte und daher im Länderspiegel nicht unter Deutschland zu finden ist.

[2] www.europa.eu.int/comm/consumers/policy/developments/contract_law/cont _law_02_en.pdf.

Rekodifkationsarbeiten des Privatrechts sicher für eventuelle Probleme geschult wäre. Vielleicht fehlt den Kollegen in den osteuropäischen Ländern noch der Mut, oder vermutlich auch die Zeit, zu einer aktiven Teilnahme am Diskussionsprozess. Vielleicht war auch das Fehlen einer Übersetzung des Aktionsplanes in die Sprachen der Beitrittsländer ein Hindernis für eine aktive Teilnahme.

Zur Teilnahme der Akademiker ist noch hinzuzufügen, dass ein beachtlicher Teil der Einsendungen aus einem kopierten Auszug aus dem ERA-Forum 2/2003, scripta iuris europaei, bestand. In dieser Publikation wurden die Texte der oben beschriebenen Konferenz in Trier wiedergegeben.[1] Die zahlreichen Auszüge erklären auch, wieso manche Namen doppelt in der Aufzählung der Reaktionen vorkommen. So sind dann die Beiträge des ERA-Forums zu finden, wie auch die eigene Reaktion des betreffenden Wissenschaftlers.

Für die Reaktion der Justizfraktion der Sozialdemokratischen Partei Österreichs schuf die Kommission extra eine sechste Ordnungskategorie, da diese Justizfraktion sonst nirgends hineinpasste.

Auffallend ist, dass sich dieses Mal weniger Interessierte geäußert haben als im Jahre 2001, als die erste Mitteilung der Kommission zum Vertragsrecht erschien. Damals gingen mehr als 180 Reaktionen ein. Die Reaktionen auf den Aktionsplan dagegen liegen nur mal gerade über 100. Die Europäer scheinen diskussionsmüde geworden zu sein.

Gemäß dem Wunsch, der in den meisten Reaktionen ausgedrückt wurde, sollen Qualität und Kohärenz nun auf dem Wege eines Gemeinsamen Referenzrahmens die zukünftigen Aktivitäten innerhalb des Vertragsrechts prägen.

Später haben auch Parlament und Rat mit einer Entschließung auf den Aktionsplan am 2. September 2003[2] und am 22. September 2003[3] reagiert. Das Parlament war von der Notwendigkeit des gemeinsamen Referenzrahmens sehr überzeugt. Allerdings mahnte es an, wie schon erwähnt, den Referenzrahmen bis Ende 2006 schnell zu erstellen und nicht zu viel Zeit vergehen zu lassen. Diese Zeitforderung war natürlich unrealistisch und hätte Tausende von gut koordinierten Juristen erfordert. Der Aktionsplan selber sah dagegen das Jahr 2008 vor. Das 6. Forschungsrahmenprogramm, sozusagen als dritte Meinung, erwartet einen wissenschaftlichen Entwurf des gemeinsamen Referenzrahmens von

1 Für einen Bericht darüber, siehe Heutger, European Contract Law – The Action Plan, in *ERPL*, 4-2003, S. 579-586.

2 COM (2003) 68-2003/2093. Siehe http://europa.eu.int/comm/consumers/cons_int/safe_shop/fair_bus_pract/cont_law/stakeholders_de.htm und auch schon KOM (2003) 68 endg. ABIEG Nr. C 63 vom 15.03.2003.

3 Pb.C 246, 14.10.003. Siehe http://ue.eu.int/pressData/de/intm/77437.pdf, S. 15 -17.

dem Netzwerk von Forschern zum Ende des Jahres 2007. Ein sehr eng bemessener Zeitraum wurde also von allen Seiten gefordert.
Auch der Rat äußert sich insgesamt positiv zu den vorgeschlagenen Vorhaben, ohne jedoch so viele Anmerkungen zur Sprache zu bringen wie das Parlament. Es ist schade, dass der Rat sich nicht eingehender aussprach, und somit auch die Ansichten der Regierungen nicht bekannt wurden.

5. Vertragsautonomie

Die Kommission betont in ihrem Aktionsplan wiederholt die gewünschte Autonomie der Parteien. Die meisten Richtlinien flirten auch mit diesem zentralen Ansatz eines jeden Vertrages, nämlich der Vertragsautonomie.[1] Allerdings erließ die Kommission selber in den vergangen Jahren wiederholt Richtlinien, die die Vertragsautonomie einschränken. Autonomie in ihrer ursprünglichen Bedeutung als Anerkennung nur der Verbindlichkeit der selbsternannten Pflicht ist daher nicht mehr gegeben. Wie bekannt, sind der Vertragsautonomie durch den sozialen Raum, den Markt, Verbände und Organisationen Grenzen gezogen. Es erscheint gerechtfertigt, durch eine Einschränkung der juristischen Vertragsfreiheit die Herstellung der sozialen Vertragsfreiheit zu sichern. Aus diesem Grund hat die Kommission in den vergangenen Jahren verschiedene Maßregeln erlassen, um den Verbraucherschutz zu festigen.
Im europäischen Kontext kommt dem Vertragsrecht eine besondere Rolle zu, da es im grenzüberschreitenden Verkehr besonders oft angewendet wird, denn schließlich braucht man im Handel Regeln, die Standards setzen. Sollte die Kommission in diesem Bereich keine Aktionen unternehmen wollen, so verschiebt sie Kompetenz und Verantwortung auf die Vertragsparteien. Das häufig ungleich verteilte Machtverhältnis der Vertragsparteien kann schnell zu einer Übervorteilung der schwächeren Partei führen. Ein Handlungsbedarf der Kommission ist daher gegeben. Die Richtlinien zum Verbraucherschutz führten aber leider zu einer Fragmentierung des Rechts und zur uneinheitlichen Nutzung von Begriffen. Ein optionelles Instrument scheint daher eine Lösung bieten zu können, die zum einen eine Korrektur bisheriger Probleme ermöglicht und zum anderen zusammenhängende Bereiche, wie zum Beispiel das Kaufrecht in seiner Gesamtheit von Handels- und Verbraucherkauf, umfassend regeln kann.[2]

1 Siehe Remy-Corlay, The Law of Sales: Acquis and Improved Acquis in European Contract Law, *ERA-Forum* 2/2003, S. 39-56, 40.

2 Eine ideale Lösung, die Rechtssicherheit bietet wird das optionelle Instrument aber nicht sein können. Siehe Müller, Gefahren einer optionalen europäischen Vertragordnung, *EuZW* 2003, S. 683-686.

6. Das Verhältnis zum UN-Kaufrecht

Die Kommission erwähnt in ihren Dokumenten, die das Vertragsrecht betreffen das UN-Kaufrecht explizit. Gegen eine unveränderte Übernahme in den europäischen Besitzstand sprechen mehrere Gründe.[1] Zum einen ist das UN-Kaufrecht nicht von allen EU-Mitgliedstaaten unterzeichnet. Portugal, Irland, sowie das Vereinigte Königreich und Malta sind nicht beigetreten. Aus demokratischen Integrationsinteressen ist daher die uneingeschränkte Übernahme des UN-Kaufrechts nicht anzuraten. Allerdings ist es fraglich, ob seit dem Vertrag von Amsterdam nicht der EU selber eine Kompetenz zukommt Mitglied internationaler Übereinkommen zu werden.[2] Die Kompetenz der EU ist im Prinzip zu bejahen, daher wäre es durchaus möglich, dass die EU dem UN-Kaufrecht beitritt, was zu dessen Anwendung auch in den bisher nicht beigetretenen EU-Mitgliedsstaaten führen würde.[3] Diese Überrollung nationaler Entscheidungen widerspräche allerdings allen demokratischen Grundprinzipien und dem Gedanken der Vertragsautonomie im Besonderen.

Darüber hinaus ist das UN-Kaufrecht nicht für den europäischen Markt entworfen worden. Einige Vorschriften sind nur ein Kompromiss der großen Weltgemeinschaft, in der Rücksicht auf die Entwicklungsländer genommen wurde. Als Beispiel sei hier Artikel 44 [Entschuldigung für unterlassene Anzeige] angeführt. Solch eine Vorschrift erhöht die Rechtssicherheit nicht, und sollte daher nicht für den europäischen Kontext übernommen werden.

Auch entspricht der Anwendungsbereich des UN-Kaufrechts nicht den Bedürfnissen des europäischen Binnenmarktes. Gemäß Artikel 2 findet das UN-Kaufrechtes keine Anwendung auf den Kauf von Waren für den persönlichen Gebrauch oder den Gebrauch in der Familie oder im Haushalt, es sei denn, dass der Verkäufer vor oder bei Vertragsabschluß weder wusste noch wissen musste, dass die Ware für einen solchen Gebrauch gekauft wurde. Auch findet es keine Anwendung bei Versteigerungen oder aufgrund von Zwangsvollstreckungs- oder anderen gerichtlichen Maßnahmen. Unter das UN-Kaufrecht fällt auch nicht der Kauf von Wertpapieren oder Zahlungsmitteln, sowie von Seeschiffen, Binnenschiffen, Luftkissenfahrzeugen oder Luftfahrzeugen. Elektrische Energie ist auch vom Anwendungsbereich ausgeschlossen.

1 Siehe zum Verhältnis des internationalen Kaufrechts zu den regionalen Bedürfnissen auch: Ferrari, Universal and Regional Sales Law: Can they coexist?, *Unif. L. Rev.* (2003), S. 177-189.

2 Kronke, UNIDROIT 75th Anniversary Congress [...], *Unif. L. Rev.* (2003), S. 18, und: Basedow, Worldwide Harmonisation of Private Law and Regional Economic Integration – General Report, *Unif. L. Rev.* (2003), S. 43-44.

3 Siehe auch Basedow, Die Europäische Gemeinschaft als Partei von Übereinkommen des einheitlichen Privatrechts, in Schwenzer/Hager (Hrsg.). *Festschrift für Peter Schlechtriem zum 70. Geburtstag,* Tübingen 2003, S. 165-187.

Der aufgezählte Katalog spiegelt nicht die Situation wieder, die wir im internen Markt antreffen. Im Blickpunkt der Europäischen Kommission stand in den letzten Jahren vor allem der Verbraucherkauf. Ein optionelles Instrument oder eine sonstige Art eines europäischen Kaufrechts sollte auch diese Art von Transaktionen umfassen, auch wenn sie nur einen kleinen Teil des grenzüberschreitenden Verkehrs ausmachen. Ein Europa der Bürger braucht ein kohärentes Vertragsrecht, welches dem Verbraucher zugänglich ist. Es handelt sich schließlich um eine Gruppe von etwa 484.500.000 Menschen.
Die Notwendigkeit der Ausnahme von Seeschiffen, Binnenschiffen, Luftkissenfahrzeugen oder Luftfahrzeugen ist innerhalb des Binnenmarktes erscheint nicht gerechtfertigt. Auch wenn diese Güter registrierungspflichtig sind, ist dies kein Grund, ihren Verkauf nicht durch ein europäisches Kaufrecht regeln zu können. Elektrische Energie ist auch ein Produkt geworden, welches regelmäßig über Grenzen hinweg transportiert wird und daher sollten dafür auch deutliche europäische Regeln gelten.
Das UN-Kaufrecht ist mehr als zwanzig Jahre alt, daher sind in der Zwischenzeit Produktionsgüter dazu gekommen, die beim Entwurf nicht bedacht worden, wie zum Beispiel Weltraum-Objekte. Ein neues Vertragsrechtsinstrument für das Kaufrecht sollte so umfassend wie möglich sein in Bezug auf die Produkte bei deren Verkauf es angewendet werden könnte. Sollte der Kaufvertrag in seiner Gesamtheit durch ein optionelles Instrument geregelt werden, so sollte daher auch dem Verkauf von Rechten erhöhte Aufmerksamkeit geschenkt werden.

7. Stellungnahme

Die Kommission hat mit dem Aktionsplan 2003 über die Kohärenz des Vertragsrechts ein Dokument vorgelegt, das zur Diskussion und Stellungnahme aufforderte. Informativ war auch die Anlage. Sie enthielt Stellungnahmen zur Mitteilung über das europäische Vertragsrecht, welches den Leser über die damalige Situation reflektieren ließ. Nicht erst die Lektüre des Anhanges ließ deutlich werden, dass ein Handlungsbedarf von Seiten der Kommission geboten war.
Der Aktionsplan war ein Schritt in die Richtung eines lang andauernden Prozesses. Allerdings kam der Aktionsplan bereits seinen eigenen Anforderungen nicht immer selber nach. So war die sprachliche Abfassung nicht von gleicher Kohärenz in den einzelnen Publikationssprachen. Zumindest in der deutschen Version wurde das gleiche Konzept mit verschiedenen Begriffen belegt. Dies widersprach der Forderung nach einer Verbesserung der Qualität des EG-Besitzstandes (Rz.57). Das wäre zu vermeiden gewesen, wenn die redaktionelle Qualität überprüft worden wäre, wie dieses im Aktionsplan von Rechtsvorschriften des EG-Rechts gefordert wurde (Rz.76).

Mehr Kooperation mit anderen europäischen Institutionen, wie dem Parlament und dem Rat, wäre sicher von Vorteil gewesen. Auch hätte man den Prozess besser mit dem 6. Forschungsrahmenprogramm abstimmen können.
Es bleibt zu hoffen, dass die Revision des gegenwärtigen europäischen Vertragsrechts trotz des geraumen Zeitplanes und der fraglichen Instrumente dennoch irgendwann Inkohärenzen beheben wird, und so zu einer Verbesserung der redaktionellen Qualität führt. Fraglich bleibt, ob die Kommission die ihr zukommende politische Rolle im gewünschten Masse ausfüllt. Die angestrebten Maßnahmen sind nicht immer auf Forderungen der europäischen Öffentlichkeit zurückzuführen. Der Aktionsplan spiegelt vielmehr in einigen Bereichen einen Alleingang der Kommission wider. Neu ist, dass die Kommission eine Mittler- und Koordinationsrolle übernehmen will.
Um dem Austausch von Informationen einen Platz zu geben, wäre sicher ein institutioneller Rahmen nötig: Ein Institut, in dem das wissenschaftliche Fundament des kohärenteren europäischen Vertragsrechts zugänglich ist, in dem der Austausch zwischen Kommission und Öffentlichkeit, wie auch zwischen Forschung und Wirtschaft, möglich wäre. Es bleibt zu hoffen, dass die Kommission aus den Erfahrungen ihrer Koordinationsfunktion heraus die Einsicht in die Notwendigkeit solch eines Institutes erhält. So ein Institut könnte auch die Funktion eines interdisziplinären Koordinationsinstrumentes für Fragen der Entwicklung einer eigenen europäischen Rechtssprache und deren Übersetzbarkeit übernehmen.
Ein Zentrum, wie ein Europäisches Rechtsinstitut, in dem vorhandenes Wissen gespeichert wird, Expertise vorhanden ist, und über nationale Rechtsentwicklungen auf einer permanenten Basis berichtet wird, ist derzeit nicht in Sicht. Das wird sicher auch eine der Schwächen des Referenzrahmens werden, dass dort zitierte Quellen nicht einfach gesammelt an einem Ort zugänglich sein werden. Darüber hinaus ist zu befürchten, dass der Referenzrahmen bei seiner Fertigstellung bereits wieder partiell veraltet ist, und daher nie einschlägig werden kann, da ihm jener institutionelle Rahmen fehlt, der seine Aktualität beibehält und garantiert.
Auf jeden Fall hat die Kommission mit der Mitteilung von 2001 und den folgenden Dokumenten den Startschuss gegeben, gemeinsam an einem europäischen Vertragsrecht zu bauen, und so die Zukunft eines kohärenteren europäischen Vertragsrechts mitzugestalten. Zum ersten Mal in der Geschichte des Europäischen Privatrechts wurden so viele Parteien, von der Kommission selber, über Teilnehmer aus Wirtschaft und Forschung, wie auch Einzelpersonen, aufgerufen, sich zu beteiligen. Es bleibt zu hoffen, dass die Kommission dieser Koordinationsaufgabe gewachsen ist.
Leider haben die Regierungen der einzelnen Mitgliedstaaten sich in diesem von der Kommission so genannten demokratischen Meinungsbildungsprozess nur

vereinzelt und zurückhaltend geäußert. Es wäre hilfreich gewesen, hier konkrete Modelle, die ein gewünschtes Idealbild widerspiegeln, angeboten zu bekommen. Vor allem wäre es interessant gewesen die Regierungen einzeln zu hören, und nicht aus den wenig ausführlichen Resolutionen des Rates den sicher nur geringen Konsens der Minister herausahnen zu müssen. Nun ist zu befürchten, dass sich die Regierungen später zu Worte melden werden, wenn der ganze Prozess schon politischer geworden ist und Richtungsänderungen wieder viel Zeit erfordern werden.

8. Der Anteil des 6. Forschungsrahmenprogramms

Als großes Fragezeichen hing in der Luft, wer den sicher voluminösen Referenzrahmen erstellen sollte. Die Kommission selber hatte nicht das nötige Know-how und die geeignete Infrastruktur für eine Studie dieses Umfangs. Ein Teil sollte durch eines der neuen Instrumente[1] des 6. Forschungsrahmensprogramms, ein so genanntes *Network of Excellence*, ausgearbeitet werden. Das 6. Rahmenprogramm im Bereich Forschung und technologische Entwicklung sollte Europa zu einem europäischen Forschungsraum umgestalten. Das Programm hatte ein Finanzvolumen von etwa 5% der gesamteuropäischen Forschungsmittel.[2]
Das Vertragsrecht war nur in einem einzigen Punkt des Programms wieder zu finden. Unter der Priorität 7 "Bürger und Staat in der Wissensgesellschaft" war ein Programmpunkt der Zukunft des Europäischen Vertragsrechts gewidmet.[3] Der Programmbeschreibung war zu entnehmen, dass für diesen Programmpunkt ein Budget von 3 bis 5 Millionen Euro für den Zeitraum von fünf Jahren zur Verfügung stehe. Denkt man an die Informationsfülle allein nur in Bezug auf die einzelnen nationalen Rechtsordnungen, die untersucht werden müssen, so erschien diese Summe ein solches Mammutprojekt von vorneherein nicht abdecken zu können. Darüber hinaus bestand auch Uneinigkeit über den Zeitplan. Dem europäischen Parlament erschien der von der Kommission vorgeschlagene Zeitrahmen zu vage und sie selber forderte eine Erstellung bis Ende 2006.[4]

1 Das Forschungsrahmenprogramm bezieht sich auf zwei neue Instrumente. Zum einen ein *Network of Excellence*, in dem Forscher grenzüberschreitend zusammenarbeiten sollen und zum anderen ein *Integrated Project*, das mehr einen wirtschaftlicher Zusammenschluss von Wirtschaftsteilnehmern darstellt.

2 Siehe www.cordis.lu.

3 Auf diesen Programmpunkt (5.1.3.) konnten Vorschläge eingereicht werden.

4 Siehe KOM (2003) 68 endg. ABIEG Nr. C 63 vom 15.03.2003.

Unklar war auch, wer den Auftrag zur Ausarbeitung bekommen würde. Zunächst wurde innerhalb des 6. Forschungsrahmenprogramms nur ein Netzwerk von Forschern aus verschiedenen Ländern, vornehmlich europäischen, gefordert. Schnell wurden jedoch vom DG Sanco Stimmen laut, die sagten, dass ein Netzwerk von Netzwerken gewünscht sei. Allen voran, war es Dirk Staudenmayer,[1] der den Aktionsplan zu dem seinen erklärte und sich auch aktiv bei der Aufteilung der Gruppen, die ein Netzwerk nach seiner Vorstellung bilden sollten, beteiligte.[2]
Die Kommission plante möglichst viele Interessentengruppen und andere Beteiligte in die Konsultation zum Entwurf für einen gemeinsamen Referenzrahmen mit einzubeziehen. Allerdings blieb im Fall eines Großprojektes wie dem anvisierten wieder einmal die Frage offen, wer dieses koordinieren könne, und wieweit in solch einem Fall die doch sehr begrenzte Finanzierung reichen würde.

8.1. Die Akteure und das Ziel

Bezüglich des 6. Forschungsrahmenprogramms ist noch zu erwähnen, dass das Forschungsrahmenprogramm seinen Anwendungsbereich keinesfalls auf die Mitgliedstaaten der Europäischen Union beschränkt. Europäische Wissenschaftler und Institutionen sollen mit Partnerorganisationen kooperieren, die in Ländern ansässig sind, die Kooperationsübereinkommen mit der Europäischen Union unterschrieben haben. Ebenso wird auch eine Einbindung von internationalen Institutionen, wie z.B. UNIDROIT oder UNCITRAL, angestrebt.
Nicht EU-Länder, wie z.B. die Schweiz, erhalten so die Möglichkeit, gestaltend am Aus- und Aufbau des europäischen Vertragsrechts mitzuwirken. Allerdings wurde auf einer Tagung in der ERA in Trier deutlich,[3] dass es sich bei der Erstellung des gemeinsamen Referenzrahmens um ein rein europäisches Projekt handeln sollte, selbst eine Beteiligung der neuen Mitgliedstaaten und der Beitrittskandidaten war nur in sehr beschränktem Masse möglich, da die Kommission gerne auf schon vorhandene Gruppen zurückgreifen wollte und diese fast alle überwiegend aus Mitgliedern aus den schon älteren Mitgliedstaaten bestehen.
Diese Tatsache ist sehr bedauerlich, denn gerade in den neuen Mitgliedstaaten passiert zurzeit viel auf dem Gebiet des Vertragsrechts. Neue Gesetzbücher wer-

1 Damaliger Referatsleiter, GD Gesundheit und Verbraucherschutz.

2 Ein Bericht von Staudenmayer zum Aktionsplan in: The Commission Action Plan on European Contract Law, *ERPL* (2-2003), S. 113-127.

3 Die Vorträge wurden von der ERA herausgegeben. Über die Tagung selber Heutger, European Contract Law – The Action Plan, *ERPL*, 4-2003, S. 579-586.

den geschrieben[1] und intensiv wird dort nach dem Richtlinienrecht geschaut. Hier wäre die Möglichkeit gegeben gewesen, doppelt profitieren zu können, zum einen hätten die osteuropäischen Forscher sich intensiv in die Belange aller Mitgliedstaaten hineinfinden können und somit die Integration vorangetrieben, und zum anderen hätten sie die Forschungsergebnisse zugleich in ihre eigenen Gesetzgebungsvorhaben einarbeiten können als auch mit ihren neuen Ideen das europäische Vertragsrecht bereichern können.
Die Kommission hatte nicht vor, das europäische Vertragsrecht komplett von neuem im Lichte der EU-Osterweiterung zu erforschen. Vielmehr wollte sie die Früchte der Forschungsarbeiten der letzten Jahrzehnte nutzen und bestehende Gruppen zur Fortsetzung der Forschungstätigkeit ermuntern. Die Hauptaufgabe der Kommission sollte darin bestehen, die laufenden Forschungsarbeiten miteinander zu verbinden und zu koordinieren, um sie unter Verfolgung mehrerer breit angelegter Ansätze in einem gemeinsamen Rahmen einzubringen.[2] Um bestehende Lücken zu schließen, sollten aber doch noch einige wenige neue Forschungsprojekte gestartet werden. Daher erwähnte die Kommission ihre Absicht, umfassende Forschungsarbeiten auf diesem Gebiet zu finanzieren.[3]
Nachdem das Netzwerk der Netzwerke mit seinen Arbeiten begonnen hatte, wurde schnell deutlich, dass ein gemeineuropäisches Vertragsrecht nur von allen Mitgliedstaaten gemeinsam erstellt werden kann. Daher wurden immer wieder neue Berichterstatter gesucht und gefunden, die nationale Reports über die Rechtslage in den neuen Mitgliedsstaaten schrieben. Diese Mehrleistung wurde ohne eine entsprechende Erhöhung der Gelder aus Brüssel geleistet.

8.2. Der Aktionsplan und das Forschungsrahmenprogramm

Das Zusammenwirken von Aktionsplan und Forschungsrahmenprogramm war also die gesamte Zeit über nicht kohärent. Es lag ein deutlicher Widerspruch zwischen den Anforderungen des 6. Forschungsrahmenprogramms und dem Zeitplan des Aktionsplanes vor. Im Rahmenprogramm ist zu finden, dass die Arbeiten von integrierten Projekten und Exzellenznetzwerken für einen Zeitraum von fünf Jahren beantragt werden können. Die Kommission dagegen erwartet Ergebnisse bereits nach drei Jahren. Das kann man nun wiederum so auslegen, dass die Kommission davon ausging, nur Gruppen zu fördern, die bereits einen reichen Informationsschatz vor Beginn des geförderten EU-Programms hatten. Somit erwartete die Kommission Studienergebnisse, die sowohl in die

1 So zum Beispiel in Polen, siehe www.ms.gov.pl/kkpc/sklad.shtml.
2 Siehe Randzeichen 66 des Aktionsplans.
3 So wurde 2003 eine Studie zum acquis communautaire ausgeschrieben. Siehe http://ted.publications.eu.int.

geforderte Zeit des Forschungsrahmenprogramms fielen als auch Ergebnisse, die schon aus der Vorzeit stammten. Die vorangehenden Ergebnisse, waren sozusagen eine kostenlose Beigabe jener Gruppen, die sich dem europäischen Vertragsrecht innerhalb des Forschungsrahmenprogramms widmen werden. Von einem wirklich freien Wettbewerb der Teilnehmer konnte also keine Sprache sein.
Einen konkreten Zeitplan benannte die Kommission hinsichtlich der Verbesserung des geltenden und künftigen Gemeinschaftsrechts nicht (Rz.54). Dennoch erklärte sie diesen Bereich zu einer Schlüsselmaßnahme. Von einer Schlüsselmaßnahme würde man eigentlich auch eine zeitliche Priorität erwarten. Als Ausgangszeitpunkt für die Verbesserung des geltenden Gemeinschaftsrechts benannte die Kommission die Verfügbarkeit und Einschlägigkeit des gemeinsamen Referenzrahmens.
Berechnet man diesen Vorgang anhand von Erfahrungswerten, so kommt eine beachtliche Zeit zusammen. Das Forschungsrahmenprogramm setzte eine Deadline zur Einreichung von Vorschlägen im Dezember 2003. Gegen Mitte Mai 2004 sollte der Vertragsabschluss mit dem ausgewählten Partner stattfinden. In der Realität fand dieser ein halbes Jahr später statt. Dann werden nach Aussage des Aktionsplanes drei Jahre später die Ergebnisse erwartet. Dann werden wir Sommer 2007 schreiben müssen. Noch ein wenig Spielraum dabei und schon ist auch das Jahr 2007 wieder vorbei. Nach Einreichung des akademischen Vorschlages wird eine Beurteilungsphase beginnen, die zum Beispiel bei der Mitteilung der Kommission zum Vertragsrecht fast ein Jahr einnahm. Somit wird es 2008, dann allerdings wird der Referenzrahmen sicher noch nicht als abgeschlossen bezeichnet werden. Denn dann liegt erst der akademische Vorentwurf vor, an Hand dessen dann die Kommission „ihren" Gemeinsamen Referenzrahmen entwerfen will. Außerdem wird er bei Abschluss des Projektes schon wieder teilweise veraltet sein, da besonders das Vertragsrecht in den letzten Jahren einem ständigen Wandel unterlag. Man denke in diesem Zusammenhang nur an die Überarbeitungen der Richtlinien zum Timesharing als auch zum Verbraucherkredit. Außerdem sind während der Ausarbeitungszeit bereits weitere neue Mitgliedstaaten hinzugekommen, deren inhaltlicher Beitrag auch in die rechtsvergleichenden Studien mit hineingearbeitet werden muss. Die Arbeit kann also nie abgeschlossen sein.
Die tatsächliche Verbesserung des Gemeinschaftsrechtes durch die Ergebnisse des Referenzrahmens bleibt also vorerst noch Zukunftsmusik.
Parallel zum gesamten Prozess wird mit dem Aktionsplan die Reflexion über ein freiwilliges Instrument stattfinden. Wie lange hier der Denkprozess dauern wird, ist auch nicht bekannt. Es kann sogar sein, dass die Kommission auch dieses

Vorhaben als undurchführbar ansieht und stattdessen vielleicht mit einem weiteren neuen Instrument an Stelle des freiwilligen Instruments kommen wird.
Zum Zeitplan gab die Kommission bekannt, dass die Ergebnisse der Untersuchung der Kommission selber erst einige Zeit nach Fertigstellung des gemeinsamen Referenzrahmens zu erwarten sind. Die kommende Generation von Juristen wird gespannt danach Ausschau halten können. Hinzukommen werden auch noch Kursänderungen der Kommission. So fand während des laufenden Ausarbeitungsprozesses bereits eine Hinwendung zum Verbraucherrecht statt. Gestartet wurde der Prozess allerdings in Hinblick auf das gesamte Vertragsrecht. Die Kommission nimmt selber den Begriff Vertragsautonomie sehr wörtlich und scheut daher auch nicht vor Änderungen zurück.

8.3. Konferenzen und Workshops

Die Kommission zeigte kein Interesse für die vielfach geäußerte Forderung nach einem Europäischen Rechtsinstitut. Anstelle der rechtlichen Forschungen einen solchen institutionellen Rahmen zu geben, zieht sich die Kommission lieber bis heute zu kurzen Treffen in die Europäische Rechtsakademie in Trier zurück. Diese Rechtsakademie ist jedoch nicht mehr als ein angenehmer Tagungsort.
So fand mit den potenziellen Netzwerken, die den gemeinsamen Referenzrahmen ausarbeiten könnten, bereits wie schon erwähnt im April 2003 ein Treffen in Trier statt. Dirk Staudenmayer stellte dort die drei vorgeschlagenen Aktionen der Kommission vor und benannte auch die Aufgabenverteilung. Zentrales Ziel sei die Verbesserung des gemeinsamen Besitzstandes. Von Seiten der Praktiker wurde zu diesem Zeitpunkt noch die Mitarbeit an einer Datenbank erhofft, die allgemeine Geschäftsbedingungen aus allen Mitgliedstaaten enthalten sollte. Wie bereits berichtet, wurde von diesem Vorhaben später abgesehen.
Von Seiten der Wissenschaft sollte vor allem an einem allgemeinen Referenzrahmen gearbeitet werden. Orientiert sollte die Untersuchung an dem praktischen Nutzen sein. Auch wurde eine Teilnahme von Verbraucherschutzorganisationen als auch von Regierungen erwartet. Über ein mögliches zukünftiges optionelles Instrument werde die Kommission allerdings selber nachdenken, so hieß es. Ein Beitrag aus der Wissenschaft zu dieser Option ist in den kommenden Jahren nicht gewünscht worden.
Da die Teilnahme an diesem Forschungsrahmenprogramm einem Wettbewerb verschiedener Gruppen um das nicht allzu viele Geld glich, blieb zunächst die angestrebte Form des Referenzrahmens undefiniert. Aus den Anforderungen der Kommission und den Ausschreibungen des 6. Forschungsrahmenprogramms wurde im Laufe der Zeit langsam deutlich, dass der Kommission zur Ausarbeitung des Referenzrahmens ein Netzwerk von Netzwerken vorschwebte, welches

den gemeinsamen Referenzrahmen in der knapp bemessenen Zeit von nur drei Jahren ausarbeiten sollte. Dieses Netzwerk von Netzwerken sollte aus schon bestehenden Arbeitsgruppen im Bereich des europäischen Vertragsrechts bestehen, die zum einen Entwurfsarbeit leisteten und zum anderen sich auch selber evaluierten. Ein etwas fragwürdiger Ansatz.

Die Kommission bemühte sich aktiv um die Auswahl und Zusammenarbeit der einzelnen schon vorhandenen Arbeitsgruppe auf akademischer Ebene. Vielleicht bemühte die Kommission sich sogar zu sehr. Schnell kam das Gefühl auf, dass eigentlich nur schon bestehende große und bereits etablierte Netzwerke eine Chance haben. Es schien keinen Sinn zu machen aus Anlass des Forschungsrahmenprogramms neue Gruppen zu bilden. Diesen Eindruck bekam der Außenstehende zumindest auf der Konferenz der Europäischen Rechtsakademie im April 2003 in Trier, die als „Kennenlern-Wochenende" der einzelnen potenziellen Mitwirkenden angesehen werden konnte,[1] sowie beim Workshop für das potenzielle Netzwerk in Brüssel im Juni 2003.[2]

Dieses Treffen in Trier glich einem juristischen Schönheitswettbewerb. Wer stellte sich besser als die andere Gruppe dar und wer hatte für den gemeinsamen Referenzrahmen mehr zu bieten? In einem aparten Raum sprachen sich die Gruppenleiter ab, wer eventuell mit wem zusammen arbeiten wolle. Eingeladen auf dem Podium zu sprechen wurden Christian von Bar für die Study Group on a European Civil Code[3] und Jürgen Basedow für eine Arbeitsgruppe zum Versicherungsrecht sowie Hans Schulte-Nölke für die Aktivitäten der Acquis

1 Etwa 60 Juristen aus Wissenschaft und Praxis nahmen an dem Treffen teil. Ein Bericht erschien in *ERPL*, 4-2003, S. 579-586 von Heutger unter dem Titel European Contract Law – The Action Plan.

2 http://europa.eu.int/comm/consumers/cons_int/safe_shop/fair_bus_pract/cont_law/workshop_en.htm.

3 Diese *Study Group on a European Civil Code* hat zurzeit etwa 80 Mitglieder aus Wissenschaft, Anwaltschaft und Richterschaft aus mehr als zwanzig verschiedenen Ländern. Innerhalb dieses Netzwerkes wurden verschiedene Arbeitsgruppen zu unterschiedlichen Themen gebildet. Seit 1999 arbeitet die *Study Group on a European Civil Code* an Grundprinzipien, sogenannten *Principles*, zum Kaufrecht, Dienstleistungsrecht, Langzeitverträgen, ungerechtfertigter Bereicherung, Schadenersatzrecht, Sicherungsrechten, Geschäftsführung ohne Auftrag und dem Eigentumsübergang. Weitere Arbeitsgruppen arbeiten über Finanzierungsgeschäfte, Leasing, Schenkungen und Trust. Siehe www.sgecc.net. Sowie von Bar, Die Study Group on a European Civil Code, in Gottwald/Jayme/Schwab (Hrsg.), *Festschrift für Dieter Henrich*, Bielefeld 2000, S. 1 ff.

Group.[1] Diese drei Gruppen sind alle damit beschäftigt Grundprinzipien zum Vertragsrecht auszuarbeiten.
Mauro Bussani informierte über die Aktivitäten der Common Core Gruppe ein.[2] Wouter Devroe führte in den *Case Book Approach* ein.[3] Giuseppe Gandolfi[4] war stellvertretend für die Akademie der Europäischen Privatrechtler eingeladen, aber sagte noch kurz zuvor ab. Stefan Grundmann pries SECOLA als Marktplatz für alle Gruppen an und wollte am liebsten mit allen zusammenarbeiten. Vor allem kritisierte er den knappen Zeitplan der Kommission und forderte mehr Zeit für eine eingehende Diskussion. Weitere Gruppen boten auch noch

1 Für eine Selbstbeschreibung der Gruppe siehe: A Common Frame of Reference – How should it be filled?, *ERA-Forum* 2/2003, scripta iuris europaei, S. 142. Diese Gruppe hat es sich zum Ziel gesetzt *Principles of Existing European Community Private Law* herauszuarbeiten. Ausgehend vom bestehenden *Acquis Communautaire*, also dem bestehenden Gemeinschaftsrecht, versucht die Gruppe gemeinsame Elemente und Strukturen herauszuarbeiten. Anhand dieser Konturen sollen dann gemeineuropäische Grundsätze herausgearbeitet werden. Diese Grundsätze, *Principles*, sollen die gemeinsamen europäischen Grundkonzepte widerspiegeln. Ausgangspunkt der Arbeiten der Gruppe soll das Gemeinschaftsrecht sein und keineswegs die verschiedenen nationalen Rechtssysteme der Mitgliedstaaten. Die Acquis Group ist auch Autor des Consumer Law Compendium, welches in minutiöser Arbeit eine rechtsvergleichende Analyse des europäischen Richtlinienrechts darstellt. Derzeit überprüft die Kommission acht Richtlinien zum Verbraucherschutz. In dem Compendium werden daher die folgenden Richtlinien besonders unter die Lupe genommen: Verbrauchsgüterkauf und Garantien (99/44/EG), Timesharing (94/47/EG), Preisangabe (98/6/EG), Missbräuchliche Vertragsklauseln (93/13/EWG), Unterlassungsklagen (98/27/EG), Pauschalreisen (90/314/EWG), Fernabsatz (97/7/EG), Haustürgeschäfte (85/577/EWG). Das Compendium ist frei zugänglich auf der Homepage der Europäischen Kommission. http://ec.europa.eu/consumers/cons_int/safe_shop/acquis/comp_analysis_en.pdf.

2 Siehe Curran, On the Shoulders of Schlesinger: The Trento Common Core of European Private Law Project, *Global Jurist Frontiers*: (2002) Vol. 2: No. 2, Article 2.

3 Siehe als Beispiel dafür Beatson/Schrage (Hgs.), Cases, Materials and Text on Unjustified Enrichment, 2003.

4 Ausgehend vom italienischen Zivilgesetzbuch und dem MacGregor Code wurde ein europäisches Vertragsgesetzbuch entworfen. Gandolfi, *Code européen des contrats/Avant-projet,* Livre premier, Milano 2001.

ihre Dienste an. Alle Beiträge dieses Wochenendes sind im *ERA-Forum* 2/2003 nachzulesen.[1]

Im Juni 2003 lud die Kommission dann auch noch selber Interessierte nach Brüssel zu zwei Workshops ein.[2] Der erste Workshop am 16. Juni 2003 war ein Forum, um Feedback von den Mitgliedsstaaten und den Beitrittsländern zu erlangen. Vor allem wurden dort die Möglichkeiten den Acquis Communautaire zu verbessern diskutiert, wie auch die Notwendigkeit eines zukünftigen optionellen Instruments. In diesem Workshop wurde noch einmal deutlich, dass die einzelnen Länder aktiv am Prozess der Verbesserung des Vertragsrechts mitarbeiten wollten und Gestaltungsrechte und Entscheidungskompetenzen wünschten. Man wurde sich einig, dass der bestehende Acquis Communautaire, die nationalen Rechtsordnungen als auch die internationalen Übereinkommen, wie das UN-Kaufrecht, in alle Überlegungen zum gemeinsamen Referenzrahmen mit einbezogen werden sollten.

Der zweite Workshop am 23. Juni 2003 war für jene akademischen Gruppen interessant, an die sich auch das Wochenende in Trier gerichtet hatte. Hier wurden noch einmal die Rahmenbedingungen für die Teilnahme am 6. Forschungsrahmenprogramm[3] in der Kategorie: „Bürger und Staat in der Wissensgesellschaft" erläutert, in welcher eben das mit dem gemeinsamen Referenzrahmen parallel laufende Forschungsprojekt: „*Towards a European Contract Law*" zu finden war.

Die Atmosphäre an dem Tag in Brüssel war angespannt. Man konnte sich des Gefühls nicht erwehren, dass die Kommission gerne alle Forschungsergebnisse der schon bestehenden Arbeitsgruppen vereinnahmen wollte, ohne aber als Gegenleistung ein Fortbestehen dieser Arbeitsgruppen durch die Finanzierung von Mitarbeitern garantieren zu wollen. Wiederholt wurde auch darauf hingewiesen, dass eventuell auch gar kein Projekt zur Ausarbeitung eines gemeinsamen Referenzrahmens vergeben würde, wenn sich keine geeignete Gruppierung finden würde: als pädagogisch geschickt oder gar motivierend lässt sich das nicht ansehen.[4]

1 Siehe auch www.era.int. *ERA-Forum* 2/2003, A Common Frame of Reference – How should it be filled? S. 99-145. Als pdf down zu loaden unter: www.era.int/web/en/resources/5_1990_409_file.332.pdf.

2 http://europa.eu.int/comm/consumers/cons_int/safe_shop/fair_bus_pract/cont_law/workshop_en.htm.

3 Siehe www.cordis.lu.

4 Ein kurzer Bericht über die Ergebnisse der Workshops ist zu finden unter http://europa.eu.int/comm/consumers/cons_int/safe_shop/fair_bus_pract/cont_law/oper_ results_en.htm.

Eigentlich war für den Herbst 2003 ein dritter Workshop für die Wirtschaft vorgesehen, um dort über die Ausarbeitung einer Datenbank mit allgemeinen Geschäftsbedingungen für den europäischen Markt zu sprechen. Aber auch hier mahlten die europäischen Mühlen wieder langsam. Dieser Workshop fand daher erst am 24. Januar 2004 in Brüssel statt.[1] Sinn und Zweck dieser Datenbank waren von Anfang an ein wenig fraglich. Gerade die hier gesuchten Informationen sind häufig Geld wert und es ist fraglich, ob wirklich alle relevanten Firmen und Branchen ihre Informationen so frank und frei zur Verfügung stellen wollen.[2] Ebenso ist es wettbewerbsrechtlich zweifelhaft, ob wirklich alle Verträge sich ähnlich sein sollten. Das würde nämlich bedeuten, dass die Freiheit zwischen einzelnen Angeboten auch in Bezug auf ihre unterschiedlich gestalteten Offerten zu wählen, eingeschränkt würde auf die Wahl der Hauptleistung.[3] Diese Einschränkung kann nur schwerlich im Interesse der Kommission an einer Stimulierung des gemeinsamen Marktes liegen. Außerdem ändern sich viele Geschäftsbedingungen schnell und es ist fraglich, ob es überhaupt möglich wäre so eine Datenbank up to date zu halten. Wie schon berichtet, kam es daher nie zur Realisierung dieses Projekts.
Den Stil eines Treffens in Workshopform hielt die Kommission in den kommenden Jahren bei. Auch nach erfolgreicher Auswahl eines Netzwerks fanden zu Beginn regelmäßig Workshops in Brüssel statt. Aber auch hier änderte die Kommission auf einmal ihre *Policy* und die Frequenz der Workshops nahm stetig ab.

9. Die Mitteilung 2004: Überarbeitung des europäischen Vertragsrechts

Der parallel laufende Weg von 6. Forschungsrahmenprogramm und Aktionsplan des Jahres 2003 wurde schnell begleitet durch ein ergänzendes Dokument von der Kommission.

1 Siehe http://europa.eu.int/comm/internal_market/contractlaw/2004workshop_de.htm.

2 Hesselink ist zu diesem Punkt auch kritisch und fordert, dass die Kommission hier zur Stärkung des Binnenmarktes lieber den Wettbewerb fördern solle, an Stelle des Strebens nach Vereinheitlichung. In diesem Bereich könne Konkurrenz sogar produktiv sein. Siehe Hesselink, Naar een coherenter Europees contractenrecht? Het Actieplan van de Europese Commissie, in *Nederlands Juristenblad*, 40, S. 2094, FN. 80.

3 Huguenin, Europäisches Vertragsrecht auf dem Weg vom Konsumentenrecht zum Allgemeinen Vertragsrecht, in Kellerhals (Hrsg.). *Einführung ins europäische Wirtschaftsrecht*. Zürich 2003. S. 187.

Eine weitere Mitteilung der Kommission aus Brüssel erschien am 11.Oktober 2004.[1] Auch hier war die Dynamik schon im Titel selber enthalten, der schon beschrittene Weg wurde nun mit Bestimmungen zum weiteren Vorgehen ergänzt. Auch dieses Dokument war hervorgegangen aus den schon beschriebenen Reaktionen, die die Kommission auf den vorhergehenden Aktionsplan erhalten hatte.[2] Allerdings wurde ein Mehrebenenprozess weiter fortgesetzt. Die Kommission setzte sich nun schon nicht mehr allein auf Grund von schriftlichen Reaktionen mit den interessierten Parteien auseinander, sondern beinahe regelmäßig fanden und finden nun noch stets auch Workshops und Seminare statt.[3] Die Kommission stellte fest, dass in den Beiträgen zum Aktionsplan auf die notwendige Verbesserung der Qualität und Kohärenz des gemeinschaftlichen Vertragsrechts hingewiesen wurde. Einen entscheidenden Beitrag zu diesem Ziel sollte der Gemeinsame Referenzrahmen (GRR) beitragen. Dieser GRR sollte mit Hilfe des Aktionsplanes von 2004 weiter in seiner Gestalt geformt werden. Im Punkt 2.1.1. definiert die Kommission unterschiedliche Problemkategorien des gemeinsamen Besitzstandes. Demnach sollte dem GRR die Rolle zukommen eine Lösung anzubieten, die bestehende Probleme vermeidet, wie die

- Verwendung abstrakter Rechtsbegriffe in Richtlinien, die entweder überhaupt nicht oder zu vage definiert sind
- Benennung von Bereichen, in denen sich die Probleme durch die Anwendung von Richtlinienrecht in der Praxis nicht lösen lassen
- Unterschiede zwischen nationalen Durchführungsvorschriften als Ergebnis einer Mindestharmonisierung in den Verbraucherschutzrichtlinien
- Unstimmigkeiten im EG-Vertragsrecht.

Der Schwerpunkt dieser Mitteilung lag also auf dem zu erstellenden Gemeinsamen Referenzrahmen und seinen Zielen. Zuversichtlich ging die Kommission davon aus, dass der GRR klare Definitionen von Rechtsbegriffen, Grundprinzipien und kohärente Mustervorschriften des Vertragsrechts enthalten wird, die auf dem gemeinschaftlichen Besitzstand und bewährten Problemlösungen aus den Rechtsordnungen der Mitgliedstaaten beruhen. Allerdings wurde nicht erwähnt, was genau der Bezugsrahmen des Gemeinsamen Referenzrahmens sein wird. Sollte er sich auf Richtlinien und zum Beispiel auf das UN-Kaufrecht beziehen? Oder wollte er eine ganz neue Kategorie von Rechtslösungen entwickeln? Sollten soft-law Principles, wie die *Principles of European Contract Law*

1 KOM(2004) 651 endgültig.
2 http://europa.eu.int/comm/consumers/cons_int/safe_shop/fair_bus_pract/cont_law/index_de.htm.
3 http://europa.eu.int/comm/internal_market/contractlaw/2004workshop_de.htm.

die Grundlage bilden? Alle diese Fragen blieben unbeantwortet. Festgestellt wurde nur, dass der GRR höchsten Ansprüchen genügen müsse.
So sagte die Kommission auch in der Mitteilung in Punkt 3.1.1:

„Um sicherzugehen, dass der GRR hohen Qualitätsanforderungen genügt, wird die Kommission ein Dreijahres-Forschungsvorhaben im Zuge des sechsten Rahmenprogramms im Bereich Forschung und technologische Entwicklung[1] finanzieren. Vorschläge für entsprechende Forschungen wurden ausgewertet und die Arbeiten dürften demnächst anlaufen. Es wird erwartet, dass die Forscher bis 2007 einen Schlussbericht mit allen für die Erarbeitung eines GRR durch die Kommission benötigten Daten vorlegen. Er wird dementsprechend auch einen Entwurf des GRR enthalten, der nach Ansicht der Forscher die im Aktionsplan festgesetzten Zwecke erfüllt."

Juristen mit ein wenig Erfahrung in der Zusammenstellung von internationalen Arbeitsgruppen, werden mit Erstaunen auf den kurzen Zeitraum von nur drei Jahren blicken, der dafür sorgen soll, dass der GRR hohen Qualitätsanforderungen genügen wird. Kurz gesagt kann man feststellen, dass dieser Zeitraum zu schnellen Arbeitsergebnissen führen muss, da die Arbeitsgruppen gezwungen sein werden, auf schon vorhandene Ergebnisse zurückzugreifen oder diese umzuschreiben. Echte Grundlagenforschung wird in diesem knappen Zeitraum kaum möglich sein. Bereits Ende 2007 wird der Abschlussbericht der Forscher erwartet. Eine Studie zum *acquis communautaire*, in der Form eines Kompendiums liegt bereits vor.[2]
Die drei Jahre, die die Arbeiten andauern sollen, werden begleitet sein von Evaluationsrunden von so genannten Stakeholdern. Diese Interessengruppen sollen einen gewissen Standard garantieren. So sollen die verschiedenen Rechtstraditionen berücksichtigt werden, die Ausgewogenheit der wirtschaftlichen Interessen sowie eine technische Sachkompetenz. Um den Prozess transparent halten zu können, wird auch eigens eine gesonderte Website eingerichtet, auf deren die Vorgehensweise dokumentiert wird.[3] Derzeit plant die Kommission noch, dass der GRR ein unverbindliches Rechtsinstrument werden wird.[4]
Als weiteren Punkt wurde in dem Dokument der Gedanke an ein optionelles Instrument erörtert. Die Benennung als optionelles Instrument wurde bewusst

1 Beschluss Nr. 1513/2002/EG (ABl. L 232 vom 29.8.2002, S. 1).
2 Siehe http://ec.europa.eu/consumers/cons_int/safe_shop/acquis/comp_analysis_en.pdf.
3 http://europa.eu.int/comm/consumers/cons_int/safe_shop/fair_bus_pract/cont_law/index_en.htm. Informativ ist auch die Website des Joint Networks: www.copecl.org.
4 Hintergrunddokumente sind zu finden unter http://ec.europa.eu/consumers/cons_int/safe_shop/fair_bus_pract/cont_law/common_frame_ref_en.htm.

gewählt. Dieses Instrument soll nicht ein europäisches Vertragsrecht sein, sondern eben nur ein EU-weit einheitliches Regelwerk, welches dem Grundsatz der Vertragsfreiheit folgt und den Parteien zur Verfügung steht, diese aber nicht von vorneherein bindet.[1] Dieses Instrument, welches ein Novum darstellen würde, auch wenn es stark an bestehende soft law Instrumente erinnert, soll parallel zu den derzeit voranschreitenden Entwicklungen durchdacht werden.[2] Allerdings geht die Kommission auch hier gleich einen vorsichtigen Schritt zurück, um ja nicht die Vertragsfreiheit einzugrenzen, die als ein sehr hohes Gut innerhalb des Binnenmarktes angesehen wird. So stand in den Erwägungen zu einem eventuellen zukünftigen optionellen Instrument auch sofort die Aussage:

„Obwohl es noch verfrüht ist, über das mögliche Ergebnis der Überlegungen zu spekulieren, ist der Hinweis wichtig, dass die Kommission nicht beabsichtigt, ein „Europäisches Zivilgesetzbuch" vorzuschlagen, das das Vertragsrecht der Mitgliedstaaten harmonisieren würde; ebenso wenig sollen dadurch die derzeit verfolgten Ansätze zur Förderung des freien Verkehrs auf der Grundlage flexibler und effizienter Lösungen in irgendeiner Weise in Frage gestellt werden."[3]

Bewusst wurde also die mögliche Option eines gemeineuropäischen Zivilgesetzbuches, wie es in vielen akademischen Köpfen angedacht wird, ausgeschlossen. Ein breit angelegtes Instrument, welches viel gemein hat mit einem Teil eines Zivilgesetzbuches wäre allerdings dennoch nicht ausgeschlossen. Es bleibt also die Frage offen, wie viel sektorspezifische Regeln ein Gesetzbuch formen.

9.1. Die Struktur des Gemeinsamen Referenzrahmens (GRR)

Als besonderen Schatz für Diskussionen enthielt die Mitteilung eine Übersicht über eine denkbare Struktur eines GRR.[4] Nach dieser im Anhang der Mitteilung beigefügten Struktur könnte der GRR aus drei Teilen bestehen. Zum ersten aus wesentlichen Grundsätzen des Vertragsrechts, zum zweiten aus Definitionen[5]

1 So Schroeter, *UN-Kaufrecht und Europäisches Gemeinschaftsrecht, Verhältnis und Wechselwirkungen*. München 2005, S. 607.

2 Eine nicht sektorspezifische Maßnahme – ein optionelles Instrument im Bereich des europäischen Vertragsrechts (Maßnahme III des Aktionsplans). Siehe Punkt 2.3 der Mitteilung.

3 Siehe Punkt 2.3 der Mitteilung.

4 Zwei möglich Varianten finden sich in Annex II.

5 Die Begriffe des Richtlinienrechts werden hoffentlich nicht neu definiert. Schließlich hat die Kommission selber gefordert, dass dieses kohärenter werden muss. Sollten

der wichtigsten abstrakten Rechtsbegriffe und zum dritten aus vertragsrechtlichen Mustervorschriften. In dem Kapitel über Mustervorschriften steht das Vertragsrecht zentral, und zwar vor allem der allgemeine Teil des Vertragsrechts. Etwas schulmäßig wurde an diese Struktur dann als eigener Abschnitt VIII – ein Punkt „Besondere Vorschriften für Kaufverträge" eingeführt. Dieser Punkt wird gefolgt durch einen eigenen Punkt zu Versicherungsverträgen. Scheinbar haben andere Vertragstypen keine eigenständigen Regelungen nach der Auffassung der Kommission nötig. Dieser Tatbestand muss überraschen und verwundern. Was ist mit Dienstleistungsverträgen, besonders mit Finanzdienstleistungsverträgen? Wie soll das Problem des Timesharings behandelt werden, dem eine eigene Richtlinie gewidmet ist? Unzählige Fragen bleiben unbeantwortet.

Aber dieses Buch wird aus der Sicht der Fragestellung geschrieben, ob ein einheitliches europäisches Kaufvertragsrecht in der Zukunft notwendig sein könnte. Zumindest hier ist die Kommission insofern deutlich als sie in der Struktur des gemeinsamen europäischen Referenzrahmens dieses ausdrücklich vorsieht.

Auch in Hinblick auf ein zukünftiges europäisches optionelles Instrument wird die Option, dass dieses das Kaufrecht betreffen könnte, offen gelassen und in diesem Zusammenhang sogar wiederholt zitiert. [1]

Da es aber nun noch nicht an der Zeit ist zu spekulieren, ob es später einmal ein optionelles Instrument über Kaufverträge geben wird, soll und kann dieser Punkt hier nun nicht beantwortet werden.[2]

Mit der ‚Mitteilung KOM(2004) 651 endgültig über Europäisches Vertragsrecht und Überarbeitung des gemeinschaftlichen Besitzstands – weiteres Vorgehen' war die erste Welle des in Gang gesetzten Diskussion- und Konsultationsprozesses erst einmal für das Jahr 2004 abgeschlossen. Der letzte Aktionsplan fügte nicht mehr allzu viel hinzu an die Ideen des Aktionsplanes von 2003.

---

also Richtlinienbegriffe in dem GRR erneut definiert werden, so handelt es sich dann nur um wertlose Zirkeldefinitionen, die nicht anwenderorientiert sind und zurückschauen auf ein Stück Vertragrechtsgeschichte, welches in den meisten Ländern durch die Implementierung des Richtlinienrechts in nationales Recht bereits abgeschlossen ist.

1 Es wurden auch mehrere Vorschläge zu bestimmten Vertragsarten gemacht: so sollte das optionelle Instrument Vorschriften für Kauf-, Tausch-, Schenkungs- und Mietverträge sowie für grenzüberschreitende Finanzgeschäfte und Versicherungsverträge umfassen. Siehe Punkt 5 der Mitteilung.

2 Siehe dazu Heutger, Do we need a European Sales Law?, *Global Jurist*, Vol. 4, issue 2, 2004, article 1, S. 1-14. Dort wird als Fazit festgestellt, dass ein europäisches Kaufrecht nicht allein stehen kann, da es zu viele Verbindungspunkte zu allgemeinen Fragen des Vertragsrechts enthält. S. 14.

Abschließend kann gesagt werden, dass drei spannende Jahre hinter den europäischen Vertragsrechtlern lagen.
Die Arbeiten an dem gemeinsamen Referenzrahmen wurden tatsächlich begonnen und sind nun bereits fast abgeschlossen. Das Netzwerk von Netzwerken, welches den Zuschlag erhalten hat, nennt sich *Joint Network on European Private Law — EU Sixth Framework Programme "Network of Excellence"*. Das zunächst genannte Budget wurde übrigens in Laufe der Verhandlungen drastisch gekürzt. Viele Mitarbeiter am Projekt arbeiten ehrenamtlich.
Die Selbstbeschreibung der ausgewählten Gruppe lautet:

"The CoPECL Network of Excellence, founded in May 2005, comprises several Universities, Institutions and other Organisations, as well as more than 150 researchers operating in all EU Member States. The Network encloses several groups. These are:
The Study Group on a European Civil Code;
The Research Group on the Existing EC Private Law, or "Acquis Group";
The Project Group on a Restatement of European Insurance Contract Law, or "Insurance Group";
The Association Henri Capitant together with the Société de Législation Comparée and the Conseil Supérieur du Notariat;
The Common Core Group;
The Research Group on the Economic Assessment of Contract Law Rules, or "Economic Impact Group"
(TILEC - Tilburg Law and Economics Center);
The "Database Group"; and
The Academy of European Law (ERA).
The Network will deliver a proposal for the "Common Frame of Reference" (CFR) for European contract law as described both in the Commission's Action Plan (COM [2003] 68 final) and the Commission's Communication on 'European Contract Law and the Revision of the Acquis: The Way Forward' (COM (2004) 651 Final) of 11 October 2004. The proposal will be presented in the form of principles ("Common Principles of European Contract Law" = CoPECL), including definitions, general concepts and legal rules. They will be supplemented by comments, comparative information and by evaluative analysis including an economic impact assessment, an evaluation of the philosophical underpinnings and the results of several case assessments regarding the applicability of the principles. A first draft of the CoPECL, containing definitions, general concepts and legal rules, will be presented at the end of 2007. The final draft is expected by the end of 2008.

Die Forschungsziele des Netzwerks hat Christian von Bar wie folgt ausgedrückt: [1]

Our research drafts will indicate which parts have been 'harvested' from, or fall within, the scope of the consumer or other EU-related acquis and to which provisions of the acquis these parts relate;

– Our drafts will contain rules applicable to all parties (private-to-private, or P-to-P, contracts) and, where appropriate, specific rules applicable to business-to-consumer (B-to-C) contracts, with the reasoning for the insertion of B-to-C rules being explained in the comments;
– Our drafts will identify policy choices/suggestions and explain their reasons in the comments;
– Mandatory rules will be clearly identified as such in the black-letter rules, and their mandatory character will be explained in the comments;
– We agreed to transmit a draft overall structure for the CFR so that a workshop on this matter can be organised;
– We accepted that the rules contained in different books will not be interwoven in such a way that it would turn out impossible to delete single books contained in our draft CFR from the final CFR;
– We agreed to participate in combined or mixed workshops on overlapping issues (e.g., the consequences of termination, withdrawal, and unjustified enrichment);
– We confirmed, regardless of some doubts on their usefulness, that the draft CFR shall contain a list of definitions (in Annex I); and
– In order to answer the criticism of the European Parliament, member states, and stakeholders that the draft rules of the CFR are too detailed, we accepted the task of trying to indicate in the final overall draft CFR which parts of the black-letter rules are specifically relevant for what the European Commission now seems to identify as the immediate use of the CFR (namely, the review of the acquis), though I have to admit that we do not yet really have a clue how to identify this 'specific acquis-relevance'."

Meine eigene Arbeitsgruppe aus Utrecht zum Kaufrecht befand sich unter den ausgewählten Gruppen, die einen Modellentwurf zum Kaufrecht für den gemeinsamen Referenzrahmens für die Kommission ausarbeiten durfte.

[1] Von Bar, Working Together Towards a Common Frame of Reference, *Iuridica International*, 1-2005, S. 22.

9.2. Die Stakeholder Meetings zum Kaufrecht

Durch den Aktionsplan für ein kohärenteres europäisches Vertragsrecht hat sich die Kommission entschieden einen Weg zu gehen, der eine akademische Arbeitsweisen verbindet mit einer Evaluation durch so genannte Stakeholder. Allerdings, ist die Auswahl dieser Stakeholder eine sehr riskante Sache. Ist nicht ein jeder Käufer in so einem Fall ein Stakeholder, ist nicht jede Mutter eine Expertin, wenn es um den Kauf von Babykleidung geht? Oder ist ein Stakeholder nur ein Richter, der im strittigen Zweifelsfall ein Urteil fällen muss? Oder ein Anwalt, der im Argumentieren sowohl von der Seite des Käufers als auch der Seite des Verkäufers aus zu sehen geübt ist. Oder etwa die Mitarbeiter von Verbraucherschutzverbänden und Schlichtungsstellen? Oder sind nur die Multinationals Erfahrungsträger? Wie soll man die Stimmen gewichten? Ist die Eloquenz und die Einflussmöglichkeit der Vertreter der einzelnen Gruppen zu vergleichen?

Die Gestaltung dieses Diskussions- und Konsultationsprozesses wird sich also aller Voraussicht nach schwierig gestalten und die Qualität dieser Evaluierung kann nur indikativ und nicht meinungsbildend sein. Es erscheint mir sehr gefährlich, dieser Gruppe von Stakeholdern endgültige Entscheidungen zu übertragen. Sie werden nur bei wenigen Treffen anwesend sein, nach einer kurzen Vorbereitungszeit in denen ihnen die Entwürfe zur Einsicht zur Verfügung standen. Sicher können sie für ihren Standpunkt Lobby machen, aber gewiss nicht optimale Lösungen finden, für Arbeitsprozesse die bereits Jahre am Laufen sind. Der von der Kommission beschrittene Weg ist tatsächlich ein demokratischer, allerdings kann auch er nur ein Stück Demokratie bieten und den Diskussions- und Konsultationsprozess ein wenig transparenter gestalten.

Im Frühjahr 2006 wurde der Entwurf unserer Kaufrechtsregeln mit den Stakeholdern in Brüssel bei zwei Workshops diskutiert.[1] Der Entwurf wurde sehr positiv aufgenommen und die Anmerkungen, die eingingen waren eher allgemeiner Natur, wie zum Beispiel die ständig wiederkehrende Frage, ob ein Verbraucherschutzgesetzbuch nicht mehr in der Richtung des von der Kommission eingeschlagenen Weges liegen würde. Da die Arbeitsgruppe ihre Grundsatzentscheidung lange Jahre bevor die Kommission zum Erstellen eines gemeinsamen Referenzrahmens aufrief, genommen hatte und der Entwurf auch nicht primär für die Kommission erstellt worden war, lag es nun nicht an der Arbeitsgruppe, auf diese Fragestellung eine Antwort zu finden.

[1] Alle Dokumente der Arbeitsgruppen und die Reaktionen der Stakeholder sowie auch die Zusammenfassung der Meetings werden auf der circa Website der Europäischen Kommission gesammelt. Leider ist diese nur für die Arbeitsgruppen und die Stakeholder zugänglich.

Am 31. Januar 2006 fand in Brüssel das erste Treffen der Stakeholder mit Vertretern der Arbeitsgruppe zum Kaufrecht und Vertretern des *Joint Network* statt. Hier war deutlich zu spüren, dass es bei solch einer Diskussion nicht um einen wissenschaftlichen Diskurs in erste Linie geht, sondern um die Vertretung bestimmter Interessengruppen. Auch wurden natürlich allgemeine Fragen, die policy-Entscheidungen der Kommission betreffend gestellt. Eine der dringendsten Fragen, die im Raum stand, war der Frage gewidmet, warum nur wenige Jahre nach der mühevollen und eingreifenden Einführung der Richtlinie zum Verbraucherkauf nun das gleiche Thema schon wieder auf dem Tisch sei. Man habe gerade in allen Mitgliedstaaten eine praktikable Lösung gefunden. Eine erneute Diskussion rund um das Kaufrecht wurde daher als absolut verfrüht angesehen. Nur im Blick auf eine generelle Durchsicht des *acquis communautaire* in Bezug auf Verbraucherangelegenheiten konnte man eine Notwendigkeit sehen, um noch einmal über das Kaufrecht nachzudenken.
Ein weiterer Workshop fand am 14. März 2006 in Brüssel statt. Auf diesem Treffen wurde unter anderem diskutiert, inwieweit der Kaufrechtsentwurf dem Toolbox-Gedanken des Gemeinsamen Referenzrahmens entsprach. Bezüglich dieses Punktes wurden einige Zweifel geäußert, die sich vor allem auf die im Entwurf benutzten unbestimmten Rechtbegriffe bezogen. Auch wurde der Entwurf als zu ausführlich angesehen. Anschließend startete eine wissenschaftliche Diskussion, in der viele Fragen über das Zusammenwirken der *Principles on European Contract Law* mit den Regeln zum Kaufrecht erörtert wurden. Ein echtes Ergebnis brachten die beiden Workshops nicht. Allerdings war es sehr interessant die verschiedenen Lobbygruppen in der Diskussion zu sehen und zu hören. Nach über einem halben Jahr sendete die Kommission dann auch noch eine Zusammenfassung der beiden Treffen rund. Der gesamte Diskussions- und Konsultationsprozess ist auf der Circa-Website der Kommission festgelegt. Allerdings ist diese Seite nur für die Teilnehmer an den Workshops zugänglich.

10. Erster jährliche Fortschrittsberichte der Kommission: 2005

Die Welle der Mitteilungen und Aktionsplänen von Kommissionsseite zum europäischen Vertragsrecht wurde stets wieder fortgesetzt. 2005 erschien der erste jährliche Fortschrittsbericht zum europäischen Vertragsrecht und zur Überprüfung des gemeinschaftlichen Besitzstands.[1] Dort wird berichtet, welche Schritte unternommen wurden und welche die Punkte sind, in denen vor allem in den kommenden Jahre Entwicklungen im Vertragsrecht zu erwarten sind. Noch vor einem zweiten jährlichen Fortschrittsbericht erschien im Februar 2007

1 KOM(2005) 456 endgültig, http://europa.eu.int/comm/consumers/cons_int/safe _shop/fair_bus_pract/cont_law/progress05_de.pdf.

ein Grünbuch mit dem Titel „Die Überprüfung des gemeinschaftlichen Besitzstands im Verbraucherschutz".[1] Nun war es offiziell, dass vor allem das Verbraucherrecht revidiert werden sollte und nicht das gesamte Vertragsrecht. Diese Grundsatzentscheidung spiegelte sich zuvor all auf der Website der Kommission wieder. Dort wurde nun neben der Rubrik „Europäisches Vertragsrecht" auch noch eine eigene Rubrik „Überarbeitung des gemeinsamen Besitzstandes" entworfen. In diese Rubrik wurden dann auch die neuesten Ergebnisse, wie die Informationen zum Verbraucherrechtskompendium, veröffentlicht. Allerdings ist nirgends eine Stellungnahme zum Gemeinsamen Referenzrahmen zu finden, der sehr wohl noch an der Harmonisierung des gesamten Vertragsrechts und nicht bloß des Verbraucherrechts orientiert ist. Was die Kommission damit später tun wird, bleibt offen.

11. Der Abschluss der Diagnosephase, 2007

Im Februar 2007 erschien das bereits erwähnte Grünbuch der Kommission.[2] Dieses Grünbuch war der Abschluss der Diagnosephase im Rahmen der Überprüfung von acht Richtlinien zum Verbraucherschutz.[3] Für die Entwicklung eines gemeineuropäischen Kaufrechts war dieses Grünbuch richtungweisend. Es stellt deutliche Fragen, an Hand derer ein Instrument entwickelt werden könnte. Leider aber führt die Kommission in diesem Grünbuch schon wieder neue Begriffe ein. Neben den schon bekannten Begriffen, wie Referenzrahmen und optionelles Instrument, stehen nun auch noch Definitionen zu neuen Ideen, wie einem horizontalem Instrument oder einem vertikalen Ansatz. Wieder einmal wird von bereits bestehender Terminologie abgewichen und neue Begriffe

1 Grünbuch der Kommission „Die Überprüfung des gemeinschaftlichen Besitzstandes im Verbraucherschutz". KOM (2006) 744 final.

2 Siehe auch Heutger, Grünes Licht für ein europäische Verbraucherrecht: das Grünbuch 2007, Jusletter 2. April. 2007.

3 Überprüfte Verbraucherschutzrichtlinien: Richtlinie 85/577/EWG betreffend den Verbraucherschutz im Falle von außerhalb von Geschäftsräumen geschlossenen Verträgen, Richtlinie 90/314/EWG über Pauschalreisen, Richtlinie 93/13/EWG über missbräuchliche Klauseln in Verbraucherverträgen, Richtlinie 94/47/EG zum Schutz der Erwerber im Hinblick auf bestimmte Aspekte von Verträgen über den Erwerb von Teilzeitnutzungsrechten an Immobilien, Richtlinie 97/7/EG über den Verbraucherschutz bei Vertragsabschlüssen im Fernabsatz, Richtlinie 98/6/EG des Europäischen Parlaments und des Rates vom 16. Februar 1998 über den Schutz der Verbraucher bei der Angabe der Preise der ihnen angebotenen Erzeugnisse, Richtlinie 98/27/EG über Unterlassungsklagen zum Schutz der Verbraucherinteressen, Richtlinie 1999/44/EG zu bestimmten Aspekten des Verbrauchsgüterkaufs und der Garantien für Verbrauchsgüter.

werden eingeführt, ohne dass diese an die bestehenden Definitionen der vorangehenden Mitteilungen gekoppelt werden. Auch in diesem Grünbuch stellt die Kommission verschiedene Optionen vor. Allerdings ist sie dieses Mal deutlicher als zuvor und bewertet die Optionen auch gleich selber.

11.1. Vertikaler oder horizontaler Ansatz?

Option I wird vertikaler Ansatz benannt. Nach diesem Ansatz würden die bestehenden Richtlinien gesondert abgeändert werden, um sich an die Entwicklungen am Markt und den technologischen Fortschritt anzupassen.[1] Ein Nebeneinander der Richtlinien wäre somit das Resultat, welches also den Regelungsumfang nicht vermindert und auch nicht besser zugänglich machen würde. Dieser Ansatz verneint sich also in sich selbst, da er eigentlich keinen Fortschritt bedeutet.
Option II beschreibt einen möglichen kombinierten Ansatz. Demnach soll ein horizontales Instrument, welches das Verbrauchervertragsrecht behandelt, dort wo nötig durch ein vertikales Vorgehen erweitert werden. Das bedeutet eine Regelung, die das verbraucherspezifische Vertragsrecht regelt und teilweise sektorspezifische spezielle Bestimmungen erarbeitet. Die Zusammenhänge zwischen den bisherigen Richtlinien würden somit deutlicher werden, und wo möglich, würde eine gemeinsame Regelung an Stelle der bisherigen Rechtszersplitterung treten. Grundbegriffe würden gemeinsam geregelt werden können. Gemeinsamkeiten der bisherigen Richtlinien würden „extrahiert" und einen allgemeinen Teil bilden, gefolgt von einem besonderen Teil zum Kaufvertrag.[2] Auch müssten manche anderen Bereiche, wie z.B. das Recht des *Timesharing* überarbeitet werden.
Option III „Nichts auf legislativem Gebiet zu unternehmen" ist nicht gerade diskussionsfördernd und wird wahrscheinlich nicht viel Unterstützung erhalten. Es ist nicht zu erwarten, dass in allen Mitgliedstaaten zum Mittel der Selbstregulierung gegriffen wird.
Die Kommission selber spricht sich in dem Grünbuch deutlich für die Option II aus und beschreibt daher auch gleich den möglichen Geltungsrahmen eines horizontalen Instruments. Verschiedene Varianten sind denkbar: Ein Instrument für den grenzüberschreitenden Verkehr oder ein gemeineuropäisches Instrument für alle Mitgliedstaaten oder ein Instrument nur für den Fernabsatz. Damit verbunden ist der Gedanke nur eine Minimalharmonisierung anzubieten oder doch mehr in Richtung Vollharmonisierung zu neigen.

1 Grünbuch der Kommission „Die Überprüfung des gemeinschaftlichen Besitzstandes im Verbraucherschutz". KOM (2006) 744 final, S. 9.

2 Der Vorschlag das Kaufrecht einzubetten in ein allgemeines Vertragsrecht wurde schon 2004 von Heutger, Do we need a European Sales Law? *Global Jurist*, Vol. 4, Issue 2, Article 1, S.14 gemacht.

Die Detailprobleme einer allgemeinen gesetzlichen Regelung finden sich im Anhang des Grünbuchs. In sechs Abschnitten bekommt der Leser Wahlmöglichkeiten zwischen bis zu 4 Optionen angeboten. Man kann sich, sozusagen, ein Wunschvertragsrecht zusammenstellen. Durch Wahl des gemischten Ansatzes, also der Option II, würde für die Zukunft ein Rahmeninstrument für alle europäischen Verbraucherverträge entwickelt werden.[1] Das Rahmeninstrument würde ein Mindestmass an Harmonisierung vorsehen, um auch noch Spielraum zu lassen für die Rechtssprechung und selbstregulatorische Maßnahmen der Mitgliedstaaten.[2] Gegen eine volle Harmonisierung[3] spricht die Tatsache, dass es keinen vollkommenen Gesetzgeber gibt, der sowohl zukünftige Entwicklungen und Interpretationen durch die Rechtssprechung voraussagen kann sowie auch noch alle Belange vor Augen hat, wie zum Beispiel das Zusammenwirken von Verbraucherrecht und Wettbewerbsrecht. Daher kann es wichtig sein, in bestimmten Fällen auf eine Generalklausel zurückfallen zu können. Es ist daher zu empfehlen eine Klausel einzufügen, dass im Einklang mit dem Gebot von Treu und Glauben und Fairness gehandelt werden sollte. Diese Regel sollte sowohl Unternehmer wie auch Verbraucher binden.[4]

11.2. Umfassender Verbraucherschutz

Um zu wissen für wen das neue Rahmeninstrument gelten soll, wird der Verbraucherbegriff neu definiert und erweitert auf alle jene natürlichen Personen, die hauptsächlich außerhalb des Rahmens ihrer gewerblichen oder beruflichen Tätigkeit handeln.[5] Da der Binnenmarkt soll nach Ansicht der Kommission auch für die vielen Millionen von Verbrauchern attraktiv sein. Diese machen bislang noch unzureichend oft Gebrauch von grenzüberschreitenden Transaktionen und haben nicht genügend Vertrauen in das ihnen dann zukommende Recht. Für viele Verbraucher ist es auch nicht deutlich, wann ihnen ein besonderer Schutz zukommt und wann nicht. Um den Verbraucherschutz zu umfassend möglich anzubieten, sollten als Verbraucherverträge auch Verträge gelten, bei denen eine Partei durch eine vermittelnde Geschäftsperson vertreten wird.[6] Verfolgt man diesen Gedanken eines erhöhten Verbraucherschutzes, so ist es nahe liegend auch im Einzeln ausgehandelte Klauseln einem Test über Missbräuchlichkeit zu

1 Grünbuch, KOM(2006) 744 final, Frage A1: Option 2 in Verbindung mit Frage A2: Option 1.
2 Grünbuch, KOM(2006) 744 final, Frage A3: Option 2.
3 Grünbuch, KOM(2006) 744 final, Frage A3: Option 1.
4 Grünbuch, KOM(2006) 744 final, Frage C: Option 3.
5 Grünbuch, KOM(2006) 744 final, Frage B1: Option 2.
6 Grünbuch, KOM(2006) 744 final, Frage B2: Option 2.

unterziehen[1] und diese Prüfung auszudehnen auf den Vertragsgegenstand und die Angemessenheit des Preises.[2] Somit sollte gesetzlich festgelegt werden, dass einige Klauseln grundsätzlich verboten sind, während für die übrigen eine widerlegbare Vermutung der Missbräuchlichkeit bestünde.[3]
Derzeit sind die Regeln über die vertraglichen Folgen für die Verletzung der Informationspflicht sowohl vor, bei oder nach Abschluss des Vertrags nicht deutlich. Häufig wird überhaupt nicht geregelt, wie zu verfahren ist, wenn dieser Verpflichtung nicht entsprochen wird. Es handelt sich als um Vorschriften, denen kein Rechtsbehelf zu ihrer Durchsetzung gegenübersteht. Eine Ausweitung der Bedenkzeit auf einen längeren Zeitraum wäre daher als einheitlicher Rechtsbehelf bei einer Verletzung der Informationspflicht sinnvoll.[4] Deutliche und einheitliche Regeln zur Länge der Bedenkzeit wären überhaupt wünschenswert.[5] Allerdings ist dem Verbraucher nicht immer geholfen mit einer reinen Zeitregelung. Oft ist es für einen Verbraucher auch ein Hindernis um seine Rechte wahr zu nehmen, dass er selber, und darüber hinaus in vielen Fällen auch noch schriftlich, sein Rücktrittsrecht mitteilen muss. Formvereinfachung, oder sogar in manchen Bereichen, wie beim Timesharing oder bei einem Verbraucherkreditvertrag wäre hier vielleicht ein bei Vertragsabschluss ausgehändigtes Formular hilfreich. Ein Formular, welches nur noch unterschrieben und abgesendet werden muss, um den Rücktritt zu erklären. Also ein Formular mit bereits gesetztem Text und deutlicher Vermeldung der Adresse, wohin es gesendet werden muss. Eine reine Harmonisierung des Zeitraumes der Bedenkzeit ist nicht wirklich ein Beitrag zur Verbesserung des Verbraucherschutzes. In den meisten Fällen sollte daher der Widerruf formlos geschehen können.[6] Um Fragen der Beweislast zu vermeiden, erscheint es doch sinnvoll bei Verträgen mit einem gewissen Finanzvolumen weiterhin die Schriftform beizubehalten, oder eine Bestätigung des Erhalts des Widerrufs verpflichtend einzuführen. Auch beim Widerruf sollte im Einklang mit dem Gebot von Treu und Glauben und Fairness gehandelt werden und daher sollten einheitliche Regeln bezüglich der möglichen Kosten bei der Wahrnehmung des Widerrufsrechts entstehen.[7]

1 Grünbuch, KOM(2006) 744 final, Frage D1: Option 1.
2 Grünbuch, KOM(2006) 744 final, Frage D3: Option 1.
3 Grünbuch, KOM(2006) 744 final, Frage D2: Option 4.
4 Grünbuch, KOM(2006) 744 final, Frage E: Option 1.
5 Grünbuch, KOM(2006) 744 final, Frage F1: Option 1.
6 Grünbuch, KOM(2006) 744 final, Frage F2: Option 3 mit Ergänzung um Regeln bezüglich der Bestätigung des Zugangs der Widerrufserklärung oder einer Erleichterung der formellen Anforderungen.
7 Grünbuch, KOM(2006) 744 final, Frage F3: Option 2.

11.3. Rechtsbehelfe

Derzeit kennt das gemeinschaftliche Verbraucherrecht noch keine eindeutigen allgemeinen Rechtsbehelfe. Das Vertragsrecht bietet eine Fülle von Lösungen, wie das Recht auf Nachbesserung oder Ersatzlieferung, oder die Möglichkeit der Preisminderung oder Vertragsaufhebung. Beinah jedes Land hat wieder etwas andere Regeln oder Voraussetzungen, um das eine oder andere zu fordern. Variationen sind darüber hinaus auch noch von einem Vertrag zum anderen möglich, wie auch bezüglich eines einzigen Vertragstyps, je nach dem ob es sich um einen Verbraucher oder einen Kaufmann handelt. Häufig bleibt auch ungeklärt, in welchen Masse ein Anspruch auf Schadenersatz besteht. Die *Principles on European Contract Law* haben diesen Mangel bereits erkannt und bieten Bestimmungen zu allgemeinen Rechtsbehelfen in der Form von Nacherfüllungsansprüchen an.[1] Dort sind also allgemeine Regeln für den Fall der Nichterfüllung formuliert, unabhängig ob es sich nun um einen Kaufvertrag, einen Dienstleistungsvertrag oder einen sonstigen Vertrag handelt. Und auch unabhängig davon, ob es sich nun um einen Verbraucher handelt oder nicht. Dem europäischen Verbraucher wäre mit Regeln über allgemeinen Rechtsbehelfen gedient, ebenso wie mit einer klaren Regelung in Bezug auf den Ersatz wirt-

[1] PECL - Right to Performance: Article 9:101: Monetary Obligations
(1) The creditor is entitled to recover money which is due.
(2) Where the creditor has not yet performed its obligation and it is clear that the debtor will be unwilling to receive performance, the creditor may nonetheless proceed with its performance and may recover any sum due under the contract unless:
(a) it could have made a reasonable substitute transaction without significant effort or expense; or
(b) performance would be unreasonable in the circumstances.
Article 9:102: Non-monetary Obligations
(1) The aggrieved party is entitled to specific performance of an obligation other than one to pay money, including the remedying of a defective performance.
(2) Specific performance cannot, however, be obtained where:
(a) performance would be unlawful or impossible; or
(b) performance would cause the debtor unreasonable effort or expense; or
(c) the performance consists in the provision of services or work of a personal character or depends upon a personal relationship, or
(d) the aggrieved party may reasonably obtain performance from another source.
(3) The aggrieved party will lose the right to specific performance if it fails to seek it within a reasonable time after it has or ought to have become aware of the non-performance.
Article 9:103: Damages Not Precluded
The fact that a right to performance is excluded under this Section does not preclude a claim for damages.

schaftlicher Schäden.[1] Derzeit muss man zumeist pro Vertragsart die dabei passenden Rechtsbehelfe zusammensuchen. Auch ist es von Land zu Land unterschiedlich, unter welcher Voraussetzung nun Preisminderung und Aufhebung des Vertrags verlangt werden kann.
Das Grünbuch behandelt auch einige Themen direkt zum Verbraucherkauf. Die derzeitige Verbraucherkaufrichtlinie 1999/44 bietet nur Schutz für Verkaufsverträge. In ähnlichen Situationen dagegen, wie zum Beispiel beim Auto- oder Ski- Mieten, ist der Verbraucher nicht besonders geschützt. Das gleiche gilt Daten mit digitalem Inhalt. Um den Verbraucher umfassender zu schützen, ist eine Erweiterung des Anwendungsbereichs der Regeln für den Verbrauchsgüterkauf notwendig.[2] Auch sollten unter das Verbraucherkaufrecht auch gebrauchte Güter fallen, die in einer öffentlichen Versteigerung oder im Rahmen einer Internetauktion ersteigert oder verkauft werden. Allerdings sollten hier eine deutliche Schadenersatzregelung sowie Bestimmungen zu den eventuell extra anfallenden Transportkosten für den Fall, dass die Waren nicht vertragsgemäß sind, entwickelt werden.[3] So könnte zum Beispiel der Schadenersatz auf die Höhe des Ankaufpreises beschränkt werden.
Durch die verschiedenen Traditionen in Europa, was unter einer Lieferung verstanden wird, sollte für die Lieferung eine deutliche Definition kommen, die Unsicherheiten nicht mehr vorkommen lässt oder zumindest drastisch reduziert. Auch hierbei sollte der Verbraucherschutz zentral stehen. Die Lieferung sollte daher in dem Sinne definiert werden, dass der Verbraucher in der Regel tatsächlich in den Besitz der Güter gelangt, sofern die Vertragsparteien nichts anderes vereinbaren.[4] Ein hohes Verbraucherschutzniveau geht einher mit deutlichen und transparenten Regeln. Daher sollte auch der Gefahrübergang auf Gemeinschaftsebene geregelt sein und mit dem Zeitpunkt der Lieferung verknüpft werden.[5]
Eine Lieferung, die mangelhaft ist und zur Nacherfüllung an den Verkäufer zurückgegangen ist, sollte zur Folge haben, dass die Gewährleistungspflicht um

1 Grünbuch, KOM(2006) 744 final, Frage G1: Option 2 und Frage G2: Option 3.

2 Grünbuch, KOM(2006) 744 final, Frage H1: Kombination von Option 2 und 3, das entspricht der vorgestellten Option 4.

3 Grünbuch, KOM(2006) 744 final, Frage H2: Option 1 mit Ergänzung bezüglich Schadenersatz und Transportkosten.

4 Grünbuch, KOM(2006) 744 final, Frage I1: Option 3, um dem Verbraucher einen höchstmöglichen Schutz zukommen zu lassen und auch um die meisten Grünbuch, KOM(2006) 744 final, Fragen bezüglich des Lieferungszeitpunkts beim Transport auszuschließen.

5 Grünbuch, KOM(2006) 744 final, Frage I2: Option 1.

die Zeitspanne verlängert wird, in der der Verbraucher die Güter nicht nutzen konnte und diese Güter beim Verkäufer verblieben.[1]
Wiederkehrende Mängel sind durch eine Ausdehnung der Gewährleistungsfrist meist auch nicht abschließend zu vermeiden. Hier wären vielleicht Regeln um eine Erweiterung der Schadenersatzpflicht oder der Preisminderung zweckmäßig. Somit würde der Verbraucher zumindest eine Kompensation für den Mangel an den Gütern erhalten.[2]
Derzeit finden sich in den Mitgliedstaaten unterschiedliche Regeln zu gebrauchten Gütern. Der Verbraucherschutz würde gesteigert werden, wenn einheitliche spezielle Vorschriften für gebrauchte Güter in einem horizontalen Instrument enthalten wären. Dem Gedanken der Parteienautonomie verpflichtet ist zu empfehlen, dass Verkäufer und Verbraucher für Mängel bei gebrauchten Gütern eine kürzere Gewährleistungsfrist vereinbaren können, als auch die Höhe eines etwaigen Schadenersatzes auf die Höhe des Kaufpreises begrenzen können.[3]
Fragen der Beweislast begleiten die Diskussion rund um eine mangelhafte Ware. Der Verbraucher wird oft sein Recht nicht beweisen können. Daher sollte sein Schutzniveau erhöht werden. Der Verkäufer sollte während der gesamten Dauer der Gewährleistungsfrist nachweisen müssen, dass der Mangel zum Zeitpunkt der Lieferung noch nicht vorhanden war, sofern dies mit der Art des Gutes und des Mangels vereinbar ist.[4] Diese neue Regelung hätte auch den Vorteil die Anzahl der Fristen zu verringern, da die bisherige Sechs-Monats-Regel verfallen würde.
Verschiedene nationale Lösungen in den 27 Mitgliedstaten plus europäische Regeln sind extrem viel. Jegliche Verminderung des Regelungsumfangs ist zu begrüßen. Daher sollten verschiedene Lösungen bezüglich der Hierarchien der Rechtsbehelfe, wo möglich vermieden werden. Unterschiedliche Voraussetzungen, um den Preis zu vermindern oder eine Ersatzlieferung zu fordern, führen nicht zu einer Vereinfachung des Regelungsumfelds. Es ist an der Zeit für eine deutliche Abwägung: Mehr Schutz für den Verbraucher oder mehr Raum für Vertragsautonomie oder nationale Gewohnheiten.
Um jedoch eine gewisse Rechtssicherheit für den Verkäufer zu gewährleisten, der bei all dem Verbraucherschutz recht eingeschränkte Rechte hat, sollte die Auflösung eines Vertrags nur unter bestimmten Bedingungen möglich sein. Darüber hinaus sollte der Verbraucher aber jede Art von Abhilfe verlangen

[1] Grünbuch, KOM(2006) 744 final, Frage J1: Option 2 mit einer Ergänzung, wie die Zeitspanne bestimmt werden soll in Hinsicht auf die Beweislast.
[2] Grünbuch, KOM(2006) 744 final, Frage J2: Option 1 mit der Ergänzung die Regeln zur Preisminderung und zum Schadenersatz im Licht des Problems der wiederkehrenden Mängel zu beleuchten.
[3] Grünbuch, KOM(2006) 744 final, Frage J3: Option 2.
[4] Grünbuch, KOM(2006) 744 final, Frage J4: Option 2.

können, also sowohl Nachbesserung oder eine Ersatzlieferung. Daneben sollten auch noch das Recht auf Preisminderung oder Schadenersatz stehen.
Ein noch ungelöstes Problem ist derzeit, wann der Verbraucher die Vertragswidrigkeit mitteilen muss und in welchem Zeitraum er dann die Wahl seines Rechtsmittels bekannt geben muss. Sollen diese beiden Mitteilungen zusammenfallen, oder kann da ein beliebiger Zeitraum voll Unsicherheit für den Verkäufer zwischen liegen? Auf diese Frage muss noch eine Lösung gefunden werden.[1]
Ebenso komplex ist die Frage, ob es eine unmittelbare Produzentenhaftung oder Importeurshaftung bei Vertragswidrigkeit geben sollte. Wiederum vom Verbraucherschutz ausgesehen ist der Schritt zum Verkäufer für den Verbraucher am Kürzesten. Beim grenzüberschreitenden Kauf kann das allerdings auch wieder anders liegen. Dem Käufer wäre somit am meisten gedient, wenn er sowohl den Verkäufer als auch den Produzenten oder Importeur ansprechen könnte. Eine Einführung einer unmittelbaren Produzentenhaftung für all jene Bereiche, die nicht unter die Richtlinie über die Produkthaftung fallen, ist daher zu begrüßen.[2]

11.4. Garantien

Für eine bleibende Qualität der Waren sorgen häufig kommerzielle Garantien, die auf der einen Seite das Vertrauen des Verbrauchers in ein Produkt stärken und auf der anderen Seite oft ein wirksames Reklamemittel des Anbieters sind. Um zu garantieren, dass Garantien wirklich eine extra Leistung des Anbieters sind, sollten Mindestanforderungen gesetzlich formuliert werden für alle Fälle, in denen eine kommerzielle Garantie ihren Inhalt nicht und nur unzureichend festlegt. Ebenso sollte eine Garantie auch automatisch auf spätere Käufer übergehen.[3] Die Garantie betrifft schließlich das Produkt und nicht den Käufer. So sollte auch eine Garantie generell das gesamte Produkt umfassen und nur, insofern das deutlich vermeldet ist, sich nur auf bestimmte Teile beziehen.[4]

11.5. Ausblick

Das vorliegende Grünbuch bietet deutliche Lösungen zu bekannten als auch aktuellen Problemen. Es ist eindeutiges Dokument geworden, welches beim Entwerfen eines europäischen Vertragsrechts helfen kann. Leider sind die Themen

1 Alle Optionen von Frage K2 benennen dieses Problem nicht.
2 Grünbuch, KOM(2006) 744 final, Frage L: Option 2.
3 Grünbuch, KOM(2006) 744 final, Frage M1: Option 2 und Frage M2: Option 2. Siehe hierzu auch Wiewiorowska, EU Regulation of Consumer Sales Guarantees: The Present Situation and Future Perspectives, *EJCL* (2003), Vol 7.5.
4 Grünbuch, KOM(2006) 744 final, Frage M3: Option 3.

begrenzt auf acht Richtlinien zum Verbraucherschutz. Nicht alle vertragsrechtlichen Richtlinien wurden daher behandelt. So ist es zu bedauern, dass die Richtlinie zum Verbraucherkredit nicht beachtet wurde. Viele Informationserfordernisse hätten hier angeglichen werden können an jene vorvertraglichen Informationen, wie sie zum Beispiel bei der Richtlinie zu Teilzeitnutzungsrecht formuliert worden sind. Gleiches gilt für das Rücktrittsrecht. Der Kreis der untersuchten Richtlinien hätte also weiter gezogen werden sollen.

Die Verbraucherkreditrichtlinie soll in Kürze geändert werden. Verschiedene Revisionsprojekte laufen also unkoordiniert nebeneinander. Das ist zu bedauern und hätte vermieden werden können.

Auch die Problematik des Eigentumsvorbehalts bei Verbrauchertransaktionen sollte noch weiter untersucht und später auch geregelt werden. Dieser Bereich ist die Schwelle zwischen Schuldrecht und Sachenrecht. Hier begegnen nationale Regeln jenen, die via ein europäisches Vertragsrecht vereinheitlicht werden.

Ungeregelt bleibt noch das Problem der Sprachenwahl. Gerade beim grenzüberschreitenden Kauf ist es oft ein Problem, dass die Bedienungs- oder Montageanleitung und auch die Garantie nicht in der Muttersprache des Verbrauchers angeboten werden. Zumindest Empfehlungen zu dieser Frage sollten in der Zukunft kommen und hätten auch den interessierten Parteien vorgelegt werden sollen.

Leider äußert sich die Kommission noch immer nicht über die Frage ihrer Befugtheit zum Erlassen eines horizontalen Instruments. Ebenso ist noch immer nicht auf die Forderungen des Parlaments eingegangen ein europäisches Vertragsrechtsbuch zu schaffen. Im akademischen Bereich wird über diesen Punkt strittig argumentiert. Sollte unter dem heutigen EG-Vertrag eine Privatrechtsharmonisierung möglich sein, so sollte diese entweder durch die Vertragsparteien bestätigt werden oder durch eine Vertragsänderung geschaffen werden.

Eigentlich sollte nun ein Grünbuch über die Kompetenz der Kommission als Gesetzgeber für ein Europäisches Privatrecht erscheinen müssen. In diesem Grünbuch sollte dann unter anderem auch die Rolle des Parlaments als demokratisches Beschlussorgan in Fragen der Privatrechtsvereinheitlichung diskutiert werden, neben Themen über den Umfang eines möglichen horizontalen Instruments und dessen Verhältnis zum UN-Kaufrecht.

Abschließend ist zu sagen, dass das Grünbuch der Kommission ein gelungenes und gut zugängliches Dokument geworden ist, trotz der Einführung von neuen Begriffen, wie zum Beispiel jenem eines horizontalen Instruments. Das europäische Vertragsrecht scheint langsam eine Gesetzgebungsmethode zu entwickeln. Schade, dass die Bedeutung des Gemeinsamen Referenzrahmens für die Revision des europäischen Vertragsrechts in diesem Grünbuch nicht weiter erwähnt wird.

12. Das Kaufrecht und die neuen Instrumente

Das Kaufrecht stand die letzten 35 Jahre wiederholt im Mittelpunkt der internationalen und europäischen Beachtung. Daher sind in diesem Bereich keine großen Herausforderungen oder innovative Ideen zu erwarten. Die Problemfelder und Regelungsgrenzen sind bekannt und durch internationale Übereinkommen und Richtlinienrecht genau benannt. So wird derzeit eine deutliche Trennung der Materie in Handelskauf und Verbraucherkauf international anerkannt. Ein kleiner Graubereich von Klein- und Mittelbetrieben, Non-Profit Organisationen und privaten Verkäufen wird akzeptiert, um die gewachsenen Strukturen nicht radikal auf den Kopf stellen zu müssen. Außerdem ist es sehr schwierig, eine sinnvolle Alternative zu schaffen, da die Materie des Kaufrechts viele angrenzende Bereiche kennt, wie z.B. das Transportrecht und die Abzahlungsgeschäfte.[1]

Wie wird nun wohl die Zukunft des Kaufrechts in Europa aussehen? Wird es weiterhin aus nationalem Recht und dem UN-Kaufrecht bestehen? Oder ist eine radikale Hinwendung zu einem neuen europäischen Kaufrecht zu erwarten? In Hinblick auf das Kaufrecht wird der geplante gemeinsame Referenzrahmen wenig neue Erkenntnis bieten können. Solange innerhalb des Referenzrahmens nicht vom Richtlinienrecht abgewichen werden darf, ist nicht viel Neues zu erwarten und somit auch keine Verbesserung der Qualität der Regeln in Bezug auf das Kaufrecht.

Ein gemeinsamer und unverbindlicher Referenzrahmen wird kein besser aufbereitetes Material bieten können und somit nicht zu einem Rechtsgewinn oder einer größeren Transparenz beitragen können. UN-Kaufrecht und die einschlägigen Richtlinien werden Bestandteil dieses Gemeinsamen Referenzrahmens werden müssen. Abweichende Kommentierungen, die Fülle von Rechtssprechung zu dem einen oder anderen Artikel des UN-Kaufrechts, werden nicht in diesen gemeinsamen Referenzrahmen einfließen können, da in der Fülle der Literatur und Entscheidungen keine richtungweisende endgültige verallgemeinerungsfähige Entscheidung getroffen wurde. Die meisten Entscheidungen sind nationales Richterrecht und nicht konform von einem Land zum anderen. Schiedsgerichtsentscheidungen lassen sich noch weniger verallgemeinern, da sie der nationalen und internationalen Verbindlichkeit ihrer Entscheidungen entbehren.[2]

[1] Zu Abzahlungsgeschäften wird im gemeinsamen Referenzrahmen auch ein Kapitel zu finden sein. Den akademischen Vorentwurf erstellen Edgar du Perron und Viola Heutger für die Study Group on a European Civil Code.

[2] Eine gute Übersicht über die verschiedenen Themen und die Unterschiedlichkeit der Entscheidungen bietet die Database www.unilex.info.

Sollte die Kommission überlegen erst alle Informationen und gesetzlichen Grundlagen über die Situation des Kaufrechts zu sammeln, um sie dann in einem gemeinsamen Referenzrahmen zu veröffentlichen, so ist keine neue Information zu erwarten. Auch dort wird wieder festzustellen sein, dass die Materie des Kaufrechts in die Bereiche des Handelskaufs, sowie des Verbraucherkaufes eingeteilt ist, und eine gemeinsame Lösung für beide Bereiche aufgrund der bisherigen Regelungen nicht möglich sein wird. Integrierte Ansätze, wie in den Niederlanden, kommen nicht überein mit der *Policy* Entscheidung der Kommission, um vor allem das Verbraucherrecht zu verbessern. Außerdem wäre erneut festzustellen, dass nicht alle Mitgliedstaaten der Europäischen Union, sowohl einige der alten als auch einige der neueren, Partner des UN-Kaufrechts sind. Diese Tatsache schränkt auch wieder seine Eignung zur Verallgemeinerung für den europäischen Markt ein. All diese Ergebnisse sind aber bekannt, und bedeuten kein Neuland und liefern auch keine besondere Transparenz. Das Kaufrecht im gemeinsamen Referenzrahmen erneut aufzubereiten ist sicher kein Fehler, aber ohne gleichzeitig an anderen Konzepten zu arbeiten, ist das auf jeden Fall ein großer Zeitverlust. Durch die Arbeiten an einem gemeinsamen Referenzrahmen hat die Kommission die Möglichkeit, auf einige weitere Jahre nicht tätig zu werden.

Dieser Zeitverlust ist unsinnig, daher sollte sofort auch auf einer weiteren Ebene an der Vereinheitlichung des Kaufrechts gearbeitet werden. Das Kaufrecht könnte eine Vorreiterrolle einnehmen und ein Prototyp eines optionellen Instruments werden. Erst dann kann man evaluieren, was der Gewinn durch ein solches Instrument wäre.

Das im Februar 2007 angekündigte horizontale Instrument verspricht eine deutlichere Lösung anbieten zu können. Allerdings behandeln die dort vorgestellten möglichen Lösungen nur Regelungen für Teilaspekte des Kaufrechts und die Einschränkung auf das Verbraucherrecht fördert die Fragmentierung der gesamten Kaufrechtsmaterie.

Die Kommission arbeitet auf verschiedenen Fronten, ohne eine deutliche Einsichtlichkeit ihres Handelns. So wird derzeit auch an einer neuen Richtlinie zum Verbraucherkredit gearbeitet, welche dann später in nationales Recht umgesetzt werden muss. Gleichzeit werden aber auch in den gemeinsamen Referenzrahmen Regeln zum Verbraucherkredit aufgenommen werden. Ähnliches gilt für Regeln zum Timesharing. Beide Projekte laufen parallel ohne etwas miteinander zu tun zu haben. Das ist Ressourcenverschwendung. Bedenklich ist es auch, dass die Entwicklungen an der Zukunft des europäischen Vertragsrechts und die Überarbeitung des gemeinsamen Besitzstandes zum Verbraucherrecht künstlich getrennt wurden.[1]

Viele andere Möglichkeiten hätten ebenfalls offen gestanden. So hätte man auf Rufe hören können[2] und direkt ein europäisches Zivilgesetzbuch verfassen können, durch wen auch immer. Oder die Europäische Union als solche hätte, vielleicht etwas undemokratisch, dem UN-Kaufrecht beitreten können und so auch die noch nicht beigetretenen Länder an dieses binden können. Dazu wäre dann noch die bereits geschehene Umsetzung der Richtlinie zum Verbraucherkauf in den einzelnen Mitgliedstaaten gekommen und schon wären große Teile des Kaufrechts harmonisiert worden. Übrig geblieben wären nur die Käufe und Verkäufe zwischen Privaten. Dieses Problem kann man in den meisten Fällen durch allgemeine Generalklauseln des allgemeinen Vertragsrechts lösen.

13. Kein Europäisches Rechtsinstitut

Ein Zentrum, wie schon erwähnt, in dem vorhandenes Wissen gespeichert werden kann und zugänglich gemacht wird und durch das über nationale Rechtsentwicklungen berichtet werden kann, ist nicht in Sicht. Alle die wertvollen Materialien und Studien, die in den vergangenen Jahren versammelt und erstellt worden sind, werden derzeit nirgends zentral gesammelt. Längst nicht alles ist online einsichtlich. Viele Materialien werden daher schon in kurzer Zeit nicht mehr auffindbar sein. Das wird sicher auch eine der Schwächen des Referenzrahmens werden, dass dort zitierte Quellen nicht einfach gesammelt an einem Ort zugänglich sein werden. Darüber hinaus ist zu befürchten, dass der Referenzrahmen bei seiner Fertigstellung bereits wieder partiell veraltet ist, und daher nie einschlägig werden kann, da ihm jener institutionelle Rahmen fehlt, der seine Aktualität gewährleistet und Veränderungen der Rechtslage gesetzgeberisch beantworten kann.

Die all bestehenden Institute, wie zum Beispiel die Europäische Rechtsakademie in Trier oder das Max-Planck-Institut in Hamburg oder die Universitäten Bielfeld, Osnabrück und Utrecht, die bereits einen Namen in Hinblick auf das europäische Privatrecht haben, sind nur begrenzt geeignet solch eine Funktion zu übernehmen.

Alle akademischen Gruppen wurden immer wieder kritisiert, dass sie ohne Ermächtigung begonnen haben Grundprinzipien zu formulieren, eben als rein

[1] Siehe dazu die Website der Kommission: http://ec.europa.eu/consumers/cons_int/index_en.htm.

[2] Man denke an den plakativen Titel von Mattei: Hard Code Now!, *Global Jurist Frontiers* (2002) Vol 2: No 1, Article 1.

akademische Gruppe.[1] Die Frage nach der Methode wird immer wieder laut. Zu den Arbeitsweisen der einzelnen akademischen Gruppen verweise ich auf das diesen gewidmete Kapitel. Aber generell muss überlegt werden, wie eine Methode aussehen soll, durch die eine Vereinheitlichung oder Harmonisierung des Kaufrechts stattfinden kann. Es ist gewiss nicht möglich die Vorgehensweise eines Nationalstaates zur Gesetzeserlassung zu übernehmen. Eine solche Transplantation von Methoden würde unweigerlich zum Chaos führen, da die Mehrebenenpolitik der Europäischen Union mit anderen organisatorischen Problemen zu kämpfen hat als der Nationalstaat. Genannt sei hier nur allein das Sprachproblem und die demokratische Beteiligung aller interessierten Parteien und darüber hinaus die derzeitige nicht gerade starke Position des Europäischen Parlaments.

Aus den nationalen Erfahrungen können nur Anregungen gesammelt werden. So wurden zum Beispiel in den Niederlanden 50 Fragen an das Parlament gestellt, die den politischen Kurs des niederländischen Zivilgesetzbuches festlegen sollten. Diese Fragen wurden auch in den Tageszeitungen veröffentlicht und so identifizierten sich auch viele Bürger mit den Vorbereitungen an ihrem neuen Gesetzbuch und das Interesse an den Entwicklungen war zumindest in den ersten Jahren groß.

Eine direkte Beteiligung und Meinungsbildung auf europäischer Ebene ist natürlich nur im begrenzten Ausmaß möglich, da eine Auswertung von eingegangenen Reaktionen nur in einem begrenzten Umfang möglich und der Diskussion dienlich sein kann. Eine zu große Masse an Meinungen steht schnell in der Gefahr zu einer deutlichen Verzögerung des Prozesses zu führen ohne tatsächlichen Rechtsgewinn mit sich mit zu bringen.

Ein Institut könnte auch meinungsbildend tätig sein. Tagungen, Pressemitteilungen und Workshops könnten dort organisiert werden. Gemeinsam durch alle Mitgliedsstaaten könnte man einer Methode arbeiten, die es möglich macht auch in der Zukunft auf Rechtsänderungen schnell zu reagieren, ohne erst einen langen Diskussions- und Konsultationsprozess starten zu müssen. Aufgaben, die nun noch bei der Kommission liegen könnte von so einem Institut übernommen werden. Darüber hinaus aber auch viele Aufgaben, die nun noch freibleibend vor irgendwem erfüllt werden. Ein europäisches Rechtsinstitut könnte auch helfen Studienmaterial zu entwerfen, so dass der europäische Jurist ein Normalzustand ist und nicht ein nationaler Experte.

1 Prominente Vertreter dieser Meinung sind Lequette und Legrand.

14. Ein horizontales Instrument

Ein horizontales Instrument, welches für den Verbraucherkauf bindend ist, könnte Rechtseinheit in die derzeitige zersplitterte Vertragrechtsordnung in Europa bringen. Allerdings wird aus dem Grünbuch der Kommission nicht deutlich, ob dieses horizontale Instrument ein nationales Recht ersetzendes Instrument werden wird oder ähnlich einer Richtlinie in nationales Recht umgesetzt werden muss. Entscheidungen bezüglich dieses möglichen horizontalen Instruments sind noch nicht genommen worden. Daher können nur Vermutungen geäußert. Das horizontale Instrument könnte das geeignete Instrument zur Regelung des gemeineuropäischen Kaufrechts werden. Allerdings sollte der Rahmen, den es behandelt, dann nicht zu klein gezogen werden. Probleme des Abzahlungskaufs und andere denkbare gemischte Verträge mit einem Teilaspekt Kaufrecht sollten in dem Instrument auch geregelt werden, um eine Zersplitterung der Materie zu vermeiden und ein transparentes Instrument anbieten zu können. Undeutlich ist auch noch, ob dieses horizontale Instrument, wie es im Grünbuch von 2007 vorgestellt wird, das zuvor genannte optionale Instrument ersetzen soll.

15. Der EuGH als Zivilrichter

Seit den neunziger Jahren kann eine nennenswerte Rechtsprechungsaktivität des Europäischen Gerichtshofs belegt werden.[1] Als oberstem Auslegungsorgan der Gemeinschaft kommt ihm immer stärker eine zentrale Rolle bei den künftigen Entwicklungen auf dem Gebiet des europäischen Vertragsrechts zu. In den letzten Jahren musste sich der Gerichtshof zunehmend mit privatrechtlichen Denk- und Argumentationsweisen auseinandersetzen.[2] Allerdings ist es fraglich, ob der Gerichtshof allein in der Lage sein wird die wachsende Regulierung auffangen zu können und die daraus erwachsende Nachfrage nach Rechtsprechung erfüllen zu können. Es erscheint wahrscheinlich, dass in den kommenden Jahren eine Revision des Rechtssprechungssystems der Europäischen Union ansteht.[3] Neben die richterlichen Entscheidungen werden stets mehr Entscheidungen von Schlichtungsstellen, Kommissionen und anderen Instanzen stehen. Es ist ein deutlicher Trend zur Selbstregulierung sichtbar, vor allem für Fragen des Ver-

1 Klauer, *Die Europäisierung des Privatrechts, der EuGH als Zivilrichter*, Baden-Baden 1997, S. 435 und S. 107 ff.

2 Klauer, *Die Europäisierung des Privatrechts, der EuGH als Zivilrichter*, Baden-Baden 1997, S. 435.

3 Siehe dazu auch die Beiträge im Sammelband Furrer (Hrsg.). *Europäisches Privatrecht im wissenschaftlichen Diskurs*. Bern 2006.

braucherrechts. Hier wird in der Zukunft sicher noch viel entwickelt werden könne, was die Richterschaft entlastet und dem Verbraucher sein Recht gibt.

16. Die Entschließungen des europäischen Parlaments

Das europäische Parlament beschäftigte sich in den vergangenen Jahren intensiv mit der Fragestellung, ob es eines europäischen Zivilrechts bedürfe.[1] Zuletzt wurde eine fünfte Entschließung am 23. März 2006 vom Parlament zum europäischen Vertragsrecht veröffentlicht. In dieser Entschließung kritisiert das Parlament die Vorgehensweise der Kommission deutlich. Vor allem das Ziel der Vereinheitlichungsbestrebungen sei nicht deutlich und es sei unerklärlich, warum die Kommission immer wieder bestreite, an einem europäischen Zivilgesetzbuch zu arbeiten, wenn alle derzeitigen Tätigkeiten deutlich in diese Richtung zielen.[2] Auch der von der Kommission neu eingeschlagene Weg, der sich vor allem auf das Verbraucherrecht konzentriert, wird entschieden abgewiesen. Ein europäisches Vertragsrecht solle nach Ansicht des Parlaments auf jeden Fall auch den Bereich *business to business* umfassen und vor allem auch nicht die Klein- und Mittelgrossen Unternehmen vergessen. Energisch wird auch auf die Interaktion des Grundprinzips der Vertragsfreiheit auf der einen Seite und dem Verbraucherschutz auf der anderen Seite hingewiesen.

Unter den materiell-rechtlichen Gesichtspunkten fordert das Parlament die Kommission auf eine eingehende juristische und wirtschaftliche Folgenabschätzung für alle Gesetzgebungsmaßnahmen, die das Zivilrecht betreffen, durchzuführen. Unter Verfahrensfragen wird die Frage nach dem Rechtsinstrument laut, mit welchem das europäische Vertragsrecht geregelt werden soll. Dieser Punkt ist besonders wichtig, da die Kommission hier sich bisher nie deutlich äußern wollte und mit neuen Instrumentsnamen kam, die keiner vertraglich festgelegten Gesetzgebungskompetenz unterliegen und deren rechtlicher Rahmen erst noch geschaffen werden muss.

Bezieht man den Inhalt dieser fünften Entschließung des Europäschen Parlaments nun auf das Kaufrecht, so wird deutlich, dass die verfolgten Ziele des Parlaments in Bezug auf das Vertragsrecht sehr unterschiedlich von jenen der Kommission sind. Die Kommission will derzeit mehr eine Verbesserung des

[1] Am 23. März 2006 wurde die Entschließung des Europäischen Parlaments zum Europäischen Vertragsrecht und zur Überarbeitung des gemeinschaftlichen Besitzstands: weiteres Vorgehen (2005/2022(INI)) P6_TA-PROV(2006)0109 A6-0055/2006 veröffentlicht. Die vorherigen sind zu finden unter: ABl. C 158 vom 26.6.1989, S. 400, ABl. C 205 vom 25.7.1994, S. 518, ABl. C 140 E vom 13.6.2002, S. 538 und ABl. C 76 E vom 25.3.2004, S. 95.

[2] Siehe die Erwägungen A und B der Entschließung.

Verbraucherschutzes und will vor allem für diesen Bereich neue und kohärentere Regelungen, das Parlament dagegen fordert eine umfassende Regelung sowohl für den Verbraucherkauf als auch für den Handelskauf: Gesetzgebungstechnisch zwei völlig verschiedene Ideen, die ziemlich unterschiedlicher Vorgehensweisen bedürfen.

17. Stellungnahme

Die vergangenen Jahrzehnte können nicht auf eine einheitliche Kaufrechtspolitik in Europa zurückschauen. Vielmehr ist das Kaufrecht als ein Experimentierfeld von verschiedenen Gruppierungen auf Kommissionsniveau anzusehen. Auch sind Kommission und Parlament nicht einer Meinung. Immer wieder wurden neue mögliche Regelungsinstrumente bedacht. Neue Begriffe wurden entworfen, um etwas zu benennen, was noch nicht besteht. Die vergangen Jahre zeichnen sich aus durch einen Prozess des Suchens, Diskutierens und Konsultierens. So langsam ist eine Methode der Diskussion entstanden und auch die Dokumente der Kommission werden stets deutlicher. Allerdings ist es auch deutlich zu merken, dass die einst ehrgeizigen Pläne das gesamte Privatrecht zu revidieren fallen gelassen wurden. Dachte man einst noch daran ein Instrument an Stelle des UN-Kaufrechts zu setzen oder dieses komplett einzufügen in das Vertragsrecht, so wurde nun der Bereich des Handelskaufs komplett aus den Harmonisierungsbestrebungen draußen gehalten. Neben das große Projekt ein europäisches Vertragsrecht zu entwerfen, stand auf einmal ein kleineres Projekt, welches sich „nur" mit der Überprüfung des europäischen Verbrauchervertragsrechts beschäftigt. Beide Bereiche wurden auch nicht echt miteinander verbunden, und so liefen auf einmal verschiedene Projekte nebeneinander. Dementsprechend unübersichtlich wurde auch die Projektlage. Während im Rahmen der Arbeiten an einem gemeinsamen Referenzrahmen noch an Lösungen gearbeitet wird, die das gesamte Schuldrecht als auch den Verbraucher und den Handelskauf behandeln, wird an anderer Stelle bereits ein Grünbuch veröffentlich, welches deutlich nur eine Harmonisierung des Verbraucherrechts vor Augen hat. Diese Eingrenzung der Aktivitäten ist eigentlich eine Ressourcenverschwendung. Die ohnehin sehr knappen Mittel, die innerhalb des sechsten Forschungsrahmenprogrammes gewährt wurden, hätten bestimmt besser eingesetzt werden können, wenn die Europäische Kommission ihre Vorgehensweise besser überdacht hätte oder zumindest an ihrem einmal gesetzten Kurs festgehalten hätte.

IV. Rechtsharmonisierungsprojekte in Europa

1. Einführung

Auf akademischer Ebene sind seit Jahren etliche Rechtsharmonisierungsprojekte anzutreffen, die ganz verschiedene Ziele haben. Die Arbeitsgruppen, die derzeit an den verschiedensten Gesetzesvorschlägen arbeiten, verstehen sich als kreative, supranationale Teams. Identifizierte Probleme werden breit diskutiert und systematisch aufgearbeitet. Innerhalb der Teams lernt man voneinander. Einsichten, Erfahrungen, Fragen und Lösungen werden miteinander geteilt. Häufig sind gefundene Lösungen für ein Detailproblem sogar auch noch auf andere Teilbereiche übertragbar. Kleine, bunt gemischte Teams bemühen sich um Ergebnisse in der Form von Grundprinzipien und rechtsvergleichenden Studien. Bei den Mitgliedern der Teams handelt es sich nicht um Festangestellte in großen Forschungszentren. Begeisterung und ein fachliches Interesse verbindet die Mitglieder der Arbeitsgruppen. Neben ihren anderen beruflichen Verpflichtungen und auch aus dem Ruhestand heraus treffen sich die Mitglieder der verschiedenen Arbeitsgruppen. Eine gemeinsame Vision verbindet die Mitglieder der Gruppen; sie wollen gestaltend mitwirken bei der europäischen Integration.

1.1. Eine neue Rechtskultur

Die verschiedenen Gruppen präsentieren einen großen Markt der verschiedensten Talente. Aus vielen Ländern kommen kreative Forscher zusammen. Das globale Netz der Forscher führt zu Produkten, die das Ergebnis internationaler Zusammenarbeit sind. In diesem Ausmaß fand europäische Rechtsvergleichung noch nie statt. Eine neue Rechtskultur entstand dadurch. Barrieren, auch sprachlicher Natur, sind gefallen. In jedem Land gibt es Personengruppen, die sich in das globale Netzwerk der Rechtsentwicklung einklinken. Teamwork ist ein entscheidender Faktor auf dem großen Markt der Rechtsharmonisierung. Probleme und Lösungen können nur in den seltensten Fällen im Vorfeld definiert werden. Durch häufige informelle Gespräche innerhalb der Teams wird die Möglichkeit geschaffen, dass Erkenntnisse und Entdeckungen die bestmögliche Lösung finden und einer schnellen kritischen Bewertung unterzogen werden.
Die Revolution der Information[1] hat Berge von Rohdaten geschaffen. Durch die verschiedenen Teams werden diese Daten nun endlich aufbereitet und zugäng-

[1] Vereinfacht wurde der Informationsfluss erheblich durch das Internet. Grosse Datenmengen finden ihren Weg digital durch die Welt und Ergebnisse können ohne allzu große Kosten im Internet zur Verfügung gestellt werden.

lich.[1] Soziale Werte und ein unterschiedlicher kultureller Hintergrund haben in den verschiedenen Ländern unterschiedliche Rechtsordnungen entstehen lassen, die oft nur bei einer näheren Beschäftigung mit dem jeweiligen Land erklärbar sind. Im Rahmen der wachsenden Europäischen Union, kann man nicht mehr nach getrennten, sondern nur noch nach integrierten Lösungen suchen. Rechtsharmonisierung kann nicht durch Aufzeigen von unterschiedlichen Lösungen der verschiedenen Mitgliedsstaaten der EU und der Wahl der am häufigsten angewandten Lösung betrieben werden. Rechtsharmonisierung durch funktionale Rechtsvergleichung zielt auf effiziente Problemlösungen, ohne einer bestimmten Rechtsdogmatik von vorneherein den Vorzug zu geben. Im Laufe der letzten Jahrzehnte hat sich eine eigene Europäische Rechtskultur entwickelt. Durch diese Entwicklungen wird nun auch der Rechtsvergleichung ein anderer Stellenwert beigemessen. Aus dem Vergleichen wird nun ein Suchen nach integrierten Lösungsansätzen. Der Rechtsvergleichung kommt keine rein deskriptive Position zu, sondern sie dient als Grundlage für ein modernes, zeitgemäßes Recht. Endlich ist Rechtsvergleichung nicht nur eine Anhäufung von Lösungen und Möglichkeiten, sondern auch Kreativität fördernd und Ausblick auf Rechtsharmonisierung gebend.

Bei der rechtsvergleichenden Arbeit stoßen sowohl Arbeitsgruppen als auch einzelne Juristen immer wieder auf *Policy*-Fragen, zu deren Lösung Rechtskenntnisse alleine nicht ausreichen können. Zum Beispiel sind ein verschiedenes Eigentumsverständnis oder eine unterschiedliche Behandlung von Konsumenten nicht nur auf unterschiedliche Rechtssysteme zurückzuführen. Das Entwickeln einer Regelung, die auf solche Fragen Antwort gibt, bedarf sorgfältigerer Untersuchungen und Kommentierungen, als das bloße Darstellen profunder Rechtsfakten. Unsicherheit und Verletzlichkeit sind wichtige Faktoren in der gesamten heutigen Wirtschaft und ihren Rechtsbeziehungen. Soll eine einheitliche Europäische Rechtsharmonisierung auch von allen Mitgliedstaaten der EU und deren Bürgern akzeptiert werden, so ist das behutsame Lösen von *Policy*-Fragen ein wichtiger Schritt innerhalb der Europäischen Integration.

[1] So zum Beispiel das Consumer Law Compendium. Siehe http://ec.europa.eu/consumers/cons_int/safe_shop/acquis/comp_analysis_en.pdf oder die Entwürfe der Study Group on a European Civil Code (www.sgecc.net). Zu denken ist auch an die Database von UNILEX (www.unilex.info).

1.2. Einige ausgewählte Arbeitsgruppen

Im Folgenden sollen nun einige ausgewählte Arbeitsgruppen, die sich im engeren oder weiteren Sinne mit der Kodifizierung des Kaufrechts beschäftigt haben, vorgestellt werden.[1]

a. Commission on European Contract Law

Schon in den 70iger Jahren gab es Menschen mit der Vision eines einheitlichen Europäischen Vertragsrechtes. Zu diesen Menschen gehörte vor allem Ole Lando[2]. In den folgenden Jahren fand sich eine Gruppe Juristen zusammen, die mithalfen, diese Vision in die Wirklichkeit umzusetzen.

In den achtziger Jahren bildete sich rund um den Dänen Ole Lando die *„First Commission“* der *Principles of European Contract Law* (PECL).[3] Juristen aus der derzeitigen Europäischen Gemeinschaft waren Mitlieder dieser Gruppe.[4] Ein bestimmter Themenkatalog des allgemeinen Vertragsrechts stand auf dem Studienprogramm dieser Gruppe. Erfolgreich schloss diese Gruppe ihre Arbeit ab mit der Veröffentlichung der ersten *Principles of European Contract Law*. 1995 erschien in den Niederlanden Teil I der *Principles*.[5] Übersetzungen ins französische und deutsche wurden vorgenommen.[6]

1 Reine Diskussionsforen, wie Secola oder die Rechtsakademie in Trier werden hier nicht näher beschrieben. Dort entstanden sehr wohl interessante Beiträge zur Zukunft des gemeinsamen Kaufrechts, aber die Grundintention dieser Foren ist es nicht, um Grundprinzipien für die Rechtsanwendung zu entwickeln.

2 Lando/Beale. *Principles of European Contract Law,* Den Haag 2000, S. xi.

3 Lando, Principles of European Contract Law, An Alternative or a Precursor of European Legislation, *RabelsZ* 56 (1992) S. 261 ff., Beale, Towards a Law of Contract for Europe: the Work of the Commission on European Contract Law, in Weick (ed.), *National and European Law on the Threshold to the Single Market,* Frankfurt 1993, S. 177 ff.;.Zimmermann, Die „Principles of European Contract Law“, Teile I und II, *ZEuP* 1995, S. 731 ff und 2000, S. 391 ff; Lando, *The Harmonization of European Contract Law through a Restatement of Principles,* Oxford 1997; Lando, The Principles of European Contract Law after the Year 2000, in Werro (ed.), *New Perspectives of a Common Law of Europe*, Fribourg 1999, S. 59-74; Hondius/Nieper and others, Principles of European Contract Law, *NTBR* 2000, S. 428 ff..

4 Eine Übersicht über die Mitglieder der Kommission ist zu finden in Lando/Beale. *Principles of European Contract Law,* Part I and II. Den Haag 2000, S. xii.

5 Lando/Beale. *Principles of European Contract Law,* Dordrecht 1995.

6 Übersetzt und herausgegeben von De Lamberterie, Rouhettes und Tallon; Lando/Beale. *Les principes du droit Européen des contrats*, Paris 1997. *ZEuP,* 1995, S. 864. Jahre später erschienen die *Grundregeln des europäischen Vertragsrechts*, Teile I und II, von Bar/Zimmermann (Hrsg.), München 2002.

Zeitgleich zu dieser Kommission zum Europäischen Vertragsrecht, wurden auch die *Principles of International Commercial Law* (UNIDROIT *Principles* oder PICL) entworfen.[1] Einige Juristen waren Mitglieder beider Arbeitsgruppen. Das führte zu einer besonderen Reflektion der Inhalte der beiden *Principles*. Die UNIDROIT *Principles* legten ihren Focus bewusst, als eine Ergänzung und Erweiterung des UN-Kaufrechts, auf das internationale Handelsrecht. Die *Principles of European Contract Law* wollten dagegen einen anderen Weg gehen und wollten dem europäischen Vertragsrecht eine andere Dimension geben, als bloß das Handelsrecht. Daher wurden die *Principles* auch für die Anwendung im Verbraucherrecht entworfen. Ein damals revolutionärer Gedanke, da gerade in den 80-iger Jahren die ersten Regelungen zum Verbraucherkauf auf europäischer Ebene überhaupt erst erschienen. Die Kommission handelte daher ziemlich vorausschauend und stand immer wieder im Feuer der Kritik.
1992 nahm die zweite Arbeitsgruppe ihre Tätigkeit auf. Während dieser Zeit traten Österreich, Finnland und Schweden der Europäischen Union bei. Das änderte auch die Zusammensetzung der Arbeitsgruppe. [2] Auch diese zweite Arbeitsgruppe beendete ihre Arbeiten mit einer Publikation.[3]
2002 kam es zur Veröffentlichung der Arbeiten der dritten Arbeitsgruppe, mit der die Arbeiten zu den *Principles on European Contract Law* abgeschlossen wurden. Seitdem sind die PECL ein viel besprochenes Instrument in der juristischen Literatur geworden. In ersten Gerichtsentscheidungen kann auf ihre Anwendung zurückgeschaut werden und zahlreiche Studenten haben die PECL in Vorlesungen zum Europäischen Privatrecht kennen gelernt. Einige Ideen in den PECL sind so neu, oder zumindest zum ersten Mal ausformuliert,[4] dass sie bislang noch in keiner nationalen Rechtsordnung wieder zu finden sind. So finden sich Regeln zum digitalen Datenverkehr als auch deutliche Regeln zur Schlechterfüllung, die die Nichterfüllung mit erfassen. Vor allem im Bereich der Leistungsstörung betraten die PECL neues Territorium. Gesetzgeber und internationale Arbeitsgruppen wurden von den PECL inspiriert.

b. Study Group on a European Civil Code (SGECC)

Die *Study Group on a European Civil Code* hat die Nachfolge der *Commission on European Contract Law*, der so genannten Lando-Gruppe, angetreten. Daher

[1] Siehe www.unilex.info.

[2] Eine Übersicht über die Mitglieder der Kommission ist zu finden in Lando/Beale. *Principles of European Contract Law*, Part I and II. Den Haag 2000, S. xii f.

[3] Die PECL, Teil I und II, wurden dann auch ins italienische übersetzt. Siehe *Rivista critica del diritto privato*, anno XVIII-3, Settembre 2000.

[4] Lando, The European Principles in an Integrated World, *ERCL*, 1/2005, S. 5.

ist auch hier wiederum eine Anzahl der Mitglieder identisch. Vielfach wurde bereits über die Zusammensetzung und die Arbeitsweise der *Study Group* berichtet.[1] Diese *Study Group on a European Civil Code* hat etwa 80 Mitglieder aus Wissenschaft, Anwaltschaft und Richterschaft aus mehr als sechsundzwanzig verschiedenen Ländern. Innerhalb dieses Netzwerkes wurden verschiedene Arbeitsgruppen zu unterschiedlichen Themen gebildet. Seit vier Jahren arbeitet die *Study Group on a European Civil Code* an Grundprinzipien, so genannten *Principles*, zum Kaufrecht, Dienstleistungsrecht, Langzeitverträgen, ungerechtfertigter Bereicherung, Schadenersatzrecht, Sicherungsrechten, Geschäftsführung ohne Auftrag und dem Eigentumsübergang. Weitere Arbeitsgruppen kümmern sich um Entwürfe zum Trust, zu Finanzierungsgeschäften und zu Schenkungen. Kleinere Studiengruppen beschäftigen sich mit der Definition eines Verbrauchers und Fragen rund um den elektronischen Handel.

Die *Study Group on a European Civil Code* gründete sich nach einer Konferenz in Scheveningen in den Niederlanden im Jahr 1997.[2] Die Niederlande hatten zu der Zeit den EU-Vorsitz inne und die Tagung stand unter dem Titel „*Towards a European Civil Code*“[3]. Inspiriert von diesem Thema gründete sich in der Folgezeit dann eine Arbeitsgruppe, mit dem Ziel, ein europäisches Zivilgesetzbuch zu entwerfen.[4]

Der Gedanke der Kodifikation eines einheitlichen Europäischen Kaufrechts ist somit nur ein Teilaspekt des groß angelegten Projekts. Der größte Teil des Schuldrechts wurde in kleine Themenbereiche zerlegt und an verschiedene Forschungsteams vergeben. Alle Teams, die quer durch Europa verteilt sind, sind international besetzt. Trotz eines einheitlichen Daches durch die *Study Group on a European Civil Code* gibt es bewusst keine einheitliche Arbeitsmethode. Auf diese Weise können verschiedene Arbeitsmethoden ausprobiert

1 Von Bar, 'Die Study Group on a European Civil Code', in Gottwald/Jayme/Schwab (Hrsg.). *Festschrift für Dieter Henrich*. Bielefeld 2000, S. 1-11; siehe auch von Bar, Konturen des Deliktsrechtskonzeptes der Study Group on a European Civil Code, *ZEuP*, 2001, S. 515 ff.

2 Der Organisator war das niederländische Justizministerium, das damit die Initiative des Europäischen Parlaments aufgreifen wollte, dass seit 1989 wiederholt in Resolutionen die Forderung nach einer gemeineuropäischen Gesetzgebung bekundet hatte.

3 Als Folge dieser Konferenz entstand die 2. Auflage des Buches Hartkamp et. al. (Hrsg.), *Towards a European Civil Code*. Inzwischen wurde dieses Buch ein Klassiker und erschien 2004 bereits in der dritten Auflage.

4 Einige Mitglieder der Study Group on a European Civil Code legten am 21.11.2000 die Grundsätze ihres Projekts vor dem Europäischen Parlament dar. Siehe Schmidt-Kessel, Europäisches Zivilgesetzbuch – Anhörung im Europäischen Parlament, *Ecolex* 2001, S. 245 f.

werden und die einzelnen Gruppen können von den Erfahrungen der anderen lernen. Auch forderten Erfahrungsgrad der Wissenschaftler und besondere Sprachkenntnisse eine eigene Methode und Vorgehensweise.
Inzwischen hat sich die *Study Group on a European Civil Code* bereits einen Namen als Beratungsinstanz gemacht. Auf verschiedenen Ebenen nimmt sie aktiv an den Entwicklungsprozessen teil. So reagierte sie auch auf die Mitteilung der Kommission zum Europäischen Vertragsrecht und veröffentlichte ihre Reaktion später auch an verschiedenen Stellen.[1]
Darüber hinaus nahmen Experten der osteuropäischen Länder als Beobachter bei den Beratungen der Study Group teil. So sind schon seit Jahren Juristen aus Ungarn[2], Polen[3] und Slowenien und seit 2003 auch ein Jurist aus Estland feste Teilnehmer beim Treffen des *Coordinating Commitee der Study Group on a European Civil Code*. All diese Juristen aus den osteuropäischen Ländern sind aktiv an den Kodifizierungsprozessen in ihren Heimatländern beteiligt und geben viele Anregungen und profitieren von den Diskussionen und Ergebnissen der *Study Group*. Aber auch von Seiten der aktiven Mitglieder der *Study Group* gibt es einen aktiven Kenntnisaustausch mit den osteuropäischen nationalen Gesetzgebungskommissionen. Vertreter der *Study Group* sind daher in den verschiedensten Kommissionen als Berater wieder zu finden. Die Beratungstätigkeit umfasst verschiedene Aufgaben. Zum einen können Konzepte erläutert werden, aber auch Probleme, die die *Study Group* über Jahre hinweg beschäftigt haben, können zur Ersparung von Zeitverlust vermittelt und erläutert werden.[4]
Unabhängig vom Beitrittsdatum wurde also schon Kontakt gepflegt mit Juristen aus den verschiedensten Ländern. Auch ein Vertreter aus der Schweiz ist regelmäßig anwesend bei den Treffen der *Study Group*.

c. Die Acquis-Gruppe

Seit 2002 gibt es auf dem großen Markt der Rechtsharmonisierungsgruppierungen eine neue Variante: die *Acquis* Gruppe. Diese Gruppe hat es sich zum Ziel gesetzt *Principles of Existing European Community Private Law* herauszuar-

1 Siehe www.sgecc.net und auch *ERPL*.
2 Lajos Vekas ist der Vertreter für Ungarn. Er unterrichtet an der ELTE in Budapest.
3 Jerzy Raisky, Universität Warschau.
4 Die Vermittlung dieses Wissenstransfers wird durch die verschiedensten Institutionen unterstützt. Für die Niederlande zum Beispiel durch das Center for International Legal Cooperation mit Sitz in Leiden. So beraten Viola Heutger (seit 2005) und Marco Loos (seit 2006) als Mitglieder der Study Group die polnische Zivilgesetzgebungskommission und wurde Aneta Wiewiorowska die Koordinatorin der Beratungsarbeiten (seit 2005).

beiten. Ausgehend vom bestehenden *Acquis Communautaire*, also dem bestehenden Gemeinschaftsrecht, versucht die Gruppe gemeinsame Elemente und Strukturen herauszuarbeiten. Anhand dieser Konturen werden dann gemeineuropäische Grundsätze herausgearbeitet. Diese Grundsätze, *Principles*, sollen die gemeinsamen europäischen Grundkonzepte widerspiegeln. Ausgangspunkt der Arbeiten der Gruppe soll das Gemeinschaftsrecht sein und keineswegs die verschiedenen nationalen Rechtssysteme der Mitgliedstaaten. Die überwiegende Arbeitssprache dieser Gruppe ist englisch. Die Arbeitsgruppe füllt eine Lücke innerhalb der Regeln entwerfenden Arbeitsgruppen, da sie sich wirklich auf die reinen EG-Materialien stützt.

d. *Accademia dei Giusprivatisti Europei*

Inspiriert von der Idee eines nationalstaatlichen Zivilgesetzbuches, welches als Grundlage für ganz Europa dient, ist die 'Gandolfi-Gruppe'. Diese Gruppe wird auch *Accademia dei Giusprivatisti Europei* genannt, und ist in Italien angesiedelt, aber arbeitet vorwiegend französisch sowie auch in anderen Sprachen. Giuseppe Gandolfi ist der Leiter der Pavia Gruppe. Ausgehend vom italienischen Zivilgesetzbuch und dem MacGregor Code[1] wurde ein europäisches Vertragsgesetzbuch entworfen. Der Allgemeine Teil wurde im Jahr 2001 veröffentlicht.[2] Diese Arbeitsgruppe baut ganz auf einem *Old-Boys-Network* auf und ist mit hochrangigen europäischen und außereuropäischen Juristen besetzt, die auch fast alle über eine profunde römischrechtliche Ausbildung verfügen. Der Ansatz ist aus dem Blick in die Geschichte erklärlich. Vor hundert Jahre wurde einer Kodifikation eine identitätsgebende Kraft zugeschrieben. Daher ist die Idee, auch Europa mit einem Zivilgesetzbuch zu beschenken, sehr legitim. Allerdings ist es fraglich, ob wirklich ein europäischer Konsens getroffen wird, wenn nur jeweils eine *Civil-* und eine *Common Law* Kodifikation, oder eben ein Entwurf der *Law Commission*, als Ansatzpunkt dient. Bei dieser Arbeit blieben Bereiche, wie das europäische Richtlinienrecht unbeachtet, ebenso wie auch das UN-Kaufrecht. Zwar waren bei einigen der Sitzungen auch UN-Kaufrechtler, wie Peter Schlechtriem anwesend, da aber kein Protokoll über die Arbeiten der Gruppe aus Pavia zugänglich ist, wurde diese Kenntnisse nicht systematisch in

1 Das war ein Entwurf für die englische Law Commission, der jedoch nie in Kraft getreten ist.

2 *Code européen des contrats/Avant-projet*, Livre premier, Milano 2001. Der Text dieses europäischen Vertragsgesetzbuches (Allgemeiner Teil) ist sowohl auf französisch, auf englisch, auf italienisch, auf spranisch und auf deutsch veröffentlicht worden. Das besondere Vertragsrecht erschien 2006 und ein Vorentwurf wurde im Mai 2006 in Wien im Justizministerium vorgestellt.

die Entwürfe aufgenommen. Ein großer Vorteil der Arbeitsweise dieser Gruppe ist die Tatsache, dass sie nicht so auf das Englische als alleinige Arbeitssprache fixiert ist. Wissenschaftler sind bewusst eingeladen, sich in den verschiedenen europäischen Sprachen auszudrücken. Die Zulassung verschiedener Sprachen spiegelt auch mehr die dogmatischen Hintergründe der einzelnen nationalen Jurisdiktionen wieder, da jede Sprache immer auch über eine eigene Rechtssprache verfügt. Allerdings kann diese Tatsache auch an dem Leiter der Arbeitsgruppe, Giuseppe Gandolfi liegen, der sich eher in der romanischen Welt zu Hause fühlt und daher Englisch nicht als Arbeitssprache wählte. Ebenso ergeht es bestimmt auch einigen seiner eher betagten Kollegen, die noch in einer anderen fremdsprachlichen Welt als die jüngeren Generationen zu Hause sind. War es früher ein Muss zumindest eine Fremdsprache auf einem wirklich hohen Niveau zu erlernen, so geht doch heute der Trend mehr zu einer Lesefähigkeit von so viel Sprachen wie möglich und einer allgemeinen Konversationsfähigkeit auf Englisch.
Aus dem veröffentlichten Entwurf ist auch deutlich zu erkennen, dass Prof. Gandolfi sich von der deutschen Schuldrechtsmodernisierungsreform stark beeinflussen ließ. So ist zum Beispiel der Verzug mit Nachfristsetzung übernommen worden, eine Lösung, die bestimmt nicht zu funktionalsten Europas zählen kann. Die Lösung ist sehr formgebunden und schafft nicht schnell eine deutliche Rechtslage.

1.3. Vergleich der Arbeitsweisen

Der Vergleich zwischen den Arbeitsweisen und Zielen der verschiedenen Arbeitsgruppen lässt Vor- und Nachteile eines jeden Ansatzes deutlich werden. Meiner Ansicht nach, bringt die Arbeitsmethode, die den *acquis* als Richtschnur sieht, aber dennoch auf die Erfahrungen der einzelnen Nationalstaaten blickt und offen ist für kreative neue Lösungen sowie internationale Lösungsmodelle am meisten Rechtsgewinn. Ein reiner *acquis* Ansatz ist nicht genügend in die Zukunft schauend und ein rein nationalstaatlicher Ansatz ist von vornherein verfehlt, weil er nicht unbeschwert offen genug für eine völlig neue Lösung ist. Der methodische Ansatz der Acquis Gruppe hat den großen Nachteil, dass er eigentlich immer nur auf schon abgeschlossene Handlungen zurückschauen kann, da nur diese als acquis angesehen werden können. Es ist also mehr eine Fehler- und Erfolgsanalyse als eine moderne richtungweisende Arbeit. Außerdem gibt es auch internationale Übereinkommen, die von beinahe allen europäischen Ländern unterzeichnet wurden. Wie verhält es sich mit diesen? Sind sie bereits acquis? Wohl nicht, wenn nicht alle EU-Mitgliedstaaten diese unterzeichnet haben. Im Bereich des europäischen Vertragsrechts muss sich

diese Frage vor allem für das UN-Kaufrecht stellen, welches sogar als Vorbild für die Richtlinie zu den Verbraucherkäufen gedient hat. Will die Gruppe ihrem eigenen Ansatz gegenüber konsequent sein, so darf das UN-Kaufrecht dennoch nicht mit in die Arbeiten einbezogen werden, da Irland, Portugal, und das Vereinigte Königreich nicht beigetreten sind und von den neuen Mitgliedstaaten auch Malta dieses Internationale Übereinkommen nicht unterzeichnet hat.
Eine weitere Undeutlichkeit besteht hinsichtlich der Implementierung der einzelnen Richtlinien in die jeweiligen nationalen Rechtsordnungen. Nach gängiger Meinung sind auch Implementierung und Rechtsanwendung Bestandteile des acquis. Bezüglich dieser Materien lag lange Zeit keine klare Stellungnahme der Acquis Gruppe vor.
Undeutlich blieb auch zu Beginn, wie das Ergebnis dieser Arbeitsgruppe aussehen soll. Werden es Grundprinzipien werden, die die Minimalstandards der einzelnen europäischen Gesetzgebungsmaßnahmen darstellen. Oder werden die maximalen Regelungen als Vorlage genommen, auch wenn sie nicht in allen europäischen Dokumenten wieder zu finden sind, da es sich um eine sektorspezifische Regelung handelt. Man könnte auch eine Checkliste als Ergebnis der Arbeiten dieser Arbeitsgruppe erwarten. Anstelle von normativer Kraft stünde den Vertragsparteien dann ein Katalog zur Verfügung, der hilft die Standards der EU auch im eigenen Vertrag zu reflektieren. Das Kompendium zum Verbraucherrecht, welches die Acquis Gruppe Ende des Jahres 2006 veröffentlichte ist eine Zusammenfassung der Umsetzungsarbeiten in Bezug auf die wichtigsten verbraucherschutzorientierten Richtlinien.
Allerdings hört sich das ganze Projekt sehr kommissionshörig an. Es ist in dieser Methode kein Raum für innovative Ideen, es ist ein reines Wiedergeben von Fakten, die als gegeben angesehen werden, ohne eine Möglichkeit zur gestalterischen Einflussnahme.
Darüber hinaus ist es bisher noch nicht deutlich geworden, ob die Arbeitsgruppe auch den Entwicklungen auf konstitutioneller Ebene innerhalb Europas Beachtung schenkt und auch aus diesen Entwicklungen Principles entwickeln will. Da die Acquis Gruppe sicher den Entscheidungen des Europäischen Gerichtshofes Beachtung schenken muss, sind hoffentlich Erkenntnisse zu erwarten, die bei der Interpretation des Richtlinienrechts helfen werden.
Wiederholt wurde lautstarke Kritik, vor allem von französischer Seite an der Vorgehensweise der Study Group geäußert. Die fehlende Legitimität stand meist im Vordergrund. Keine staatliche oder europäische Regierung, noch nicht einmal eine Institution würden hinter dem Entwurf stehen, und die Arbeiten der Study Group seien eine reine Anmaßung. Christian von Bar, der *chairman* der Study Group, wird als Diktator dargestellt und es scheint so, als schwebe ein zukünftiges Zivilgesetzbuch, wie ein Damoklesschwert in Luft. Dabei sagt

schon der Name Study Group, dass es sich einzig um eine Gruppe handelt, die es sich gerade zum Ziel genommen hat, ein eventuelles europäisches Zivilgesetz gründlich zu untersuchen und zu entwerfen. Die Study Group wählte diesen Titel extra um einen nicht abgeschlossenen Prozess zu bezeichnen. Eine Namensgebung wie *Drafting Group of a European Civil Code* wurde bewusst nicht gewählt, da solch ein Titel ein Programm enthält, welchem die Gruppe in keiner Weise entsprechen wollte.

Ziel der Study Group war es einen Gesetzesentwurf zu erstellen, der dann in aller Ruhe diskutiert und konsultiert werden sollte. Aber selbst der Gesetzesentwurf war nur ein Fernziel, zunächst wurde die Arbeitsweise der Lando-Gruppe übernommen und der Schwerpunkt der Arbeiten lag deutlich im Entwerfen von Principles, Grundsätzen, die in einzelnen sektorspezifischen Bereichen als soft law erprobt werden könnten.

Unlegitim ist diese Arbeit in keinster Weise. Niemand machte der Lando Gruppe solch einen Vorwurf, ebenso wenig machte niemand der Arbeitsgruppe zu den *UNIDROIT Principles* solche Vorwürfe. Es wurden höchstens Stimmen laut, ob die Arbeiten überhaupt notwendig seien. Es ist daher völlig überzogen, von einer fehlenden Legitimität und einer undemokratischen Vorgehensweise der Study Group on a European Civil Code zu sprechen. Die Gruppe startete zunächst als rein akademisches Projekt, ohne Unterstützung durch europäische Gelder. Erster Hauptsponsor war die Deutsche Forschungsgemeinschaft, die Weltruhm hat, für die Förderung von viel versprechenden Forschungsprojekten. Nach und nach zogen andere nationale Stiftungen nach. So konnte sich 1999 eine große Arbeitsgruppe in den Niederlanden gründen, welche durch die *Nederlandse Wetenschapelijke Organisatie* unterstützt wurde. Später finanzierte die Onassis-Stiftung noch einen weiteren Doktorandenplatz für einen Griechen zur Teilnahme am niederländischen Projekt. Der österreichische Wissenschaftförderungsfonds ermöglichte die Arbeiten zur Eigentumsübertragung in Salzburg und auch die Vlaamse Forschungsgemeinschaft förderte die Gesamtarbeiten. Von Geld aus Brüssel war zu Beginn nie die Rede und darauf wurde auch lange bewusst, um die wissenschaftliche Freiheit und Unabhängigkeit nicht zu gefährden, verzichtet. Wissenschaft, ungehindert von politischen Überlegungen auf Europaniveau, sollte in einer demokratischen Arbeitsweise, unter der Einbindung vor allem vieler Nachwuchswissenschaftler betrieben werden.

Im Laufe der Jahre wurden das Europäische Parlament und die Europäische Kommission aufmerksam auf dieses Projekt. Durch eine Vielzahl von Richtlinien als auch durch Initiativen wie jene der Study Group on a European Civil Code wurde dem europäischen Vertragsrecht stets mehr Aufmerksamkeit geschenkt. Ein Prozess kam ins Rollen und so kam es auch zur Ausschreibung eines Forschungsauftrags im Rahmen des 6. Forschungsrahmenprogramms. Als ausgewählte Arbeitsgruppe wurde so aus einem rein akademischen Forschungsprojekt ein offizielles Projekt. Im Rahmen dessen ein Entwurf eines europäischen gemeinsamen Referenzrahmens ausgearbeitet wurde.

2. Der SGECC-Modellentwurf zum Europäischen Kaufrecht

Das Kaufrecht nimmt im akademischen Vorentwurf für einen gemeinsamen Referenzrahmen einen zentralen Platz ein. Mit der Ausarbeitung des Kaufrechtsentwurfes wurde die Utrechter Arbeitsgruppe zum Kaufrecht der *Study Group on a European Civil Code*. Daher sollen hier nun die Erfahrungen dieser Arbeitsgruppe in Utrecht wiedergegeben werden.
Es sollen hier die Ansätze des Utrechter Arbeitsteams dargestellt werden sowie deren Erfahrungen im Umgang mit der Richtlinie zum Verbraucherkauf und dem UN-Kaufrecht. Die Einführung in die Arbeit dieser Arbeitsgruppe kann und will nicht mehr als ein Streifzug durch die siebenjährige Entwicklungsgeschichte sein. Die Ergebnisse der Arbeitsgruppe sind bereits seit 2001 im Internet zugänglich sowie auch durch eine Publikation.[1]
Die Arbeiten an einem europäischen Kaufrecht waren nur ein kleiner Teil des europaweiten Netzwerkes, welches sich mit dem europäischen Vertragsrecht beschäftigte.[2]
Innerhalb verschiedener Gruppen, die zum besonderen Teil des Schuldrechts arbeiten, beschäftigte sich in Utrecht eine international zusammengesetzte Arbeitsgruppe seit 1999 mit dem Kaufvertragsrecht.[3] Diese Gruppe war eingebettet in ein niederländisches Team, das an einzelnen besonderen Verträgen arbeitete: neben Utrecht gab es noch Arbeitsgruppen in Amsterdam[4] und Tilburg[1]. In

[1] Siehe www.sgecc.net und das Buch *Principles of European Law. Sales Contract.* Bearbeitet von Ewoud Hondius, Viola Heutger, Christoph Jeloschek, Hanna Sivesand und Aneta Wiewiorowska, Herausgeber: Study Group on a European Civil Code, München 2007.

[2] Eine knappe Beschreibung dieser Arbeiten sind auch zu finden bei Zerres, *Die Bedeutung der Verbrauchsgüterkaufrichtlinie für die Europäisierung des Vertragsrechts,* München 2007, S. 463-467.

[3] Leitung Prof. Ewoud Hondius, Team-Manager Dr. Viola Heutger, Länderreporter: Georgios Arnokouros (bis August 2003, Griechenland), Dr. John Dickie (bis Oktober 2002, England), Dr. Christoph Jeloschek (Österreich), Dr. Hanna Sivesand (skandinavische Länder), Aneta Wiewiorowska (Polen), außerdem erhielt die Arbeitsgruppe Unterstützung von Dr. Elena Ioriatti und Dr. Mario Varvaro (Italien) und Dr. Giuseppe Donatiello (Schweiz). Die niederländische wissenschaftliche Organisation (NWO) und die Onassis-Stiftung unterstützen dieses Projekt für die Dauer von vier Jahren.

[4] Leitung Prof. Martijn Hesselink.

Amsterdam beschäftigte sich eine Arbeitsgruppe mit langfristigen Verträgen[2] und in Tilburg wurde an einem neuen Konzept von Dienstleistungsverträgen gearbeitet. Die drei niederländischen Gruppen unterstützten sich gegenseitig bei der Arbeit und repräsentierten zusammen durch die unterschiedliche Herkunft ihrer Mitglieder 11 verschiedene europäische Länder.

Zum Kaufvertragsrecht arbeitete die Utrechter Arbeitsgruppe in Abstimmung mit ihrem *Advisory Council*[3] ein Konzept aus, dessen Struktur die Zustimmung des Entscheidungsgremiums der *Study Group*, dem sogenannten *Co-ordinating Committee*, gefunden hat. Die hier vorgestellten Strukturen und Artikel wurden von dem *Co-ordinating Committee* diskutiert und gut geheißen. Stil und Kohärenz wurden auch noch von einem *Drafting Committee* geprüft.

Im Frühjahr 2006 wurden die Artikel bei zwei Stakeholder-Workshops in Brüssel bei der Europäischen Kommission von Vertretern aus den Bereichen Verbraucherschutz, Industrie, Wissenschaft und Anwaltspraxis geprüft und modifiziert.

Im Laufe der Jahre von 1999 bis 2006 entstand so der endgültige Artikeltext. Dieser Text wurde im Laufe der Jahre von etwa 150 Juristen aus etwa 26 europäischen Staaten diskutiert. Außerdem erhielt die Utrechter Arbeitsgruppe, außerhalb der bereits genannten Kommissionen, auch noch von etwa 30 weiteren Juristen aus der ganzen Welt Reaktionen. Das Ergebnis ist also ein jahrelang durchdachter Text, der so manche *Policy*- Entscheidung mitgemacht hat und im Lichte von den verschiedensten nationalen und internationalen Kaufrechtsregelungen diskutiert worden ist.

Auch hat dieser Entwurf dem ständigen Spannungsfeld von Verbraucherschutz auf der einen Seite und den Anforderungen der Wirtschaft und dem grenzüberschreitenden Verkehr auf der anderen Seite standgehalten.

Der vollständigen Artikeltext[4] ist im Internet auf der Homepage der *Study Group on a European Civil Code* zu finden und in der Veröffentlichung bei Sellier European Law Publishers.[5] Die Veröffentlichung bei Sellier umfasst

---

[1] Leitung Prof. Maurits Barendrecht. Die Arbeitsgruppe erstellt Entwürfe für Grundprinzipien über Design, Informations- und Beratungsdienstleistungen, Konstruktionsverträge, medizinische Behandlungsverträge und weiter Dienstleistungen.

[2] Unter anderem liegt bereits ein Entwurf zum Franchising und Kommissionärsvertrag vor.

[3] Mitglieder sind die Professoren Johnny Herre (Stockholm), Ewan McKendrick (Oxford), Jerome Huet (Paris) und Peter Schlechtriem (Freiburg).

[4] Der deutsche Artikeltext ist im Annex III am Ende des Buches zu finden.

[5] www.sgecc.net. *Principles of European Law. Sales Contract.* Bearbeitet von Ewoud Hondius, Viola Heutger, Christoph Jeloschek, Hanna Sivesand und Aneta Wiewiorowska, Herausgeber: Study Group on a European Civil Code.

neben dem Artikeltext auch Übersetzungen in verschiedene europäische Sprachen. Der Artikeltext wird begleitet von einer Kommentierung. Alle Artikel sind versehen von rechtsvergleichenden Studien. Eine Einleitung bietet Informationen zur Entwicklungsgeschichte des Gesamtwerkes sowie zu den genommenen *Policy*-Entscheidungen. Eine leicht modifizierte Version des Textes, die mehr an den Bedürfnissen des Verbraucherkaufs innerhalb des Binnenmarktes ausgerichtet ist, wird als Entwurf zu einem gemeinsamen Referenzrahmen im Rahmen der Arbeiten innerhalb des 6. Forschungsrahmenprogramms veröffentlicht werden.
Die Ergebnisse der Utrechter Arbeitsgruppe zum Kaufrecht werden also sowohl als akademische Forschungsergebnisse, und als Angebot an interessierte Parteien als Vertragsgrundlage als auch als Inspiration für die weiteren Schritte der europäischen Kommission in Europa in den kommenden Jahre dienen.

2.1. Rechtsvergleichende Grundlage und Methode

Als die Utrechter Arbeitsgruppe im Jahr 1999 mit der Arbeit an einem europäischen Kaufrecht begann, war eine der dringendsten Fragen mit welcher Methode das geschehen sollte, in welcher Sprache gearbeitet werden sollte und auf welches Material die Arbeit gebaut werden sollte.
In den vergangenen Jahren erschienen zu vielen Teilaspekten des europäischen und internationalen Kaufvertragsrechts Monographien, allerdings liegt bislang keine rechtsvergleichende komplette Bestandaufnahme vor. Eine systematische Sammlung der europäischen Gesetzeslage sowie der schon vorhandenen internationalen Übereinkommen sowie Gewohnheiten war daher nötig. Schnell füllten sich Dateien mit Daten und Räume mit Büchern und Kopien. Unzählige, lange Literaturlisten wurden erstellt. Die Materialfülle war nur schwer zu bewältigen und zu sichten.
Die gesamte Kaufrechtsmaterie wurde daher in viele Untergruppen: wie z.B. Allgemeine Regeln, Pflichten des Verkäufers und des Käufers, Risikoübergang, Garantien, Gewährleistungsfragen, und weitere Teilaspekte zerlegt. Jedes Teammitglied der Utrechter Arbeitsgruppe bearbeitet einzelne dieser Untergruppen.
Das fing an mit einer Übersicht der vorhandenen Literatur zu dem jeweiligen Gebiet, einer Problemanalyse auf der Grundlage der jeweiligen eigenen nationalen Gesetzesgrundlage und einem Blick auf die Regelung des jeweiligen Bereichs innerhalb des niederländischen Rechts mit seiner modernen Lösung von 1992. Auf der Grundlage dieser Vorgaben wurden dann gemeinschaftlich *Questionnaires* von der Arbeitsgruppe ausgearbeitet, deren Entwurf in den Händen des thematisch dazu passenden Bearbeiters lagen. Die Mitarbeiter der Arbeitsgruppen in Utrecht, Tilburg und Amsterdam füllten die *Questionnaires*

gemäß ihrer jeweiligen Rechtsgrundlage aus und darüber hinaus wurden auch noch befreundete Juristen in Ländern gefragt, deren Nationalität nicht innerhalb der niederländischen Arbeitsgruppen vertreten war.
Auf der Grundlage dieser *Questionnaires* und den daraus resultierenden Länderberichten aus fast allen europäischen Ländern wurde durch Mitarbeiter der Utrechter Arbeitsgruppe eine Übersicht über die damalige Rechtslage in den einzelnen Ländern zusammengetragen. Besonders beachtet wurde die Umsetzung, beziehungsweise die Umsetzungsvorhaben, der EU-Richtlinie zum Verbraucherkauf 1999/44/EG in die jeweiligen nationalen Rechtsordnungen. Diese Ergebnisse wurden wiederum mit dem UN-Kaufrecht verglichen. Auf dieser Basis von *acquis communautaire*, den *Principles of European Contract Law*, dem UN-Kaufrecht (Übereinkommen der Vereinten Nationen über Verträge über den internationalen Warenkauf von 11. April 1980, allgemein bekannt als CISG) und den nationalen Berichten wurde ein Kaufrechtsentwurf ausgearbeitet.
Jedes Arbeitsgruppenmitglied entwarf ein oder zwei Kapitel zu seinem Schwerpunktbereich. Dieser Entwurf wurde zunächst intern diskutiert, dann innerhalb des niederländischen Netzwerkes und anschließend von den Beratern des *Advisory Councils* durchgesehen und mit ihnen diskutiert, worauf meistens noch einmal Veränderungen vorgenommen wurden. Die einzelnen Kapitel wurden im Laufe der Zeit zu einem Gesamtentwurf zusammengesetzt und wiederholt wurde ihre Struktur angepasst.
Ziel der Arbeitsgruppe war es, ein Modellgesetz zur Anwendung im europäischen Binnenmarkt vorzulegen, das auch Kaufrechtsbereiche behandelt, in denen derzeit in vielen Mitgliedsstaaten noch kaum nationale Gesetzgebung außerhalb des Minimalstandards des Richtlinienrechts besteht, wie z.B. für Produktgarantien. Außerdem war es eine Grundentscheidung der Arbeitsgruppe, Verbraucherrecht und Handelsrecht in einem gemeinsamen Gesetz zu regeln. Grund dazu war die Annahme, dass ein integratives Gesetz auch für einen Juristen aus dem Ausland, der beratend bei grenzüberschreitenden Transaktionen tätig ist, besser zugänglich ist als eine Regelung, die in verschiedenen Kodifikationen zurechtgesucht werden muss. Auf eine Trennung von Handelsrecht und Verbraucherrecht wurde also bewusst verzichtet.
Das rechtsvergleichende Material, welches bei den Vorarbeiten zu Rate gezogen wurde, machte schnell deutlich, dass derzeit nicht in allen Bereichen von einem gemeinsamen europäischen Standard gesprochen werden kann oder, dass es keine optimale Lösung gibt.
In einem Verbund verschiedener Staaten und Rechtstraditionen und unterschiedlichen politischen Meinungsumfeldern wird man nicht immer deutlich sagen können, was nun wirklich europäischer Standard sein sollte.

Viele Vorbilder könnten hier angeführt werden. Bei den Arbeiten zum Kaufrecht der Study Group on a European Civil Code war es wiederholt ein Diskussionsthema, ob man eine Währungsklausel aufnehmen sollte. Die europäisch orientierten PECL verfügen über keine solche Klausel, die international orientierten UNIDROIT Prinzipien dagegen sehr wohl. Nun wurde in den Diskussionen immer wieder angeführt, dass man im Zweifel den Euro als Währung verwenden könnte. Auf diese Argumentation hin wurden vor allem aus dem Vereinigten Königreich Stimmen laut, die sagten, dass der Vertrag nichtig sei, wenn man sich auf keine Währung geeinigt habe, da dann eine Willensübereinstimmung über den Preis fehlen würde. Weder stillschweigende Annahme des Euro als auch die Theorie der Nichtigkeit trafen aber auf ausreichenden Konsens. Daher wurde die Regelung der UNIDROIT Prinzipien über einer Bestimmung der Währung an Hand des ausgemachten Zahlungsortes wiederholt in den Kaufrechtsentwurf herein- und herausmontiert, bis man sich zum Ende einigte, die Regel, die den Zweifelsfall klärt im Artikeltext des Entwurfes stehen zu lassen. Daher findet sich nun in dem Entwurf der Arbeitsgruppe zum Kaufrecht eine Regelung (Art. 3:103), die als Währung die entsprechende Währung des Zahlungsortes vorsieht.

Noch komplizierter war die Wahl einer Hierarchie für Rechtsmittel im Falle einer Vertragswidrigkeit. Unzählige kleine Nuancen und auch komplett verschiedene Grundsatzentscheidungen mussten miteinander verglichen, auf einander abgestimmt und diskutiert werden. Der Gedanke an unterschiedliche Rechten und Pflichten für Verbraucher und Kaufleute erschwerten die Entscheidungsfindung auch noch. Die eingeführte Hierarchie im Kaufrechtsentwurf ist das Ergebnis eines jahrelangen europäischen Dialoges.[1]

Allerdings setzt diese Regelung keinen immerwährenden Standard, was nun als europäische Lösung anzusehen sein solle. Ein gemeineuropäisches Privatrecht wird immer eine Suche nach der besten Lösung sein, ständig in Entwicklung und gewiss kaum für ewig.

2.2. Anwenderfreundlichkeit

Das zu schaffende Werk soll trotz seiner Komplexität anwenderfreundlich sein und sich für alle Arten von Käufern und Verkäufern eigenen, unabhängig davon, ob diese nun Verbraucher oder Kaufleute sind. Diese Grundsatzentscheidung ist in gewisser Weise eine Neuerung auf europäischer Ebene und wurde stark inspiriert durch das niederländische Zivilgesetzbuch von 1992. Die Entscheidung wurde im Laufe der Arbeiten wiederholt angegriffen und nachdem die

[1] Siehe dazu das Buch von Hanna Sivesand, *The buyer's remedies for non-conforming goods: should there be free choice or are restrictions necessary?* München 2005.

Europäische Kommission sich auch an den Arbeiten zum Kaufrecht der Utrechter Arbeitsgruppe zu interessieren begann, wurden die Stimmen, die nach einem reinen Verbraucherrecht verlangten immer lauter hörbar. Dennoch wurde nie von der einmal genommenen Grundsatzentscheidung abgewichen. Die Vorteile einer gemeinsamen Regelung aller Bereiche des Kaufrechts waren in den Augen der Arbeitsgruppenmitglieder zu groß.
Der Entwurf eines einheitlichen europäischen Kaufrechts wurde in erster Linie vom Gedanken der Funktionalität geleitet. Es sollte keinem nationalen Recht eine Vorliebe gelten. Vielmehr sollte ausgewogen und durch ein Gremium von Juristen aus so viel möglichen europäischen Ländern eine Lösung gewählt werden, die repräsentativ für eine praktikable europäische Anwendung ist. Wenn durch die Anwendung in einer Vielzahl von internationalen Verträgen einiges für das UN-Kaufrecht spricht, so muss doch sorgfältig abgewogen werden, wo es europäischen Notwendigkeiten entspricht. Direkt für die Anwendung in Europa sind die EU-Richtlinien entworfen worden. Sie regeln aber zum Teil sehr spezielle Teilaspekte und müssen daher durch ein allgemeines Vertragsrecht ergänzt werden.
Viele nationale Rechtsordnungen arbeiten noch mit getrennten Kodifikationen zum Verbraucherrecht, zum Handelsrecht und zum bürgerlichen Recht nebeneinander. Italien führte sogar zu Beginn des 21. Jahrhunderts noch ein neues Verbraucherschutzrecht ein. Welche Lösung also innerhalb Europas als die beste anzusehen ist, lässt sich so einfach nicht sagen. Gesetzgebungstechnisch gesehen ist der Weg der *Study Group* auf jeden Fall nicht der einfachste. Allerdings ist er für ausländische Juristen gut zugänglich.

2.3. Konsumentenrecht vs. Zivilrecht vs. Handelsrecht

Immer noch nicht einheitlich gelöst innerhalb Europas ist das Miteinander von Handelsrecht, Zivilrecht und Konsumentenrecht. Einige Kodifikationen halten die Trennung strikt ein. Andere wie die deutsche in den vergangenen Jahren fügen Konsumentenregeln in ihre Kodifikation ein, nachdem sie zunächst dafür eigene Gesetze vorgesehen hatten. In der moderneren niederländischen Zivilgesetzgebung besteht keine Trennung mehr zwischen Konsumentenrecht und Zivilrecht. Diese Trennung scheint als überholt. Allerdings nahm Italien in den letzten Jahren die Initiative zur Einführung eines Verbraucherschutzgesetzes neben dem *Codice Civile*. Österreich hat neben seinem Zivilgesetzbuch sowohl ein Handelsgesetzbuch als auch ein Konsumentenschutzgesetz.
Welche Lösung die beste ist, lässt sich nicht entscheiden. Daher war die Wahl, welcher Weg beschritten werden sollte, auch eine der mühevollsten Entschlüsse

der Arbeitsgruppe zu Beginn ihrer Tätigkeit. Man entschloss sich für einen integrierten Ansatz, der alle Arten des Kaufs umfasste.

2.4. Die Richtlinie und das UN-Kaufrecht

Die Richtlinie zum Verbraucherkauf 1999/44/EG und das UN-Kaufrecht sind auf einen speziellen Empfänger ausgerichtet und regeln daher die Materie des Kaufrechts nur lückenhaft. Die EU-Richtlinie zum Verbraucherkauf schenkt den Handelsgeschäften keine Beachtung und das UN-Kaufrecht bedenkt den Konsumentenkauf und den besonderen Konsumentenschutz bewusst nicht. Ebenso wenig Beachtung wird auch dem Verkauf zwischen zwei Personen, die nicht in Ausübung ihres Berufs handeln, geschenkt. Das UN-Kaufrecht regelt nur den Internationalen Verkehr und ist nicht auf europäische Bedürfnisse zugeschnitten. Die Richtlinie zum Verbraucherschutz war in vielen Bereichen ein Kompromiss. Darüber hinaus sind in der vorhandenen Richtlinie und dem internationalen Übereinkommen Lücken vorhanden, die diese Rechtsetzungen als unzureichend für den Europäischen Markt erscheinen lassen. Beide Werke ergänzen sich in keiner Weise. Jedes einzelne bietet aber wertvolle, erhaltenswerte Substanz für die Bestrebungen einer kommenden gemeineuropäischen Rechtsetzung.

Da das UN-Kaufrecht bereits erfolgreich im internationalen Verkehr erprobt wurde und sich in vielen Bereichen bewährt hat, wählte die Utrechter Arbeitsgruppe es in einigen Strukturentscheidungen als Modell. So sind bestimmte Artikel der einzelnen Sektionen eng an den Wortlaut des UN-Kaufrechts angelehnt. Wo es aber aus der Sicht der Gruppe nötig erschien, wurde bewusst vom UN-Kaufrecht abgewichen und eine praktikable Lösung für den europäischen Markt gesucht. Unter Beachtung der ständig wachsenden Rechtsprechung zum UN-Kaufrecht[1] wurden die Regelungen des UN-Kaufrechts keineswegs kopiert, sondern in einem europäischen Kontext neu beleuchtet und, wenn nötig, ergänzt und erweitert.

Probleme und Schwachstellen der Richtlinie 1999/44/EG des europäischen Parlaments und des Rates vom 25. Mai 1999 zu bestimmten Aspekten des Verbrauchsgüterkaufs und der Garantien für Verbrauchsgüter wurden sowohl in die Entwürfe der Artikel, wie auch in die Kommentierungen aufgenommen. Vor allem die genaue Betrachtung der Richtlinie soll einen Beitrag liefern zur Entwicklung einer gemeineuropäischen Privatrechtsdogmatik, die ihren Ausgangs-

[1] Informativ dazu die Database zum UN-Kaufrecht, www.unilex.info. Neben Literaturhinweisen zum UN-Kaufrecht und den UNIDROIT-Principles sind dort vor allem Gerichts- und Schiedsgerichtsentscheidungen sowie die offizielle Kommentierung der UNIDROIT-Principles zu finden.

punkt im *acquis communautaire* hat. Die Inhalte der Richtlinie wurden im Ganzen für den Konsumentenkauf als maßgeblich angesehen und übernommen, zum Teil aber erweitert oder modifiziert.

Die Arbeitsgruppe versucht eine Balance zwischen den zwei Polen zu finden, die das Spektrum des Kaufrechts umfassen, dem UN-Kaufrecht zum einen und der Konsumentenschutzrichtlinie zum anderen. Darüber hinaus bieten die neuen europäischen Grundprinzipien die Möglichkeit, den Schutz des Verbrauchers noch deutlicher herauszuarbeiten und in die Beziehung von Käufer und Verkäufer einzubringen.

Würde man nun das UN-Kaufrecht und die Richtlinie zum Verbraucherkauf wie eine Schablone auf den Entwurf der Utrechter Arbeitsgruppe gelegt werden, so wäre festzustellen, wie bereits angedeutet, dass eben nicht alle Regelungen der beiden Instrumente im europäischen Kaufrechtsentwurf zurückzufinden sind. So finden sich keine Regelungen zu z. B. Lagerkosten und dem Letztverkäuferregress. Zum einen sind die Lücken durch die Existenz der PECL zu erklären, zum anderen aber auch durch Zeitmangel und fehlenden speziellen Sachverstand innerhalb der Arbeitsgruppe.

2.5. Allgemeines Vertragsrecht

Fragen des allgemeinen Vertragrechtes, wie z.B. der Abschluss des Vertrages, wurden in dem Entwurf nicht eigens behandelt. Für diesen Bereich sah die Arbeitsgruppe die *Principles of European Contract Law* (PECL)[1], die von der *Commission on European Contract Law*[2] entwurfen wurden, als bindend an. Diese wurden durch Querverweise als Grundlage bildender Teil in den Kaufvertragsentwurf aufgenommen. Einzig wenn Struktur und Klarheit der Ausdrucksweise es forderten, wurden die *Principles of European Contract Law* wiederholt.

Da über Grenzen hinweg bewegliche Güter transportiert und verkauft werden, wurden auch die Regeln zum Kaufrecht so entworfen, dass sie nicht auch den Kauf von unbeweglichen Gütern umfassen. Dem Gedanken der Trennung von beweglichen und unbeweglichen Gütern liegt wie bereits erwähnt die Überlegung zu Grunde, dass ein gemeineuropäisches Kaufrecht in erster Linie dem ge-

[1] Eine Beschreibung dieser Arbeitsgruppe ist bei Lando, 'European Contract Law', in Weyers (ed.), *Europäisches Vertragsrecht. Arbeiten zur Rechtsvergleichung*, Vol. 182, 1997, S. 81-103 zu finden. Da die neuen Entwicklungen auf dem Gebiet des Vertragsrechts auch bei den allgemeinen Fragen nicht stoppen, ist in den kommenden Jahren eine Revision dieses Regelwerkes geplant.

[2] Siehe zum Anwendungsbereich Lando, *The Harmonization of European Contract Law through a Restatement of Principles*, Oxford 1997.

meinsamen Wirtschaftsmarkt entsprechen soll. So liegt es nahe auch wirklich nur das zu regeln, das auch tatsächlich zwischen zwei Ländern transferiert werden kann.

2.6. Text, Kommentar und rechtsvergleichendes Material

Zum Veröffentlichungszeitpunkt[1] werden die Kaufrechts-Principles mit einer rechtsvergleichenden Einleitung beginnen, die die maßgeblichen *Policy Considerations* bekannt macht und gewisse Strukturentscheidungen begründet. Innerhalb eines jeden Kapitels folgt der Text des jeweiligen Artikels (die sog. *black letter rules*). Dieser wird in einer Kommentierung ausführlich erläutert. Daran schließen sich dann rechtsvergleichende Anmerkungen, die sogenannten *comparative notes*. Aus diesen ergibt sich, ob und in wie weit die gegenwärtig achtundzwanzig[2] Rechtssysteme der Europäischen Union, die das Kaufrecht behandeln, mit den jeweiligen *Principles* übereinstimmen. Im Hinblick auf die EU-Osterweiterung wurde bis 2004 beispielhaft für das Recht der Beitrittskandidaten auch die Rechtslage in Polen in den rechtsvergleichenden Teil aufgenommen. Später suchte die Arbeitsgruppe noch nach weiteren Mitarbeiten in den Beitrittsländern und den späteren neuen Mitgliedstaaten. Juristen aus weiteren fünf Ländern sagten ihre Mitarbeit schnell zu und weitere Mitarbeiter folgten. Es gelang aber nicht nationale Berichte aus allen Ländern zu erhalten. Als Erweiterung der rechtsvergleichenden Anmerkungen werden auch noch die im UN-Kaufrecht genannten Lösungen vorgestellt, sowie Inhalte einzelner EU-Richtlinien. Begleitend zum Kaufrechtsentwurf liegt auch eine historisch-rechtsvergleichende Studie vor, die die Lösungen des römischen Rechts präsentiert.[3] Diese Studie soll gesondert veröffentlicht werden. Ein Stichwortverzeichnis soll die einfache Handhabung ermöglichen[4] und eine Bibliographie das Aufsuchen der ausländischen Literatur erleichtern. Eine gewisse Ähnlichkeit im Aufbau mit den *Principles of European Contract Law* wurde bewusst gewählt und gewollt.

1 *Principles of European Law. Sales Contract.* Ewoud Hondius, Viola Heutger, Christoph Jeloschek, Hanna Sivesand und Aneta Wiewiorowska, Herausgeber: Study Group on a European Civil Code, München 2007. Außerdem sind die Artikel auch abrufbar auf der Website der Study Group on a European Civil Code, www.sgecc.net.

2 Schottland trägt das 28. Rechtssystem bei.

3 Autorinnen dieser Studie sind Nadje el Beheiri und Viola Heutger.

4 Die deutsche Version der PECL, die bei Sellier erschien, hat leider kein Stichwortverzeichnis. Lando/Beale. *Grundregeln des europäischen Vertragsrechts*, Teile I und II, von Bar/Zimmermann (Hrsg.) München, Sellier, 2002.

2.7. Arbeitssprache und gewählte Terminologie

Die Arbeitssprache der Utrechter Arbeitsgruppe ist, wie es der britische Kollege Hugh Beale einmal ausdrückte, ein kontinentales Englisch, welches sich durch seine allgemeine Verständlichkeit, aber nicht durch seine sprachliche Schönheit auszeichnet.[1] Die Mitglieder der Arbeitsgruppe achteten bei jedem Artikel auf die Rückübersetzbarkeit in die jeweilige Muttersprache und auf die Übersetzbarkeit in die verschiedenen Sprachen der Europäischen Union. Hin und wieder führte dieses auch zur Veränderung eines zunächst gewählten Ausdrucks.

Außerdem wurde versucht, der Terminologie der *Principles of European Contract Law* zu folgen und dort schon verwendeten Begriffen innerhalb des Kaufrechtsentwurfes keinen neuen Sinngehalt zu geben.[2] Um eine Doppeldeutigkeit eines Begriffes zu vermeiden, sei es in den PECL oder in einer anderen Arbeitsgruppe der *Study Group on a European Civil Code*, wurde in solch einem Fall lieber ein anderer Begriff gesucht. So wurde z. B. bewusst der Begriff ‚*consumer goods guarantee*' verwendet, um auf diese Weise einen eigenen Term zu schaffen, der nicht zur Verwechslung mit Begriffen der Hamburger Arbeitsgruppe zu den Sicherungsrechten führen kann.

Übersetzungen der Kaufrechtsartikel in französischer[3], deutscher[4] und italienischer[5] Sprache liegen bereits vor. Langfristig sind auch Textfassungen in den übrigen Sprachen der Europäischen Union geplant. Zu den Übersetzungen ist anzumerken, dass diese probieren, ein Gleichgewicht zwischen den benutzten Termini der Richtlinie, den Übersetzungen der *Principles on a European Contract Law* und den verschiedenen Versionen des UN-Kaufrechts wiederzugeben. Außerdem wurde immer versucht, Begriffe zu gebrauchen, die nahe am Konzept der Regel stehen, und somit auch für den Rechtsvergleicher gut zugänglich sind. So wurde bewusst nicht die Terminologie des deutschen oder österreichischen Zivilgesetzbuches in die deutsche Übersetzung übernommen. So wurde z.B. nicht der Mangelbegriff der beiden Kodifikationen gewählt sondern bewusst der technischere Begriff der Vertragswidrigkeit. Auch wurde der Wand-

[1] Die sprachliche Betreuung liegt in den Händen von Peter Morris. Im ersten Entwurfsstadium übernahm John Dickie die Betreuung des Textes. Die Arbeitsgruppe profitiert von den Anmerkungen und Verbesserungen durch Hugh Beale und Eric Clive.

[2] So wurde dem Konzept der ‚non-performance' der PECL gefolgt, worunter auch Verzug eine Nichterfüllung darstellt.

[3] Giuseppe Donatiello (Genf) übersetzte den Text ins Französische.

[4] Die deutsche Übersetzung von der Hand von Viola Heutger wurde in den Annex dieses Buches aufgenommen.

[5] Die italienische Version wurde von Mario Varvaro (Palermo) erstellt.

lungsbegriff nicht benutzt, sondern der deutlichere Begriff der Vertragsaufhebung.

2.7.1. Stellungnahme zur Sprachenproblematik

Allerdings ist die Arbeitsgruppe sich sehr wohl im Klaren darüber, dass diese bewusste Wahl einer eigenen Übersetzung, die sich nicht auf die Landessprache bezieht, Anwender, die an die Terminologie ihres eigenen Landes gewöhnt sind, abschrecken könnte. Daher kann es sein, dass in der Zukunft auch noch Testübersetzungen angefertigt werden, die mehr der Begrifflichkeit der Landestradition entsprechen. Allerdings ist dann auch wieder zu überlegen, wie sinnvoll dieses im grenzüberschreitenden Verkehr ist. Es wird schließlich nur ein Land direkt seine juristische Sprache im grenzüberschreitenden Verkehr gebrauchen können. Außerdem ist dann noch zu überlegen, welcher Stellenwert zum Beispiel den sprachlichen Eigenheiten von Südtirol, Liechtenstein und der deutschen Minderheit in Belgien zukommt. Meiner Ansicht nach liegen hier noch verborgene Integrationshindernisse, die in der Zukunft noch sensibel bedacht werden müssen.

2.8. Technische Probleme

Wie alle Gesetzgebungsarbeiten brauchten auch jene der *Study Group* viel Zeit. Besonders aufwendig war die Erlangung der Informationen über die aktuelle Rechtsprechung und die gesetzliche Lage in den einzelnen EU-Mitgliedstaaten. Wiederholt mussten die nationalen Berichte überarbeitet werden und sogar komplett neu geschrieben werden. So gab es bereits 1999 zum Beispiel einen skizzenhaften Kaufrechtsreport über die Lage in Deutschland nach den damals geltenden Vorschriften des BGB. Zu der Zeit ahnte man schon, dass die Schuldrechtsmodernisierungsreform eingreifende Umwälzungen vornehmen würde, aber die genaue Weite der Überarbeitungen war noch nicht hundertprozentig vorhersehbar. Da für den Fortgang des Projektes ein deutscher Bericht gebraucht wurde, erstellte ein Mitarbeiter der *Study Group* also einen nationalen Report nach der damaligen Gesetzes- und Rechtsprechungslage.

Die Aufsplitterung der Materie in kleine Fragen bezüglich Detailproblemen machte eine Vergleichung besonders gut möglich. Daher war es faszinierend zu sehen, wie nah manche nationalen Lösungen beieinander lagen, und welchen Einzelweg dagegen einige Länder gewählt hatten. Ende 2000 hatte die Arbeitsgruppe zum Kaufrecht die ersten nationalen Berichte aus den folgenden Ländern erhalten: Griechenland, Frankreich, Italien, Deutschland, den Niederlanden und Spanien. Zu dieser Zeit wurden aber in den ersten Ländern die Richtlinie 1999/44 umgesetzt. Das hieß im Klartext: erneutes Umarbeiten der Berichte. Zu

dieser Zeit war aber in Deutschland die Diskussion um die Schuldrechtsmodernisierungsreform noch in vollem Gange. Dennoch wurde im Frühjahr 2001 wieder eine neue Berichtsskizze erstellt. Dieses Mal fußte sie nicht mehr auf dem BGB, sondern schon auf dem ersten im Internet veröffentlichten Entwurf zur Schuldrechtsmodernisierung.
Viele Änderungen wurden in Utrecht in kleinen Gruppen diskutiert und mit den Entwicklungen in Österreich verglichen.[1] Wenig später wurde dieser Entwurf dann wieder verändert, Artikelinhalte und Artikelnummerierungen änderten sich. Im Jahre 2002 war die Schuldrechtsmodernisierungsreform dann schon Realität geworden. Schnell erschienen auch die ersten Kommentare. Die erneute Bearbeitung des nationalen Reports konnte beginnen. Nun erinnern nur noch die verschiedenen Entwürfe zum europäischen Kaufrecht in den jeweiligen Entwicklungsstadien an die wechselhafte Geschichte der Lösungen zu Problemen des Kaufrechts. Die Erfahrungen mit den deutschen Rapporten wiederholten sich auch mit den Berichten aus anderen Ländern.

3. Die Gesamtstruktur im Überblick

Die nun nachfolgende Übersicht über die Struktur referiert jenen Stand des Entwurfes wie er sich nach den Diskussionen mit dem *Co-ordinating Committee* und den Beratungen mit dem *Advisory Board* bis Januar 2007 ergeben hat. In jenen Fällen, wo Strukturentscheidungen stark von *policy issues* beeinflusst waren, werden sowohl die vorherigen als auch die derzeitigen Lösungsvorschläge angegeben.

3.1. Ein System von Einzelkapiteln

Der Textteil des Kaufrechtsentwurfes ist in sechs Unterkapitel geteilt. Jedem größeren Teilproblem der Kaufrechtsmaterie wurde ein eigenes Kapitel gewidmet. Durch die Benennung eines jedes Kapitels mit dem Hauptthema, das darin behandelt wird, sind die Bestimmungen zum Kaufrecht anwenderfreundlich und erfordern kein wissenschaftliches Vertiefen in die Regelfindung. Querverweise wurden auf ein Minimum beschränkt. Verweisungen finden sich ausschließlich

[1] Beide deutschen Reporter, Viola Heutger und Roland Lohnert, haben jeweils auch in Österreich studiert. Der dritte Diskutant war meist Christoph Jeloschek, der für die Österreichreporte zuständig war. Darüber hinaus nahm Giuseppe Donatello häufig an den Diskussionen teil. Die Schuldrechtsreform stand auch regelmäßig auf der Agenda der gesamten Utrechter Arbeitsgruppe und wurde auf den Arbeitstreffen des Molengraaff Institutes in Utrecht wiederholt diskutiert.

zu Vorschriften der PECL[1] und zu Vorschriften innerhalb des Kaufrechtsabschnittes.
Im Anschluss an eine Einleitung finden sich die einzelnen Kapitel, die hier nun kurz skizziert werden. Das erste Kapitel benennt den Anwendungsbereich und erläutert, welche Regeln abdingbar sind und welche im Falle eines Verbrauchergeschäftes bindendes Recht sind.
Das zweite Kapitel nennt die Pflichten des Verkäufers. Als Hauptpflicht werden die Leistungspflicht und die Verpflichtung zur Verschaffung des Eigentums an der Sache benannt. Ausgehend von der Vertragsmäßigkeit der Waren werden Sonderprobleme, wie die Teilerfüllung und die Rechte Dritter, behandelt. Kernstück dieses Kapitels bilden die Vorschriften über die Untersuchungspflicht und die Mängelrüge.
Es folgt ein Kapitel über die Pflichten des Käufers. Als Hauptpflicht wird nicht nur die Preiszahlung erwähnt, sondern auch die Pflicht zur Abnahme der gekauften Waren. Begleitet werden diese Pflichten von Formvorschriften, sowie eine Klausel zur Bestimmung der Währung, da auch innerhalb Europas nur ein Teil der Kaufgeschäfte mit dem Euro beglichen wird.
Daran schließen Regeln zu Gewährleistungsfragen an. Der Käufer kann Nachbesserung oder Ersatz seiner fehlerhaften Waren verlangen und unter bestimmten Voraussetzungen auch vom Vertrag zurücktreten und den Preis reduzieren. Parallel zu diesen Gewährleistungsansprüchen kann der Käufer zumeist auch Schadenersatz fordern.
Kapitel fünf behandelt den Gefahrübergang, wobei auch Bedacht genommen wurde auf die besondere Situation von Gütern, die während ihres Transports verkauft werden. In der Diskussion stand hier noch eine Regel, die den unverschuldet in Abnahmeverzug geratenen Verbraucher schützt. Diese Regel wurde allerdings später wieder verworfen.
Das letzte Kapitel beschäftigt sich mit Produktgarantien. Diese wurden als Verbraucherwarengarantien benannt, um deutlich hervorzuheben, dass es sich hierbei allein um eine Garantie handelt, die Verbrauchern zugedacht wurde. Es werden Minimalanforderungen an Garantien und das Garantiedokument benannt.

[1] In den Gemeinsamen Referenzrahmen wurden auch die Regeln der PECL aufgenommen und daher wurde die Nummerierung verändert. Die allein stehende Version der Kaufrechtsregeln, in der Form wie sie bei Sellier Legal Publishers erscheint, ist daher in Hinsicht auf die Nummerierung nicht identisch mit der im akademischen Entwurf zu einem Gemeinsamen Referenzrahmen.

3.2. Sondervorschriften für Handelsleute und Konsumenten

In jedem einzelnen Kapitel sind die Artikel so aufgebaut, dass eine allgemeine Regel die Rechte und Pflichten der Parteien benennt. In Fällen, in denen es notwendig ist, folgt noch eine ergänzende Bestimmung für den Verbraucher oder den Kaufmann. Innerhalb der *Study Group on a European Civil Code* wurde eine eigene Arbeitsgruppe zur Definition des Konsumenten zusammengestellt.[1] Die Ergebnisse dieser Gruppe wurden in einem allgemeinen Kapitel außerhalb der Kaufrechtsregeln niedergelegt, da sie auch von Relevanz für andere vertragrechtliche Aspekte sind.[2] Die von dieser Gruppe entworfene Verbraucherdefinition wurde für den Bereich des Kaufrechts übernommen.[3] Vom Verbraucher ausgehend lautet der Artikel über Konsumentenkauf nun:

Artikel 1:202: Definition des Verbraucherkaufs

Zum Zweck dieser Grundregeln, ist ein Verbraucherkauf ein Vertrag gemäß dem eine natürliche oder juristische Person, die in jeglichem Ausmaß zu Zwecken betreffend der Tätigkeit, dem Gewerbe oder dem Beruf dieser Person handelt (der Unternehmer), Waren verkauft an eine natürliche Person, die hauptsächlich zu Zwecken handelt, die nicht die Tätigkeit, das Gewerbe oder den Beruf dieser Person betreffen (der Verbraucher).

Dieser Artikel findet sich im ersten Kapitel des Entwurfes. Auf weitere Definitionen der Vertragsparteien wurde verzichtet. Wie auch in anderen Bereichen des Vertragsrechts wird der Verbraucher besonders geschützt, ohne weiter zu definieren, ob ein jeder Verbraucher dieses besonderen Schutzes bedarf. Es gibt sicher auch aufgeklärte, oder im Kommissionsjargon: „mündige" und vielleicht

[1] Diese besondere Task Force Gruppe besteht aus den Professoren Johnny Herre, Ewoud Hondius und Guido Alpa.

[2] Besondere Beachtung fanden bei den Ausarbeitungen das Grünbuch und die Richtlinien der Europäischen Union. Alle Dokumente wurden in der englischen Version beachtet: Green Paper on European Union Consumer Protection (COM(2001)531 final), Council Directive 85/577/EEC, Council Directive 87/02/EEC, amended in Council Directive 90/88/EEC, Council Directive 93/13/EEC, Directive 97/7/EC, Directive 99/44/EC, Directive 2000/31/EC, Directive 94/47/EC und Directive 98/6/EC. Der Text der Vorarbeiten ist auf der Website: www.sgecc.net zu konsultieren.

[3] Zur Definition des Verbrauchers nach dem gegebenen Richtlinien siehe auch Remien, *Zwingendes Vertragsrecht und Grundfreiheiten des EG-Vertrags*, Tübingen 2003, S. 238 und 241.

sogar reiche Verbraucher.[1] Die Vielzahl der Transaktionen die durch Verbraucher täglich vorgenommen werden, sind in sich allerdings schon ein Hinweis auf die Notwendigkeit eines besonderen Vertragsrechts für diese Personengruppen, auch wenn davon auszugehen ist, dass bestimmt nicht die Gesamtheit dieser Personen eines besonderen Schutzes bedürfen.

3.3. Zwingendes Recht

Um den Forderungen der Richtlinien zum Verbraucherschutz nachzukommen, sind die Bestimmungen zum Verbraucherkauf rechtlich bindend, solang dieses im Vorteil des Verbrauchers ist. Für alle anderen Fälle gilt eine Derogationsregel:

Artikel 1:203: Derogation

Die Parteien können die Anwendung einer jeglichen dieser Grundregeln ausschließen oder sich davon abwenden oder ihre Auswirkungen verändern, ausgenommen dort, wo diese Grundregeln anderweitiges vorsehen.

Aus Gründen der Übersichtlichkeit und dem Wunsch zur Vermeidung zu langer Artikel nachkommend, wurde bislang darauf verzichtet, jeden einzelnen Artikel zu den unterschiedlichen Bereichen des Kaufrechts jeweils mit einer Erklärung zu versehen, ob er bindend ist oder nicht.

3.4. Der Anwendungsbereich

a. Alle Arten von Kauf

An eine moderne Kodifikation werden verschiedene Anforderungen gestellt. Rechtsvergleichend richtungweisend war das niederländische Bürgerliche Gesetzbuch von 1992. Handelsrechtliche, verbraucherrechtliche, wie auch allgemeine Rechtsbestimmungen wurden hier in einer Kodifikation geregelt. Die früher in einigen Ländern übliche Aufteilung in ein Handelsgesetzbuch, ein Zivilgesetzbuch und ergänzende Konsumentenregeln wurde von der *Study Group on a European Civil Code* als unübersichtlich und schwer zugänglich verworfen. So folgt auch der Teil zum europäischen Kaufrecht der Idee einer einheitlichen Kodifikation und behandelt die Vorschriften zum Handelskauf, sowie die europäisch geforderten Rechte des Konsumenten, wie auch allgemeine Kaufrechtsregeln in einem Regelwerk.

[1] Zum reichen Verbraucher siehe auch Remien, *Zwingendes Vertragsrecht und Grundfreiheiten des EG-Vertrags*, Tübingen 2003, S. 263 ff.

b. Kaufobjekte aller Art

Anders als das UN-Kaufrecht soll nicht nur der Kauf von beweglichen Gütern des Handelskaufes geregelt werden. Es wird angestrebt, eine zeitgemäßere Lösung als die des UN-Kaufrechts zu bieten. Die Artikel wurden im Blick auf bewegliche Güter entworfen, aber erweitert um viele Güter die vom Anwendungsbereich des UN-Kaufrechts ausgenommen sind. Bewusst ausgenommen vom Anwendungsbereich wurden unbewegliche Güter, da diese im grenzüberschreitenden Verkauf keine Beachtung finden und aus verschiedenen Gründen weiterhin nationalen Gesetzgebungen vorbehalten sein sollten.
Die Regeln des Entwurfes sollen aber Anwendung finden auf den Verkauf von Rechten, Forderungen, Gas, Wasser und Elektrizität, als auch für den Verkauf von Schiffen, Bohrinseln, Flugzeugen und anderen registrierungspflichtigen Gütern. Es wurde danach gestrebt ein wirklich einheitliches Kaufrecht vorzustellen, dass den Bedürfnissen aller Parteien, wie auch allen Verkaufsobjekten, gerecht wird. Im Rahmen der *Study Group* wurden auch Regeln zu Dienstleistungen entworfen. Zur Abgrenzung war daher ein Artikel nötig, der den Grenzbereich zwischen Kaufware und Dienstleistung festlegt. Der Kaufrechtsentwurf enthält somit auch Bestimmungen, deren Inhalte analog anwendbar sind für gemischte Verträge, deren Kaufrechtselement der tragende Teil ist.

Artikel 1:102: Verträge über herzustellende Waren oder Dienstleistungen

(1) Ein Vertrag über die Herstellung oder Erzeugung von Waren und die Eigentumsübertragung gegen einen Preis wird als ein Kaufvertrag über Waren angesehen, es sei denn, dass die Partei, die die Waren bestellte, sich zur Lieferung eines wesentlichen Teils, der für die Herstellung oder Erzeugung notwendigen Materialen verpflichtete.
(2) Jeder Verbrauchervertrag zur Herstellung oder Erzeugung von Waren und dem Eigentumsübergang gegen einen Preis wird als ein Kaufvertrag über Waren angesehen.

Von den unterschiedlichen nationalen und internationalen Regelungen aus gesehen, war es auch sehr wichtig deutlich zu definieren, was nun unter Waren verstanden wird.

Artikel 1:104: Definition von „Waren"

In diesen Grundregeln, umfasst der Begriff „Waren":
(a) körperliche bewegliche Waren, einschließlich Schiffen, Seefahrzeugen, Luftkissenfahrzeugen oder Luftfahrzeugen, Weltraumgegenständen, Tieren, Flüssigkeiten und Gasen; und
(b) Waren, die zum Zeitpunkt des Vertragsabschlusses noch nicht existieren.

Da das Kaufrecht weit mehr Transaktionen umfasst als den Verkauf von körperlichen Gegenständen wurde eine Regel entworfen, die es ermöglicht die Kaufrechtsregeln auch auf andere Vermögenswerte anzupassen.

Artikel 1:105: Anwendung auf andere Vermögenswerte

(1) Diese Grundregeln sind mit entsprechenden Anpassungen anzuwenden auf Kauf- oder Tauschverträge über:
(a) Elektrizität;
(b) Informationen und Daten, einschließlich Software und Datenbanken:
(c) Wertpapiere, Anteile, Anlagepapiere und übertragbare Handelspapiere; sowie
(d) andere Arten von immateriellem Eigentum, einschließlich Rechten, Forderungen und gewerblichen oder anderen geistigen Eigentumsrechten.
(2) Paragraph 1 findet keine Anwendung auf Grundstücksrechte, Gebäude oder anderes unbewegliches Eigentum.

3.5. Die Definition eines Kaufgeschäftes

Nach intensiven Beratungen wurde beschlossen, das Kaufrechtskapitel mit einer einleitenden Definition zu beginnen.

Artikel 1:101: Warenkauf

(1) Diese Grundregeln sind bei Kaufverträgen über Waren anzuwenden.
(2) Ein Kaufvertrag über Waren ist ein Vertrag, gemäß dem die eine Partei, der Verkäufer, sich gegenüber einer anderen Partei, dem Käufer, oder gegenüber einer dritten Person verpflichtet, entweder unverzüglich bei Vertragsabschluss oder zu einem späteren Zeitpunkt, Eigentum an Waren zu übertragen, und wobei der Käufer sich zur Kaufpreiszahlung verpflichtet.

Weder die Richtlinie 1999/44/EG noch das UN-Kaufrecht bieten eine Definition des Kaufvertrages. Das Kaufrechtskapitel soll aber eine solche Definition enthalten. Diese Definition versucht das Wesen des Kaufes durch die Benennung der Pflichten von Käufer und Verkäufer zusammenzufassen. Alle untersuchten Rechtsordnungen kannten diese Hauptpflichten von Käufer und Verkäufer. Als Einleitung in das Kapitel des Kaufrechts erschien es sinnvoll, auf diese Weise den behandelten Kaufvertrag zu umschreiben und somit in gedrängter Form eine Zusammenfassung des Programms des Kapitels zu bieten. Um einen größtmöglichen Anwendungsbereich zu garantieren, wurde die Formulierung vorsichtig gewählt.[1] Die Wendung „verpflichtet sich" bietet so die Möglichkeit auch Ver-

[1] Da sich weder das UN-Kaufrecht, noch die Richtlinie 1999/44/EG mit der Frage des Eigentumsüberganges beschäftigen, lag der Arbeitsgruppe in diesem Bereich keine Modellgesetzgebung vor. Innerhalb der Study Group on a European Civil Code

träge mit verzögertem Eigentumsübergang, wie z. B. im Fall von Abzahlungsgeschäften, abzudecken.
Wie auch in vielen nationalen Regeln finden die Regeln zum Kaufrecht auch in angepasster Weise Anwendung auf den Tausch.

Artikel 1:103: Tausch

(1) Diese Grundregeln sind mit entsprechenden Anpassungen auch auf Tauschverträge anzuwenden.
(2) Ein Tauschvertrag ist ein Vertrag, gemäß dem jede Partei sich verpflichtet, entweder unverzüglich bei Vertragsabschluss oder zu einem späteren Zeitpunkt, Eigentum an Waren zu übertragen, als Gegenleistung für Eigentum an Waren.
(3) Jede Partei wird als Käufer angesehen, in Bezug auf die zu empfangenden Waren und als Verkäufer in Bezug auf die zu übertragenden Waren.

3.6. Pflichten des Verkäufers

Das Kapitel über die Pflichten des Verkäufers behandelt Fragen zur Lieferung der Ware und zur Übereignung des Eigentums. Zeit und Ort der Lieferung bestimmen sich nach den PECL (Artikel 7:101 und Kapitel 9 Abteilung 5) und wurden daher als Verweisung in den Text eingearbeitet. Dort werden auch die Charakteristika einer Lieferung beschrieben. Demnach besteht eine Lieferung aus Bereitstellung und Zugänglichmachen der Waren.

3.7. Vertragsmäßigkeit der Waren

Dieser Abschnitt wurde stark inspiriert durch das UN-Kaufrecht. Der Abschnitt beginnt mit einem Artikel, der die Hauptpflicht des Verkäufers benennt, nämlich die vertragsgemäße Lieferung der Ware. Dem Artikelwortlaut entsprechend, hat der Verkäufer Waren zu liefern, die in Menge, Qualität und Art sowie hinsichtlich Verpackung oder Behältnis den Anforderungen des Vertrages entspricht. Der einleitende Artikel benennt somit klar, was das Hauptproblem eines Kaufvertrages sein kann, nämlich die Abweichung der Waren vom vertraglich ausgemachten Standard.

---

wurde in Salzburg eine Arbeitsgruppe zum Eigentumsübergang gegründet. Der Vorschlag der Utrechter Arbeitsgruppe auch den sachenrechtlichen Teil des Übereignungsgeschäftes zu regeln, stieß auf vehementen Widerstand und dogmatische Bedenken. Ausführungen zum früheren Entwurf sind zu finden bei Heutger, Konturen des Kaufrechtskonzeptes der Study Group on a European Civil Code, Ein Werkstattbericht, *ERPL* 2-2003, S. 164.

a. Die Falschlieferung: das aliud

Das gewählte Konzept der Vertragsmäßigkeit der Ware umfasst auch die Fälle der Lieferung eines aliud, einer Falschlieferung. Einige Rechtsordnungen unterscheiden noch zwischen einer Schlechterfüllung, also einer fehlerhaften Ware, und der Lieferung einer vollständig anderen Ware als der vertraglich ausgemachten. Eine aliud-Lieferung führte in den meisten Fällen zur Annahme einer Nichterfüllung. Allerdings ließen sich die Grenzen zwischen einer Schlechterfüllung und einer Nichterfüllung häufig nur schwer ziehen, daher verzichtet der Entwurf bewusst auf diese Abgrenzung und auch das aliud ist in den Vorschriften über die Vertragsmäßigkeit der Ware enthalten. Hier ist noch anzumerken, dass es in und außerhalb der Arbeitsgruppe ein lange Diskussion gab, ob man bei einem Entwurf von Regeln zu einem gemeinsamen Vertragsrecht überhaupt noch lateinische Begriffe brauchen darf, wie eben das aliud. Juristen, die mit einer römischrechtlichen Grundlagenausbildung in das Berufsleben gegangen waren, sprachen sich alle für den Gebrauch des Lateinischen als universeller Sprache aus. Später wurde in der *Study Group on a European Civil Code* dennoch die *Policy*-Entscheidung genommen, wo immer möglich lateinische Begriffe zu vermeiden und sprachliche Begriffe der jeweiligen Landessprache zu verwenden.

b. Erfordernisse an die Vertragsmäßigkeit

Im Entwurf geht es dann weiter mit Regeln für den Fall, dass die Parteien nichts in Bezug auf die Qualität der Ware vereinbart haben. Dem Erfordernis der Vertragsmäßigkeit der Waren entsprechen nur solche Lieferungen, in denen die Waren sich für die Zwecke eignen, für die Waren der gleichen Art gewöhnlich gebraucht werden, oder aber dem vom Käufer benannten Verwendungszweck entsprechen. Auch wird vom Verkäufer stillschweigend eine der Ware übliche oder angemessene Verpackung erwartet. Darüber hinaus muss die Ware die Eigenschaften besitzen, die der Verkäufer dem Käufer als Probe oder Muster vorgelegt hat. Die Besonderheit dieses Artikels liegt in den Vorschriften über die Haftung für öffentliche Äußerungen[1] über die Verkaufsware von Seiten des Herstellers oder seines Vertreters, aber auch von Personen in einem früheren Stadium der Verkaufskette. Der Verkäufer ist nicht gebunden an diese Äußerungen, für den Fall, dass ihm diese Äußerungen nachweislich nicht bekannt

[1] Der Gedanke der Regelung der rechtlichen Natur der Äußerungen stammt bereits aus der Antike. So wird uns von Hyperides (Hyp. Ath. 14) überliefert, dass es bei den Griechen ein Gesetz gab, welches falsche öffentliche Äußerungen von Verkäufern auf dem Markt verbot. Die Richtlinie 1999/44 wie auch unser Kaufrechtsentwurf bieten kein neues Recht an. Siehe Pringsheim, *The Greek Law of Sale*, Weimar 1950, S. 473, Fn 7.

waren, er die Äußerungen selber korrigiert hat, oder aber die Entscheidung des Käufers zur Abnahme der Ware definitiv nicht abhängig war von vorherigen öffentlichen Äußerungen. Hier wird also der Richtlinie 1999/44 gefolgt.
Die Einheit zur Bestimmung der Vertragsmäßigkeit schließt ab mit einer Haftungseinschränkung des Verkäufers in solchen Fällen, in denen der Käufer von den betreffenden Warenmängeln zum Zeitpunkt des Vertragsabschlusses wusste.

c. „IKEA-Klausel"

Aufgrund der Erfordernisse der Richtlinie zum Verbraucherkauf widmet sich ein Artikel der Beziehung von Leistungsstörung und inkorrekter Installationsanleitung, der so genannten IKEA-Klausel. Für den Fall, dass Waren an einen Verbraucher zur Selbstinstallation verkauft wurden und eine fehlerhafte Installation auf eine unzureichende oder z. B. nicht allgemeinverständliche, beigefügte Anleitung zurückzuführen ist, so wird auch die Ware als mangelhaft angesehen und unterliegt die Geltendmachung von Ansprüchen dem Kapitel zum Kaufrecht.

d. Rechte Dritter und Intellektuelles Eigentum

Als Vertragspflicht eines Verkäufers wird die Verschaffung der Ware frei von Rechten Dritter angesehen. Sollten Dritte jedoch Rechte und Ansprüche aus industriellem oder intellektuellem Eigentum haben, so wird schnell der Bereich des Vertragsrechts überschritten, und Zusatzprobleme, wie Probleme aus dem Internationalen Privatrecht oder dem Datenschutz treten hinzu. Dieser Bereich wird in den kommenden Jahren noch von anderen Arbeitsgruppen gelöst werden müssen.

e. Fristen

Der Verkäufer muss in einem bestimmten Zeitraum für die Vertragsmäßigkeit seiner Ware einstehen. Im Allgemeinen reicht dies bis zu dem Zeitpunkt, in dem die Gefahr vom Verkäufer auf den Käufer übergeht. Eine andere Regelung wurde für den Verbraucherkauf eingeführt. In diesem Fall wird von einer Vermutung ausgegangen, dass alle Mängel, die innerhalb von sechs Monaten nach Kauf auftreten, bereits zum Zeitpunkt des Gefahrüberganges bestanden. Ausgeschlossen ist diese Vermutungsannahme in Fällen, in denen der Mangel unvereinbar mit der Natur der Ware ist oder mit der Natur des Mangels selber.

f. Untersuchungs- und Rügepflicht

Außerhalb der Verbraucherkäufe hat der Käufer die Waren unverzüglich nach der Lieferung zu untersuchen. An die Untersuchung schließt sich die Pflicht zur

Mängelrüge (Anzeigepflicht) an, in Fällen, in welchen der Käufer Grund zur Beanstandung der Vertragsmäßigkeit der Ware hat.[1] Auch im Fall einer Falschlieferung trifft den Käufer eine Rügepflicht. Rügt der Käufer nicht, so verliert er seine Ansprüche auf Gewährleistung. Diese harte gesetzliche Folge wird jedoch gemildert durch die Beibehaltung eines Rechtes zur Forderung von Preisreduktion und Schadenersatz gemäß den PECL. Eine Sonderregelung betrifft den Fall der Teillieferung. Hat der Käufer Grund zur Annahme, dass noch ausstehende Ware in der kommenden Zeit eintreffen wird, so muss er nicht wegen Nichterfüllung rügen. Für den Fall, dass der Verkäufer dem Käufer Mängel arglistig verschwiegen hat, gelten weder die Untersuchungs- sowie Rügepflicht des Käufers, noch die zweijährige Verjährungspflicht, und somit kann der Verkäufer diese auch nicht zu seinem Schutz einwenden. Beim Verbraucherkauf muss der Verbraucher alle Fehler innerhalb einer maximalen Frist von zwei Monaten nach der Entdeckung des Mangels dem Verkäufer melden. Wenn der Verbraucher dieser Rügepflicht nicht nachkommt, dann verliert er seine etwaigen Ansprüche auf Nachbesserung, Ersatz und Vertragsaufhebung. Die gleichen Ansprüche verliert der Verbraucher auch, wenn er nicht innerhalb von zwei Jahren nach der Lieferung rügt.

3.8. Pflichten des Käufers

Das Kapitel über die Pflichten des Käufers beginnt mit der Nennung der Hauptpflichten des Käufers, die da sind Zahlung des Kaufpreises und die Abnahme der Waren. Vor allem für den grenzüberschreitenden Handelskauf wurde eine Vorschrift entworfen, die die Kooperation des Käufers in Hinblick auf das Ermöglichen der Zahlung umfasst. Um die Anzahl der Verweise auf die PECL auf das Nötigste zu beschränken, wurde der Klarheit wegen noch einmal dargelegt, dass Zahlung und Lieferung Zug um Zug fällig sind, da der Kaufpreis die Gegenleistung, eben das Entgelt für den Kaufgegenstand bildet. Als Zahlungsort wurde der Niederlassungsort des Verkäufers zum Zeitpunkt des Vertragsabschlusses gewählt. In Zweifelsfällen bemisst sich der Kaufpreis nach dem Nettogewicht der Waren.[2] Diese Regel entspricht somit den Standards, die die Richtlinie über Preisangaben setzt.[3] Die Pflicht des Käufers zur Abnahme besteht darin, alle Handlungen vorzunehmen, die vernünftigerweise von ihm erwartet wer-

[1] Als Verjährungstermin für Ansprüche aus Leistungsstörung wurden in Nicht-Verbraucher bezogenen Käufen zwei Jahre gewählt.

[2] Weiterführend zur Preispolitik Remien, *Zwingendes Vertragsrecht und Grundfreiheiten des EG-Vertrags*, Tübingen 2003, S. 391.

[3] Richtlinie 98/6/EG über den Schutz der Verbraucher bei der Angabe der Preise der ihnen angebotenen Erzeugnisse.

den können, um dem Verkäufer die Lieferung und Übergabe der Waren zu ermöglichen.

a. Währungsklausel im Eurozeitalter

Nach langen Diskussionen und wiederholten Änderungen im Entwurf wurde eine Währungsklausel eingeführt, die jener der UNIDROIT-*Principles* in Artikel 6.1.10 gleicht. Da noch längst nicht alle Handlungen in Euro vorgenommen werden und ein gültiger Vertrag auch ohne Benennung der Währung vorliegen kann, wurde beschlossen solch eine Regel aufzunehmen. In Fällen, in denen keine bestimmte Währung im Vertrag benannt wird, ist jene Währung zu wählen, die am Ort der Zahlungserfüllung gültig ist.

b. Vorzeitige oder übermäßige Lieferung

Im Fall einer zu frühzeitigen Lieferung der Waren durch den Verkäufer steht dem Käufer das Recht zu, die Waren anzunehmen oder die gesamte Lieferung zurückzuweisen. Im Fall einer Lieferung, die die vertraglich vereinbarte Menge überschreitet, steht dem Käufer das Recht zu, nur die vertraglich vereinbarte Menge abzunehmen. Sollte er die gesamte Lieferung abnehmen, so ist er den vertraglich vereinbarten Preis auch für die überzählige Menge schuldig.

3.9. Gewährleistungsansprüche

Im Anschluss an das Kapitel über die Vertragsmäßigkeit der Ware finden sich die Regelungen zu den Gewährleistungsansprüchen und Rechtsmitteln, die bei einer nicht vertragsmäßigen erfüllten Ware zur Verfügung stehen.
In ihrer Entstehungsgeschichte boten die Gewährleistungsansprüche viele Schwierigkeiten. Auf europäischer und internationaler Ebene gab es schon Regelungsinstrumente, die unterschiedliche Lösungen anboten. Die PECL, die vom Team als Allgemeiner Teil dem Kaufrechtsentwurf zugrunde gelegt wurden, boten nur eine unzureichende Lösung. Nachbesserung und Ersatzlieferung wurde dort nicht explizit erwähnt, sondern nur die *specific performance*, daher erschien es nicht nur der Deutlichkeit halber notwendig ein eigenes Konzept der Nacherfüllung einzuführen. Für andere Probleme, wie z.B. Schadenersatz, Aufhebung des Vertrages und Preisreduzierung, boten die PECL wiederum Lösungsmodelle, die in den Kaufrechtsentwurf mit einbezogen werden mussten. Für den Bereich des Verbraucherkaufes gab die Richtlinie 1999/44/EG klare Vorgaben, denen gefolgt werden musste.
Die Richtlinie, wie auch das UN-Kaufrecht gaben eine Hierarchie der Rechtmittel vor, die jedoch wiederum den PECL unbekannt war. Hier musste eine Wahl vorgenommen werden. Aufgrund von rechtsvergleichenden Studien und

einer Kosten-Nutzen-Analyse in Bezug auf Lager- und Transportkosten, lag es nah, hier eine Hierarchie einzuführen.
Deutlich geregelt wurde, wer die extra Kosten für die Nachbesserung tragen muss. Die Kosten, die durch die Gewährung der Rechtsmittel entstehen, müssen vom Verkäufer getragen werden. Um den nichtberufsmäßigen Verkäufer vor ungeahnten Risiken zu schützen, wurde eine Regelung eingeführt, die vorsieht, dass der Käufer keine Schadenersatzansprüche aus Schlechterfüllung des Vertrages stellen darf, die den vertraglich vereinbarten Kaufpreis überschreiten.[1] Diese Lösung stellt einen Schritt in die Richtung eines erweiterten, aus dem Verbraucherrecht abgeleiteten Schutzgedankens, der nicht berufsmäßig handelnden Partei dar.

a. Hierarchie der Gewährleistungsansprüche

Das *Co-ordinating Committee* der *Study Group* beschloss eine deutliche Hierarchie der Gewährleistungsgründe einzuführen. Nach Bekanntgabe der mangelhaften Lieferung steht dem Verkäufer immer ein Recht zur Nachbesserung oder Ersatzlieferung der fehlerhaften Ware zu. Eingeschränkt wird diese Grundregel durch einen Verhältnismäßigkeitstest gegenüber dem Käufer. Der Entwurf folgt der Idee des UN-Kaufrechts. An die Rechtsmittel der Nachbesserung und Ersatzlieferung folgen nachgeordnet die Möglichkeit der Vertragsaufhebung, der Preisreduktion und des Schadenersatzes.

b. Nacherfüllung

Aufgrund der vorgegebenen Bestimmungen der Richtlinie und den verschiedenen Anforderungen, die an Verbraucher und übrige Kaufvertragspartner gestellt werden, vor allem Zeit und Kosten betreffend, wurden zwei verschiedene Regime des Wahlmodus der Nacherfüllung, eines für den Verbraucherkauf und ein weiteres für die übrigen Käufe, gewählt.
In allen Fällen sind die vorherrschenden Rechtsmittel Nachbesserung und Ersatzlieferung. Diese Hierarchie geht auf Kosten-Nutzen-Überlegungen und die Richtlinie zurück. Die Priorität dieser Rechtsmittel und ihre Gestattung sind von verschiedenen Prämissen abhängig. In Verbraucherkäufen wird gemäß den Anforderungen der Richtlinie dem Käufer in gewissem Umfang ein Wahlrecht eingeräumt, ob er lieber Nachbesserung oder Ersatzlieferung haben möchte.
In den übrigen Verträgen steht dem Verkäufer ein Wahlrecht dieser beiden Rechtsmittel zu, um eine schnelle und zufrieden stellende Herstellung des gewünschten Vertragszustandes zu ermöglichen.

[1] Siehe zu Rechtsbehelfen im Kaufrecht: Sivesand, *The buyer's remedies for non-conforming goods: should there be free choice or are restrictions necessary?* München 2005.

c. Erheblichkeitskriterium

In beiden Fällen ist das Wahlrecht abhängig von einer Erheblichkeitsanforderung des Vertragsmangels der Ware. Diese Anforderung findet sich in dem Artikel über die Vertragsaufhebung. Hier wird gefordert, dass der Fehler nicht unerheblich sein darf.

Das Unerheblichkeitskriterium ist dem Wortlaut der Richtlinie in Verbraucherverträgen dem so genannten ‚minor lack', der geringfügigen Vertragswidrigkeit, entnommen und verlangt in den übrigen Kaufverträgen den höheren Standard des ‚fundamental breach', der wesentlichen Vertragsverletzung. Nur in diesen Fällen ist eine Vertragsaufhebung möglich, sonst muss zunächst durch Nachbesserung erfüllt werden.

In diesem Bereich der Bestimmung des Erheblichkeitsmaßstabes der Vertragsmäßigkeit der Ware wurde eine unterschiedliche Terminologie bewusst eingeführt, um den unterschiedlich hohen Standard, der Grundlage einer Vertragsaufhebung sein muss, deutlich zu machen.[1] Es wurde versucht in den Kommentierungen zu diesem Artikel das Konzept des nicht vorhandenen ‚minor lacks of conformity' in Verbraucherkäufen und des vorhandenen ‚fundamental breaches' in den übrigen Käufen detailliert auszuarbeiten.

d. Schadenersatz und Preisreduktion

Im Normalfall einer Leistungsstörung hat der Verkäufer nachzubessern. Sollte der Verkäufer seiner Verpflichtung zur Mängelbeseitigung aber nicht nachgekommen sein, so steht dem Käufer ein Schadenersatzanspruch zu. Dieser Anspruch richtet sich wie auch das Rechtsmittel der Preisreduktion nach den Regelungen der PECL. Diese Rechtsmittel wurden durch eine Verweisung abgehandelt.

1 Der Vorschlag der Arbeitsgruppe einen einheitlichen Mangelstandard durch die Wahl des Wortes *‚a significant lack of conformity'* einzuführen, wurde sowohl vom *Advisory Board* als auch vom *Co-ordinating Commmittee* abgelehnt. Mit dieser später abgelehnten Lösung wurde versucht, zum einen der Richtlinie nachzukommen, die die Vertragsaufhebung nicht bei einem *‚minor lack'* zugesteht als auch dem wesentlichen Vertragsbruchgedanken des UN-Kaufrechts folgen. Somit hätte eine terminologische Unterscheidung für Verbraucher- und Nichtverbraucherverträge umgangen werden können. Das UN-Kaufrecht fordert im Fall der Vertragsaufhebung einen *‚fundamental breach'*, der in Literatur und Kommentierung viele Auslegungsschwierigkeiten mit sich brachte. Durch die Lösung des Nicht-Unerheblichkeits-Kriteriums hofften die Entwerfer des Kaufrechts dieses Problem beseitigen zu können.

e. Vertragsaufhebung

Die Möglichkeit zur Vertragsaufhebung wurde nachgeordnet, da mit der Vertragsaufhebung zumeist zu hohe Kosten im Vergleich mit der Nachbesserung verbunden sind und ein erneutes Transportrisiko entsteht. Wie oben bereits beschrieben ist eine Vertragsaufhebung nur möglich, wenn in Verbraucherkäufen mehr als nur ein unerheblicher, d.h. geringfügiger, Mangel vorliegt. In allen anderen Käufen ist dieses Kriterium noch höher gesetzt. Dort muss zur Vertragsaufhebung ein ‚fundamental breach' vorliegen. Wenn der Verkäufer aber nur einen Teil der Waren liefert, oder nur ein Teil der Waren vertragskonform ist, dann besteht ein Recht zur Vertragsaufhebung nur für den fehlenden und nicht vertragsgemäßen Teil. In Fällen, in denen der fehlende Teil eine fundamentale Nichterfüllung darstellt, darf der Käufer gemäß Artikel 9:301 PECL auch den gesamten Vertrag aufheben.

Das Problem der Nutzung der Ware vor Vertragsaufhebung wird derzeit im Kaufrechtsentwurf noch nicht behandelt, sondern vorerst den PECL überlassen. Ein Vorentwurf zur Zahlung von Zinsen auf den Kaufpreis und ein Artikel über die Abgeltung von Gebrauchsvorteilen im Fall einer Vertragsaufhebung lag vor, setzte sich aber nicht durch.

3.10. Verkauf von Rohstoffen und Bedarfsgütern

Das *Co-ordinating Committee* beschloss, keine eigene Regelung für *commodities*, im Verständnis von Bedarfsgütern und Rohstoffen, einzuführen. Diese Entscheidung war unter anderem auch darauf zurückzuführen, dass der *commodity*-Kauf vornehmlich dem *commmon law* Juristen vertraut war und daher die Unterstützung solch einer Regel von Juristen anderer Jurisdiktionen nicht vorhanden war. Die Aspekte der *commodity*-Verträge bleiben somit den Vertragsparteien und ihrer Vertragsautonomie überlassen.

3.11. Rechte des Verkäufers

Der Abschnitt über die Rechte des Verkäufers im Fall der Nichterfüllung der vertraglichen Pflichten durch den Käufer enthält einen Generalverweis auf die Vorschriften der PECL, mit einer Ausnahme. Diese Ausnahme befasst sich mit dem Spezifizierungsrecht des Verkäufers. Dieses Recht steht dem Verkäufer zu bei Transaktionen, in denen der Käufer seiner vertraglichen Spezifizierungspflicht bezüglich Maßen, Farben und anderer Merkmale nicht nachkommt. In solch einem Fall kann der Verkäufer in Übereinstimmung mit den ihm bekannten Auswahlkriterien des Käufers selber eine Spezifizierung vornehmen. Nimmt der Verkäufer die Spezifizierung selbst vor, so hat er dem Käufer deren Einzelheiten mitzuteilen und ihm eine angemessene Frist zu setzen, innerhalb derer der Käufer eine abweichende Spezifizierung vornehmen kann. Macht der

Käufer nach Eingang einer solchen Mitteilung von dieser Möglichkeit innerhalb der so gesetzten Frist keinen Gebrauch, so ist die vom Verkäufer vorgenommene Spezifizierung verbindlich.

3.12. Gefahrübergang

Das Kapitel über den Gefahrenübergang beginnt mit einer Bestimmung zum Übergang der Preisgefahr. Der derzeitige Abschnitt beginnt mit der Feststellung, dass weder Verlust noch Beschädigung der Waren den Käufer von seiner Zahlungspflicht befreien, es sei denn, dass der Verlust oder die Beschädigung einer Handlung oder einem Unterlassen des Verkäufers zu zurechnen sind. Der Übergang der Gefahr bei Verlust oder Beschädigung tritt ein, wenn die Waren dem Käufer übergeben werden, oder dieser unentschuldigt die Waren nicht abnimmt. Mit dem Übergang der Gefahr gehen auch sämtliche Rechte an Früchten und Lasten, die mit den Waren verbunden sind, mit über.
Weitere besondere Vorschriften behandeln die Probleme des Transports und des Verkaufs in Transit. So wird der Gefahrenübergang von Waren, die auf Wunsch des Käufers transportiert werden müssen zu einem anderen Ort als dem gesetzlichen Erfüllungsort, von dem Käufer auf den Transporteur, als Stellvertreter des Käufers, vorverlegt. In diesem Fall trägt der Käufer also die Preisgefahr, bevor er noch in den Besitz der Waren gelangt ist und sie nutzen kann. Die Transportgefahr liegt somit beim Käufer.
Im Fall eines Verkaufs der Waren in Transit wird der Gefahrenübergang angenommen zu jenem Zeitpunkt, in denen der erste Transporteur die Waren zur Beförderung übernommen hat. Diese besonderen Regeln finden jedoch im Verbraucherkauf keine Anwendung. Beim Verbraucherkauf geht die Gefahr in der Regel immer zu dem Zeitpunkt über, in dem die Waren dem Käufer übergeben werden.

3.13. Garantien

Zum ersten Mal wurde in Valencia im Juni 2002 dem *Co-ordinating Committee* ein Konzept zur Regelung der Garantien vorgelegt. Die Thematik wird in groben Zügen durch die Richtlinie vorgegeben. Das Team war sich bewusst, dass bei den Garantien schnell die Grenze des Vertragsrechts überschritten wird und u.a. wettbewerbsrechtliche Bestimmungen angeschnitten werden. Garantiegeber können nach dem derzeitigen Entwurf sowohl Produzenten, als auch Verkäufer oder Transportunternehmer sein. Eine Produktgarantie ist ohne Annahme durch den Käufer bindend, es sei denn, dass das Garantiedokument eine andere einleuchtende Regelung vorsieht. Die gegebene Garantie gilt auch für etwaige spätere Erwerber des Produktes.

Der Entwurf enthält ein Konzept, dass bindende Regeln für Garantien gegenüber Verbrauchern aufweist und für andere Anwendungsfälle nachgiebige Regeln vorsieht.

a. Die gesetzlichen Gewährleistungsansprüche und die Garantie

Im Kaufrechtsentwurf findet sich der Grundsatz formuliert, dass die Rechtsmittel des Verbrauchers nicht eingeschränkt werden dürfen durch eine Garantie. Ferner wurde entschieden, dass eine Garantie auch gültig ist ohne eine Registrierung durch den Verkäufer. Hierbei wurde der derzeit häufige Anlassfall angenommen, dass eine Abstempelung der Garantieurkunde durch den Verkäufer zu deren Gültigkeit nötig ist. Hier wurde beschlossen, dass als Beweis die Garantieurkunde zusammen mit dem Kassenbon ausreichend ist.

b. Mindeststandards

Der Entwurf setzt Mindeststandards fest, für den Fall, dass das Garantiedokument keine eigenen Regelungen vorsieht. So geht der Entwurf von einer Garantiedauer von fünf Jahren oder der durchschnittlichen Lebensdauer des Produkts aus. Tritt ein Garantiefall ein, so steht dem Käufer eine Wahlmöglichkeit zwischen Nachbesserung, Ersatz oder der Zurückzahlung des Kaufpreises zu. Im Fall der Inanspruchnahme einer Garantieleistung verlängert sich die Gesamtperiode der Laufzeit der Garantie um den Zeitraum, den die Garantieleistung einnahm und dadurch dem Verbraucher die Nutzung seiner Ware vereitelte.

3.14. Stellungnahme

Betrachtet man diesen Kaufrechtsentwurf, so kann man von einer beachtlichen Arbeit sprechen. Inspiriert von der Vorgehensweise des niederländischen Bürgerlichen Gesetzbuches wurden in diesem Entwurf sowohl Verbraucherkauf als auch der Handelskauf gemeinsam geregelt. In Bezug auf Transparenz und Zugänglichkeit ist dieser Entschluss tatsächlich eine gute Entscheidung gewesen. Schaut man jedoch nach dem, was sich die Stakeholders bei den Meetings in Brüssel wünschten, so ist deutlich, dass vor allem eine klare Verbraucherregelung gewünscht wird. Auch die Zielsetzung der Kommission seit dem Jahre 2005 geht mehr in die Richtung einer Harmonisierung vor allem des Verbraucherrechts. Die Idee alles zusammen regeln zu wollen, ist also innerhalb weniger Jahre ein Stück Rechtsgeschichte geworden. Was zu Beginn der neunziger Jahre als modern galt, und zum Beispiel in den Niederlanden auch Realität wurde, gilt im 21. Jahrhundert als nicht mehr modern und zeitgemäß. Italien beging den neuen Weg mit der Einführung eines neuen Verbraucherschutzgesetzes.

Bei den Meetings mit den Stakeholdern in Brüssel wurde deutlich, dass dieser Weg, der gewünschte wäre. Unsere Kaufrechtsarbeiten datieren zurück in das alte Jahrtausend, die damals genommene Entscheidung alle Arten des Kaufs gemeinsam zu regeln wird bis heute von allen Arbeitsgruppenmitgliedern getragen. Vielleicht würden wir allerdings heute die Regeln zum Verbraucherkauf etwas deutlicher entwerfen und den Aufbau der Regeln verändern. Viele Ideen, die wir zu Beginn unserer Arbeit hatten, konnten durch Zeitnot und Ressourcenknappheit nicht durchgeführt werden. So haben wir keine Regeln zum Letztverkäuferregress entworfen. Da eine einfache Lösung nicht auf der Hand liegt und wir nicht genügend Zeit hatten, musste dieser wichtige Punkt zu unserem großen Bedauern ungeregelt bleiben, oder etwas anders und positiver ausgedrückt, unterliegt er der Privatautonomie.[1] Auch die Verlinkung mit Problemen des Abzahlungskaufs und dem damit häufig verbundenen Eigentumsvorbehalt wurde nicht behandelt im Entwurf. Auch ist es nicht gelungen eine deutliche Regelung bezüglich der Sprachenwahl in Bedienungsanleitung und Garantien auszuarbeiten. Es ist ein Entwurf, der sicher noch weiterreifen kann. Durch ihn wird gewiss die Diskussion rund um das Thema Kaufrecht bereichert werden. Die angebotene Fülle von Lösungen wird hoffentlich dazu beitragen, das Kaufrecht näher zu betrachten und neue Ideen zu bekommen. Der Prozess ist eingeleitet und in einigen Jahren wird man die Durchschlagkraft beurteilen können.

3.15. Ausblick

Das hier vorgestellte Kaufrechtskonzept der Utrechter Arbeitsgruppe möchte als Beitrag zur Diskussion über ein entstehendes europäisches Privatrecht dienen. Wie bereits erwähnt ist es ein Anteil an größeren Arbeiten, die das gesamte Vertragsrecht in Europa vor Augen haben. Es ist auch eine Arbeit, die einen Prozess begleitet, der bereits außerhalb des rechtlichen Rahmens begonnen ist. Seit 2001 haben die meisten europäischen Unionsstaaten den Euro als eine gemeinsame Währung akzeptiert. Diese Währungsunion erleichtert den grenzüberschreitenden Kauf eindeutig. Durch die gemeinsame Währung sind entscheidende Weichen in die Richtung weiterer Vereinheitlichungen innerhalb des grenzüberschreitenden Kaufes bereits gestellt. Allerdings ist die gemeinsame Währung nur ein Teilaspekt des Kaufes. Es ist daher an der Zeit auch das Kaufrecht selber durch Harmonisierung noch weiter zu europäisieren und ein gemeineuropäisches Kaufrecht zu schaffen. Das Internet ist dabei ein wichtiges

[1] Siehe zu diesem Punkt Richter, Privatautonomie und Verbraucherschutz im Lichte der Pläne zur Schaffung eines Europäischen Zivilgesetzbuches, in *AcP* 206, 2006, S. 20, 23.

Medium, in dem sowohl Kaufleute als auch Privatleute ihre Waren international feilbieten. Kaufrecht geht in der Realität schon lange über Grenzen hinweg. Eine Entwicklung, auf die auch die Verbraucherorganisationen in der Zukunft noch stärker reagieren müssen. Der Utrechter Entwurf will durch eine transparente Regelung des Kaufrechts den europäischen Binnenmarkt stimulieren und den grenzüberschreitenden Kauf noch weiter erleichtern.
Sollte ein einheitliches europäisches Kaufrecht vielleicht überhaupt erst in 30 Jahren Realität werden, so ist es jetzt schon an der Zeit, dieses Problemfeld zu studieren, zu diskutieren und zu reflektieren. Das Utrechter Kaufrecht möchte in diesem Rahmen dazu Terminologie bildend beitragen und Konzepte anbieten, die Rechtswissenschaftler und andere interessierte Parteien in ganz Europa anregen sollen, sich mit diesem Bereich des europäischen Privatrechts vertieft zu beschäftigen.

V. Vision oder nahe Zukunft

1. Stellungnahme und Ausblick im Hinblick auf das Vertragsrecht

Juristen leben mit ständigen Veränderungen. Die Europäische Union führt in keiner Weise zu einer Vereinfachung des Rechtslebens. Es wird immer kompakter und vielschichtiger. Der Regelungsumfang nimmt stetig zu. Handlungsbedarf ist gegeben. Allerdings ist derzeit noch nicht deutlich, wer nun wirklich handeln darf. Die Europäische Kommission hat keine weitreichende Kompetenz, das Europäische Parlament hat viele Ideen aber keine Befugtheit und akademische Gruppierungen verfügen über keinen institutionellen Rahmen.

Daher muss vor allem erst einmal nach einer passenden Methode gesucht werden, die die Spielregeln deutlich umschreibt und dann müssen die geeigneten politischen Entscheidungen genommen werden. Um wirklich die Interessen der Mitgliedstaten verarbeiten zu können sollte Juristen aller EU-Mitgliedstaaten die Gelegenheit gegeben werden gestalterisch an einer Rechtsharmonisierung in Europa mitzuwirken.

Die Vereinheitlichung des Rechts hat ihren Preis. Ein Gesetzbuch oder ein freiwilliges Rechtsinstrument, dass entwickelt würde, um ein einheitliches Recht zu schaffen, muss zwischen vielen bestehenden Rechtssystemen auswählen, dabei Regeln sowohl beseitigen als auch neu schaffen. Ebenso muss das Problem der nationalstaatlichen Souveränität dabei Beachtung finden, wie auch die derzeit noch mangelnde Kompetenzlage zum Erlass umfassender Regeln zum Vertragsrecht der Europäischen Kommission. Es ist Zeit für einen neuen demokratischen Prozess. Hierbei sollte man nicht davor zurückschrecken der akademischen Welt einen neuen Platz bei der Gestaltung eines gemeineuropäischen Vertragsrechts einzuräumen. Auf akademische Initiative hin ausgearbeitete Grundsätze sollten nicht gleich wegen fehlender Legitimation verdammt werden dürfen.[1] Das europäische Vertragsrecht ist bereits am Wachsen, aber es braucht noch eine deutlichere Struktur und muss als modernes Rechtsinstrument auf aktuelle Entwicklungen reagieren können.

Rodolfo Sacco schuf aus seinen Erfahrungen als Rechtsvergleicher drei Schlussfolgerungen: Juristen müssen jegliche Vorstellung, das Recht sei unveränderlich, ad acta legen. Der Glaube an die Verschiedenheit hindert nicht daran, zugleich auch an die Einheitlichkeit zu glauben. Der Glaube an die Einheitlichkeit verlangt nicht, um der Einheitlichkeit willen auf den Fortschritt, d.h. die Veränderung zu verzichten.[2]

1 Siehe z.B. Lequette, Quelques remarques à propos du projet de code civil européen de M. von Bar, *Recueil Dalloz Sirey*, n° 28, 25 juillet 2002, S. 2202-2214.

2 Sacco, *Einführung in die Rechtsvergleichung*, Baden Baden 2001, S. 161.

Juristen können nichts ewig Bleibendes kreieren, aber sie können einen Beitrag liefern, um das tägliche Leben einfacher und deutlicher zu gestalten. Recht ist aber nicht gleich Gesetz. Kenntnis der Gewohnheiten, Selbstregulierungsmaßnahmen in gewissem Umfang und der Wille, gemeinsam eine Lösung zu finden, sind Elemente von gelungenen grenzüberschreitenden Transaktionen.
Gut vorbereitete Parteien und Juristen, die solide ausgebildet sind, helfen den Binnenmarkt zu fördern und stets mehr Menschen am grenzüberschreitenden Verkehr teilhaben zu lassen.
Die Durchsetzung von Rechten würde daher weiter erleichtert werden, wenn die Juristenausbildung den Gebrauch eines gemeinsamen europäischen Rechtsvokabulars fördern würde. Dann könnten Juristen sich leichter miteinander verständigen, ohne jeweils automatisch ein jedes Wort an ihren nationalen Kontext zu koppeln. Dies könnte erreicht werden, wenn das Recht eines Landes sowohl für einheimische Jurastudenten, als auch für Gaststudenten in mindestens zwei Sprachen, z.B. der Sprache des Gastlandes und einer weiteren, gelehrt würde und wenn gemeinsame europäische Rechtstexte, wie zum Beispiel die *Principles on European Contract Law* überall studiert würden.
Eine europäische Instanz, wie z.B. ein *European Law Institute*, könnte die Integrationsarbeit erheblich unterstützen. Solch eine Einrichtung könnte eine Fülle von Aufgaben verrichten, von Sichtung und Sammlung des bisherigen Bestandes von EU-Gesetzgebung und nationaler Rechtslage, bis hin zur Entwicklung von Modellrechten, sprachlicher Mitprägung des europäischen Rechtsvokabulars und Verbreitung von Informationen. Eine eventuelle spätere Rechtsvereinheitlichung könnte im Rahmen eines Institutes vereinfacht werden und der Vorgang selber würde dadurch transparenter. Auch wäre dann eine Instanz gegeben, die dafür sorgen könnte, dass die Gesetze up to date bleiben.

2. Wie geht es weiter mit dem europäischen Kaufrecht?

Die Zukunft des europäischen Kaufrechts wird vor allem davon abhängen, welche Entscheidungen in Brüssel genommen werden. Will man nur ein harmonisiertes Verbraucherkaufrecht oder ein umfassendes Kaufrecht? Wichtig ist auch die Frage, was mit dem UN-Kaufrecht geschehen wird. Nicht alle Mitgliedstaaten sind diesem beigetreten. Soll nun die EU selber Mitglied davon werden und es somit verbindlich machen[1] oder will man einen Ersatz kreieren, der besser zur EU passt. Die Antworten auf diese Fragen sind richtungweisend und von ihrer Beantwortung wird der Kurs abhängen, den man einschlagen muss. Auch muss die Frage beantwortet werden, inwieweit nationalstaatliches

1 Das wäre sicher eine undemokratische Lösung, die auch außer Acht lässt, dass die betreffenden Länder gute Gründe dafür haben, um nicht Mitglied zu werden.

Vertragsrecht bleiben soll und inwieweit ein europäisches Vertragsrecht gelten soll. Diese politischen Entscheidungen haben großen Einfluss auf die mögliche Gestalt des europäischen Kaufrechts.
Das Verbraucherrecht wurde schon weitgehend harmonisiert. Vor allem durch die Richtlinien zum Verbraucherschutz wurde in den letzten Jahren europäische Integrationsarbeit im Bereich des Privatrechts geleistet. Ganz Gesetzbücher wurden dadurch auf den Kopf gestellt und neu überdacht.
Jedoch ist hier nun eine Wegwendung von der früheren Minimalharmonisierung durch Richtlinienrecht zu verzeichnen. Neue Entwürfe, wie jene zum Verbraucherkredit sind so umfassend, dass sie den Rahmen eines nationalen Zivilgesetzbuches eigentlich sprengen und dazu auffordern, in einem eigenen nationalen Gesetz geregelt zu werden. Das heißt also, dass eine Richtlinie in mindestens 27 nationalstaatlichen Gesetzen geregelt wird. Dazu kommen dann noch eventuell unterschiedliche Interpretationen durch mindestens 27 verschiedene Rechtsprechungsorgane. Jede Ergänzung der Richtlinie erfordert eine erneute Umsetzung in mindestens 27 Rechtsordnungen.[1] Man muss sich daher die Frage stellen, ob es in Hinblick auf diese zu erwartenden Entwicklungen nicht sinnvoll wäre, gleich ein europäisches Gesetz zu erlassen, welches alle Mitgliedstaaten bindet. Verbraucherschutz an sich ist bereits ein so enormer Einbruch in den freien Markt und die Vertragsautonomie der Parteien, dass es eigentlich nicht als wettbewerbsgefährdend angesehen werden kann, wenn im Bereich des Verbraucherrechts in Europa einheitliche Regeln gelten. In der Zukunft sollte es also in Europa ein einheitliches europäisches Verbraucherkaufrecht geben.
Der bisherige europäische Verbraucherschutz ist sehr sektorspezifisch entwickelt worden.[2] Das führte zu Indifferenzen und zu mangelnder Kohärenz. Einheitliche Vertragsrechtsgrundsätze (*Principles*), die europaweit anerkannt werden, würden die bisherige Integrationsleistung daher erheblich erhöhen. Die Nähe des Privatrechts zum Bürger und dessen ständige Konfrontation damit macht das Privatrecht besonders geeignet, einen gemeineuropäischen Weg zu beschreiten. Jeder Käufer hat nun die Wahl, seine Waren im Inland zu kaufen, diese im Ausland zu erwerben oder im Internet, meist grenzüberschreitend, zu bestellen. Gleiches gilt auch immer häufiger für Dienstleistungen. Identifikation durch ein gemeinsames Recht scheint möglich. Ein Unionsbürger, der mit Euro zahlt, sollte auch gleiche Gewährleistungsrechte für die gekaufte Ware in den

1 Die derzeitige Richtlinie zum Verbraucherkredit wurde auch zweimal ergänzt und wie bereits erwähnt steht eine Neufassung an.

2 Wilhelmsson stellt daher mit Recht die Frage: "Is there a European Consumer Law – and should there be one?", *Saggi, conferenze e seminari, Centro di studi e ricerche di diritto comparato e straniero*, Roma 2000, S. 9.

Unionsländern erwarten können und somit ein einheitliches europäisches Kaufrecht.

Ein gemeineuropäisches Privatrecht sollte nicht auf Konsumentenschutz beschränkt bleiben, sondern über das gesamte Vertragsrecht hin ausgeweitet werden. Ein Nebeneinander von internationalen Regelungen innerhalb Europas für den Handelskauf und daneben noch von Europa beeinflusste Regeln für den Verbraucherkauf, die wiederum neben nationalen Regeln stehen, welche wiederum fast alle den Verkauf zwischen zwei Bürgern, die nicht berufsmäßig tätig werden, nicht näher behandeln, ist mehr als ungünstig. Diese Lösung ist nicht gut zugänglich, nicht bürgernah und auch nicht praktisch.

Der derzeitige *acquis communautaire* ist noch weiter ausbaubar und keineswegs abgeschlossen. Die internationale Dimension Europas sollte noch besser beleuchtet und untersucht werden. Das Zusammenwirken von Verbraucherrecht und Wettbewerbsrecht verdient mehr Aufmerksamkeit. Für gute Gesetze innerhalb Europas braucht man mehr als gute Gesetzgebungsjuristen. Es ist an der Zeit, dass klare politische Entscheidungen gefällt werden, in welche Richtung die Fahrt gehen soll: Ein gemeinsamer Binnenmarkt, der als ein Handelspartner in der Welt steht oder ein Zusammenschluss von Nationalstaaten, die untereinander auch noch konkurrieren können und wollen. Eine Verbindung von beiden Möglichkeiten ist auch denkbar, aber dafür müsste endlich eine Diskussion über das Zusammenwirken von Verbraucherrecht und Wettbewerbsrecht gestartet werden. Derzeit können europäische Kaufrechtsentwürfe die Diskussion nur bereichern, aber sie können keine politischen Entscheidungen ersetzen.

3. *Opt-in* oder *opt-out*

Bevor ein europäisches Kaufrecht in Europa eingeführt werden kann, ist es nötig, sich auf die Rahmenbedingungen zu einigen. Ein besonders wichtiger Punkt dabei ist es zu entscheiden, ob es sich nun bei einem Kaufrechtsinstrument um ein *opt-in* oder *opt-out* Instrument handeln soll.

Der Aktionsplan zu einem kohärenteren europäischen Vertragsrecht sah einen gemeinsamen Referenzrahmen und ein freiwilliges Rechtsinstrument auf dem Schritt zu einem europäischen Vertragsrecht vor.[1]

Im Grünbuch aus dem Jahr 2007 wird unter anderem von einem kombinierten Ansatz gesprochen, der sehr wohl von einer Verbindlichkeit der Verbraucherschutzvorschriften ausgeht, also in diesem Bereich überhaupt keine Wahlmöglichkeit vorsieht.

1 Siehe Staudenmayer, The Commission Action Plan on European Contract Law, *ERPL*, 2-2003, S. 113-127, vor allem S. 124 f.

Die Entscheidung von *opt-in* oder *opt-out* ist in erster Linie eine politische, die unter anderem durch Maßnahmen auf europäischer Ebene bestimmt werden muss. Dennoch sprechen manche Kriterien für die Bevorzugung der einen oder anderen Lösung.
Abhängig von der Wahl ob *opt-in* oder *opt-out* ist die Entscheidung, ob ein vereinheitlichtes Kaufrecht nur im grenzüberschreitenden Verkehr gültig sein wird, oder auch nationalstaatliches Recht ersetzen kann oder zu einem späteren Moment auch ersetzen soll. Die Entwicklungen zielten eine zeitlang auf die Schaffung eines Gemeinsamen Referenzrahmens, der ein *soft-law* Instrument sein soll. Also wird die Anwendung des Gemeinsamen Referenzrahmens im Ermessen und innerhalb der Vertragsautonomie der Parteien liegen. Ebenso in dieser Linie liegt auch das optionelle Instrument, welches Teilaspekte des Vertragsrechts umfassen könnte. Richtig wichtig wird die Frage *opt-in* oder *opt-out* aber erst, wenn die Kommission sich entscheidet mehr als nur das Verbraucherrecht zu regeln, welches doch vor allem aus bindenden Regeln bestehen wird.
Außerdem ist die Entscheidung, ob *opt-in* oder *opt-out* auch abhängig davon, ob das UN-Kaufrecht in die europäische Lösung integriert wird oder nicht. Sonst hätte man zwei Instrumente parallel. Das würde eine kohärente Lösung erschweren. Entschieden werden muss daher auch, ob man einen Unterschied zwischen Handels- und Verbraucherkauf in der Zukunft haben möchte. Diese Entscheidung ist noch nicht abschließend genommen worden.

4. Ziele

Wie soll ein europäisches Kaufrecht aussehen im Falle, dass man sich für ein solches entscheidet? Die vergangenen Jahrzehnte haben Richtungen aufgezeigt, den Weg zur Harmonisierung geebnet und lassen noch Möglichkeiten offen. Deutlich ist geworden, dass die Regelungen zu einem europäischen Kaufrecht zumindest einigen Grundvoraussetzungen entsprechen müssen. Ein europäisches Kaufrecht muss weitergehen als die bisherige Richtlinie zum Verbraucherkauf. Regeln zum Vertragsabschluss sind nötig, ebenso wie Regeln zum Eigentumsvorbehalt als auch Regeln, die die Rechtslage beim Abzahlungskauf festlegen. Somit ist festzustellen ist, dass das Kaufrecht aller Wahrscheinlichkeit nach eingebettet sein wird in einen größeren Regelungsrahmen, der große Teile des europäischen Vertragsrechts behandelt. Da Regeln zum Vertragsabschluss auch wiederum für andere Vertragstypen eingesetzt werden können, wie zum Beispiel für Dienstleistungsverträge, ist es eigentlich nicht logisch, nur das Kaufrecht regeln zu wollen Es wird also kein selbständiges europäisches Kaufrecht geben, welches nur einzelne Aspekte des Kaufs behandelt.

Es ist deutlich, dass ein europäisches Kaufrecht eine Einbettung in ein europäisches Vertragsrecht braucht. Regelungen allein zum Verbraucherkauf führen einzig zur weiteren Fragmentierung. Ebenso, würden auch Regeln, die nur den grenzüberschreitenden Handelsverkehr vor Augen haben unweigerlich zu einer Fragmentierung führen. Es muss auf die Dauer ein einheitliches Bild entstehen, welches dem Kaufrecht einen transparenten Platz einräumt zwischen Regeln zum Vertragsabschluss, Fragen zum Schadenersatz und verwandten Gebieten, wie zum Beispiel zum Verbraucherkredit und dem.[1]
Ein europäisches Kaufrecht muss auf Entwicklungen schnell reagieren können. Daher kann es nicht nur auf dem *acquis communautaire* fußen, da dieser erst zugänglich ist, wenn ein Prozess eigentlich bereits abgeschlossen ist. Der *acquis communautaire* ist daher Rechtsgeschichte und nicht ausreichend für eine moderne Lösung. Ziel muss es sein, eine Regelung zu entwickeln, die modern und nicht in nationalen Denkmustern verhaftet ist. Auch muss sie schnell auf Entwicklungen des Marktes reagieren können.
Heute ist der zunehmende Verkauf via Internet ein Problem, der durch eine Auktion stattfindet. Sowohl das UN-Kaufrecht, die Richtlinie zum Verbraucherkauf als auch die meisten nationalen Rechtsordnungen schützen in diesem Falle den Käufer nicht oder nur unzureichend. Es ist nicht einzusehen, warum in diesen gängigen grenzüberschreitenden Verträgen, dem Käufer ein geringerer Schutz zukommt als bei einem gewöhnlichen Kauf. Hier besteht noch Handlungsbedarf. Im Grünbuch der Kommission zur Überprüfung des gemeinschaftlichen Besitzstandes im Verbraucherschutz wurden weitere Probleme deutlich benannt. Es ist zu hoffen, dass die Kommission wirklich tätig wird und mit Antworten auf die benannten Probleme kommt. Unerwähnt blieb im Grünbuch, welches sich auf das Verbraucherrecht konzentriert, aber das Verhältnis zum UN-Kaufrecht.
Das UN-Kaufrecht sowie auch die Richtlinie 1999/44/EG zu bestimmten Aspekten des Verbrauchsgüterkaufs und der Garantien für Verbrauchsgüter sollten beachtet werden. Es wäre bestimmt keine zeitgemäße Lösung, um nun mit ganz anderen Ideen zu kommen. Aus diesem Blickwinkel muss eine zeitgemäße Kodifikation entstehen. Die Modifizierungen durch die unterschiedlichen Implementierungen in den Mitgliedstaaten und die unterschiedliche Interpretation durch nationale Rechtsprechung verlangen nach einer Neuordnung der Materie. Durch ein anwendungsfreundliches *up-date* muss eine Kodifikation entstehen, die für alle EG-Mitgliedstaaten gleich gut zugänglich ist. Viele nationale Gesetze zum Kaufrecht sind durch zahlreiche Ergänzungen und Einfügungen nicht

[1] Siehe dazu Heutger, Do we need a European Sales Law? *Global Jurist*, Vol. 4, Issue 2, Article 1, S. 1-14.

mehr benutzerfreundlich und oft ohne spezielle Ausbildung nur mühevoll zugänglich. Konkurrenzfragen, wie z.B. Gewährleistung neben Schadenersatz sollten deutlicher geklärt werden.
Die nationalen Gesetzgebungen in Europa stammen zum Teil aus dem vorletzten Jahrhundert und versuchen die neuen Entwicklungen in Form von Implementierungen in ihre eigenen Gesetzgebungen einzuarbeiten. Das führt zur Unübersichtlichkeit. Hier könnte eine neue einheitliche europäische Gesetzgebung Abhilfe schaffen.
Eine überschaubare Regelung sollte entstehen, die nicht durch zahlreiche Novellierungen unübersichtlich geworden ist.

5. Schlussbetrachtung

Unübersichtlichkeit, Zersplitterung und nationale Unterschiede zeichnen das europäische Vertragsrecht aus. Daher spricht vieles für ein europäisches Vertragsrecht. Da ein solches Vertragsrecht sicher recht umfangreich würde, ist es vielleicht ehrlicher, von einer Europäischen Kodifikation oder einem europäischen Zivilgesetzbuch zu sprechen. Diskutiert werden muss noch die Einführung und Durchsetzbarkeit solch eines Projektes. Allein die von der Study Group gesammelten und bewerteten Materialien stellen eine wertvolle Basis, ja, eine richtungweisende Grundlage für die Arbeiten an einem Europäischen Zivilgesetzbuch dar. Ebenso bedeutsam ist das Projekt von Giuseppe Gandolfi, der nun auch schon große Teile eines möglichen europäischen Zivilgesetzbuches entworfen hat. Innerhalb dieser beiden Großprojekte schafft es die Rechtsvergleichung, aus ihrer rein deskriptiven Position herauszukommen und als Grundlage für modernes, zeitgemäßes Recht zu dienen.
Allerdings kann es auch möglich sein, dass ein gemeinsames Kaufrecht nicht nur durch Gesetzgebung geregelt werden muss. Es kann auch noch durch selbstregulatorische Maßnahmen der verschiedenen Sektoren sinnvoll ergänzt werden. Autonomie und Gesetzgebung sollten einander zuspielen.
Außerdem ist es anzuraten, den Verbraucher mehr selber zu Wort kommen zu lassen und seine Belange außerhalb von Gesetzen zu befriedigen. Daher sollten mehr grenzüberschreitende Verbraucherverbände gegründet werden, die die Belange der Verbraucher über Grenzen hinweg in Bedacht nehmen. Ein Verbraucher, der Waren in einem anderen Land kauft, sollte auch die Unterstützung seines eigenen einheimischen oder eines grenzüberschreitenden Verbraucherverbandes in Anspruch nehmen können. Ein einfacher Zugang zum Recht ist gewiss nicht nur durch ein einheitliches europäisches Gesetz gegeben. Um wirklich nah am europäischen Bürger eine Lösung anbieten zu können, muss mehr geschehen als die Vorlage eines reinen Gesetzestextes.

Ein europäisches Kaufrecht: Vision oder nahe Zukunft? Die Zukunft ist nahe herangerückt und Ideen, die noch vor wenigen Jahren als Vision galten sind bereits Realität geworden. Ein europäisches Kaufrecht liegt in groben Zügen schon vor. Seine präzise Gestalt muss noch kommen. Der Wachstumsprozess ist begonnen und die kommende Zeit wird zu einer Lösung beitragen. Die Europäische Union ist langsam gewachsen, ebenso wird auch das europäische Kaufrecht immer deutlichere Konturen erhalten und eines Tages das ganze Geschäftsleben bestimmen.

Abstract[*]: Towards a European Sales Law

Introduction

The European Union is enlarging and there is a desire to strengthen the internal market. There is considerable support for a uniform European contract law. The high standards of consumer protection within the member states are already a clear step in the direction of full harmonization. But nevertheless many legal obstacles pave the way towards a uniform contract law. The EC treaty does not provide rules for full harmonization and the economic power of each member state is quite different. Furthermore, many of the new member states have brand new civil codes and other member states recently have implemented code revisions. Therefore, the support for full harmonization is not unanimous. Since the Directive 1999/44 on consumer sales came into force a discussion around a common European sales law started. First drafts are already available, but still it is not clear what form of legal instrument a European sales law will take.
In any event, a European Sales Law will be law in action. Competition law, consumer protection regulation, international conventions and different national traditions will have a strong impact on a future European Sales Law. Currently the debate is over whether we will have a harmonized national law in the future or a common European one. Different scenarios are possible. An opt-in instrument like the Common Frame of Reference developed by the European Commission can achieve harmonization. In the near future a new optional instrument, meaning a smaller or broader codification of specific contract law, is also feasible. Another way would be the unification of sales law in the framework of a European Civil Code. The decision, as to how this will be pursued in the future depends mainly on policy choices rather than the best legislative considerations.
This book is therefore a contribution to the ongoing debate around the integration process of European contract law, with a particular focus on how this is demonstrated through sales law.

Non-legal impacts

Contract law in Europe is not only a purely legal question. Cross-border trade is also depending on confidence and comprehension of the different traditions and

[*] I would like to thank Jessica Burns for the linguistic revision of the text. The abstract is based on earlier published articles: Heutger, Do we need a European Sales Law, *Global Jurist*, Vol. 4, Issue 2, 2004, Article 1, S. 1-14, Heutger, Steps towards a European Sales Law, *EJCL* (2003), S. 1-6, Heutger/Jeloschek. Towards a European Sales Law, in: Hartkamp et. al. (Hrsg.). *Towards a European Civil Code*, The Hague 2004. S. 533-553.

languages. Particularly, in consumer transactions the impact of languages should not be underestimated. Only a sale in the language of the consumer is really understood by the customer. A commercial guarantee or available remedies are more easily invoked, when the consumer can access these in his or her own mother tongue. Language plays an in important role in consumer transactions. The consumer wants to understand and make himself understood. He will therefore prefer to conduct the necessary transaction in his native tongue, as this facilitates trust between the parties.

Furthermore, there is the issue of logistics. After having overcome all the hurdles of ordering and undertaking payment, how can the consumer transport the goods back home? If they are small there is no problem in doing that oneself. But when it comes to large and bulky household appliances, the picture looks somewhat different. Sellers will most likely be neither willing nor in a position to transport them to the consumer's place of residence in another country. On most occasions the help of professional carriers is needed. That adds extra costs to the product. In any event, asking for any repair or a maintenance service will prove quite difficult once the consumer is back home. The same problems occur when ordering by mail or internet.

Above all, geographical accessibility is a key-factor to be taken into account. Consumers do not regularly engage in long, drawn-out 'hunting-and-gathering' campaigns to purchase goods. The large bulk of consumers shopping abroad, with the exception of those who live in border regions, are tourists or businessmen on business trips. Therefore, in the end only certain groups of all European consumers will participate in the open market and the question needs to be asked, if it is really necessary to provide a completely harmonized law for this small group?

The rise of the EURO

One of the most important and for the European people certainly most evident, recent economical developments in Europe has been the ascent of a common currency. As a result, since 2002 most sales transactions within the thirteen countries of the European Monetary Union are settled in €. Not only does the common currency therefore demonstrate the ever-deepening market harmonization, but it also further stimulates the internal market.

In short, the Euro has effectively facilitated a comparison of prices and has thus torn down an important obstacle to cross-border shopping. To some, it now seems only logical to continue this trend by harmonizing other equally important aspects of sales transactions, such as the legal framework within which they are embedded. In other words, Europe has a common currency, but no common rules for sales transactions; disparities in sales law are thus seen as another hurdle to cross-border trade that needs to be dismantled.

The legislative tradition of European Sales Law

To harmonize European sales law means to continue on a path already paved and not to break new ground. International sales law, in the first instance, the Vienna Sales Convention (CISG) has a great impact on international commercial transactions in Europe, even when not all EU-Member-States are members to the Convention. On the consumer side the rules of the various Directives are of primary importance. Furthermore, all Member-States provide for wellelaborated provisions in diverse codes or acts. All these domestic provisions cannot be abolished and, therefore, must be taken into consideration while drafting a European sales law.

The Consumer Sales Directive

The Consumer Sales Directive consequently had a high impact on national sales law. Article 1 paragraph 1 CSD lays down the purpose of the Sales Directive as the approximation of the laws, regulations and administrative provisions of the Member States […] in order to ensure a uniform minimum level of consumer protection in the context of the internal market.

This ambitious endeavor – i.e. establishing at least part of a uniform consumer sales law – has actually come a long way, as a quick look at the legislative history of the Sales Directive reveals. It all started with a survey which was carried out in 1993, trying to find out why consumers in the European Union were reluctant to purchase in another Member State. It did not come as a great surprise that most of those interviewed mentioned the possible difficulties in exercising their rights and the uncertainty of possible legal redress to explain their reluctance. The European Commission did not negate this call for action and put forward a proposal for a Directive in 1996. It instigated a heated debate that eventually resulted in a common position of the European Council in 1998. Finally, after having consulted the Conciliation Committee, the European Parliament and the Council reached an agreement in March 1999, which was subsequently enacted as Directive 1999/44.

The Member States were rather late in implementing the Sales Directive: only three countries – Austria, Finland, and Germany – managed to abide by the deadline of January 1, 2002. A year later, eight Member States had still not complied with their obligations to transpose this piece of European legislation. On the one hand, it could be argued that this is just 'business as usual', since Member States are notoriously late, and careless one might add, in implementing EU Directives. Less sceptically, one could argue, on the other hand, that this is a clear sign that the process of European harmonization as such has reached its limits: while Member States grapple with the transposition of one instrument into the peculiarities of their national laws, another 'threat' to the unity of purpose is already on their doorstep.

The UN Convention on the International Sale of Goods (CISG)
The CISG was drafted at an international conference in Vienna in 1980, and it came into force on January 1, 1988. As already mentioned above, the CISG constitutes a truly universal body of sales law as it has been ratified by a large number of countries worldwide. In fact, the efforts to harmonize the international law of sales date back to the last century, starting from the early comparative studies carried out by Ernst Rabel to the Hague Sales Law, the ULIS, and eventually arriving at the CISG.
Without cutting short any any analysis of the scope of its application, it should be noted that the CISG is essentially an instrument of international commercial sales law. This characteristic has to be taken into account when applying the CISG, as is expressly provided in Articles 7 and 9 CISG (international character and trade usages, respectively).
The CISG consists of four parts, which in turn are divided into chapters and sections. In contrast to the Sales Directive, some issues of general contract law are also dealt with, such as the formation of sales contracts.

Limits of existing unified sales law
It follows from the name of the Sales Directive that two main subjects are tackled: certain aspects of the sale of consumer goods and associated guarantees. When looking at the first thrust of the Sales Directive, i.e. the sale of consumer goods, the first question that comes to mind is which aspects of sales law does it cover? The ambit of the Sales Directive can be characterized by several elements as it regulates the sale of consumer goods concluded between consumers and professional sellers.
Article 1 paragraph 4 extends the scope of sales to contracts for the supply of goods to be manufactured or produced.
Consumer goods are any tangible movables with four exceptions in Article 1 paragraph 2 sub. (b): goods sold by way of execution on bankruptcy or otherwise by the authority of law; water and gas, unless they are sold in a limited volume or the set quantity; electricity; and, finally – as an option for the Member States (Article 1 paragraph 3) – second-hand goods sold at public auction with consumers having the opportunity of attending in person.
Besides this restriction to specified goods, one has to keep in mind that the Sales Directive purports to regulate only certain aspects of consumer sales. Basically, it establishes the principle of conformity with the contract and a minimum set of rights in the case of non-conformity. The seller's right of redress is also dealt with, although it arguably lacks teeth.
The consumer is defined by means of an objective and subjective element as 'any natural person who, in the contracts covered by this Directive, is acting for purposes which are not related to his trade, business or profession', Article 1

paragraph 2 sub. (a). His counterpart, the seller, is 'any natural or legal person who, under a contract, sells consumer goods in the course of his trade, business or profession', Article 1 paragraph 2 sub. (c).
The CISG defines its sphere of application in Article 1 CISG as follows:

> *(1) This Convention applies to contracts of sale of goods between parties whose places of business are in different States:*
> *(a) when the States are Contracting States; or*
> *(b) when the rules of private international law lead to the application of the law of a Contracting State.*
> *(2) – (3) [...]*

This definition is further qualified by Articles 2 to 6 CISG: Article 2 excludes certain types of sale from the ambit of the CISG, such as sale by auction, sale on execution, sale of certain financial instruments, sale of ships, vessels, hovercraft or aircraft, and the sale of electricity in sub. (b) to (f). Article 3 includes contracts for the supply of goods to be manufactured or produced, the Werklieferungsverträge, subject to certain conditions. Article 4 clarifies that the '[...] Convention governs only the formation of the contract of sale and the rights and obligations [...] arising from such a contract [...]'; sub. a and b expressly exclude matters of validity and property. Article 5 excludes liability for death and personal injury.
Consumers transactions do not, in principle, fall under its ambit. This is made clear by Article 2 sub. (a), which excludes 'goods bought for personal, family or household use', unless the seller 'neither knew nor ought to have known that the goods were bought for any such use'.

Lacunae and further problems of a substantive nature
It therefore follows that both instruments are rather restricted in their application. But besides such considerations of scope, there are plenty of lacunae and other problems relating to the substance of the rules. Due to constraints of space, we can only hint at a few of these issues without attempting to sketch a complete picture. Furthermore, we will confine this brief discussion to the shortcomings of the Sales Directive, as it is the most recent and arguably most modern instrument of sales law, which has also been inspired by the CISG.
When looking at the Sales Directive, one cannot but remark on two aspects. On the one hand, many proposals have been dropped on the course of the legislative history, such as the manufacturer's liability, after-sales services, and network liability. These rules were considered to be too radical, at least for the time being. It is interesting to note, however, that they have not been discarded in the dustbin of history, as the Sales Directive itself contains reminders of the great developments to come.

On the other hand, it seems as if even the watered-down comprise of the Sales Directive still managed to stir a great deal of debate. To mention a few aspects: the seller's right to redress enshrined in Article 4 has turned out to be controversial, as some Member States have thought it necessary to implement it, whereas others have dismissed it completely. Besides, the Sales Directive has introduced some black-letter rules on guarantees, which had previously been somewhat 'under-regulated' on the national level.
In addition to these shortcomings, the Sales Directive contains some important gaps, as certain important issues are not addressed at all. To name but a few: risk is not covered (see recital 14 CSD); the right to damages is not addressed in Article 3 CSD; and, as in the CISG, issues of property are not dealt with at all.
Pursuant to Article 8 paragraph 2 CSD, 'Member States may adopt or maintain in force more stringent provisions [...] to ensure a higher level of consumer protection'. At first sight, this so-called minimum protection clause seems to make sense, as the Sales Directive only aims to create a certain minimum level of consumer protection in sales law across Europe. Not only does this leave the Member States with greater freedom, but clauses of this nature have become a common feature of European consumer legislation.
It is not always clear what amounts to 'more stringent provisions'. In fact, one cannot help wondering 'whether the trains of thought depart from the same platform'. Moreover, such divergent views may eventually result in diverging implementations of the same legal text, thus running counter to the intended harmonization in a given field of law.
In contrast to the mandatory nature of the Sales Directive, the CISG has a different starting point, which reflects its commercial character. Pursuant to Article 6 CISG, parties can either 'exclude the application of this Convention or [...] derogate from or vary the effect of any of its provisions'.

Findings

In sum, there are now two separate bodies of sales law in existence in today's Europe: the CISG deals with international commercial sales, whereas the Sales Directive targets consumer sales within the European internal market. These two instruments are clearly situated at opposite poles of a spectrum that ranges from purely private transactions on a national level to commercial transactions transcending national borders. It therefore seems as if these two instruments could not possibly clash with each other.
But despite the essential difference in nature, that is the emphasis on consumers vs. commercial transactions, both legal instruments are quite similar. That does not come as much of a surprise, bearing in mind that the CISG has served as a model for the drafting of the Sales Directive on a European level. But since this contribution is to explore the need for, and a possible basis of, a compromise

European regime of sales law, it is necessary to briefly discuss the arguably different starting points of both instruments. In other words, is either of them fit to meet the challenges of the European markets in the 21st century?

First of all, the CISG may no longer reflect today's values and considerations. Not only has it been in force for 20 years, but the drafting process started way back in the last century. In addition to that long time-span, a compromise had to be reached on a worldwide basis. In other words, a balance had to be struck between rich and poor states, between different political systems, economic models, social systems, and legal concepts. It could be argued that the Sales Directive has reignited the discussion, eventually adopting new rules in ever-changing times, tailored to the European needs. But as has already been mentioned, the CISG was one of the main sources of inspiration, a development that can be traced in different national legal systems as well. Thus, it remains doubtful whether the Sales Directive indeed reflects the true spirit of consumer protection.

Secondly, both instruments are geared towards a rather special context. The Sales Directive regulates the sale of consumer goods concluded between consumers and professional sellers, whereas the CISG, in contrast, applies to the international sale of goods, which excludes consumer transactions. This difference is also reflected in the mandatory nature of the provisions in both instruments. In addition, the Sales Directive and the CISG are rather restricted as regards the object of sale, as they deal exclusively with the sale of goods, which in turn are again restricted by excluding certain types of goods.

Thirdly, the Sales Directive regulates only certain issues right from the outset, thus leaving some essential problems unresolved. In contrast, the CISG can be seen as a rather independent body of sales law. However, besides its restricted scope of application discussed above, it has to be kept in mind that the provisions of this Convention have to be read in the light of its commercial cross-border character, in particular taking into account the needs and objectives of commercial sales. Bearing in mind these caveats, it seems as if the CISG, as it stands, is not suitable to be regarded as the sole pillar of a European sales law.

The European consultation- and discussion process

Within the last few years the European Commission has started a consultation and discussion process around the harmonization of contract law. Stakeholders from all over Europe are involved in the process. One of the main objectives had been always sales law and, explicitly, its relation towards CISG. Thus far, it is certain that the Common Frame of Reference, expected by the end of 2009, will provide tools for sales contracts.

The academic proposal of the sales part of the Common Frame of Reference is supported and elaborated by a research group of the Study Group on a European Civil Code.

The academic proposal of a European Sales Law

The research team of the Study Group on a European Civil Code has embarked on the task of creating Principles of European Sales Law. They do this under a contract with the European Commission.

If there is a declared intent to seek for common rules and principles in sales law one cannot avoid dealing with the standards that have been set in Europe so far. As already stated, what comes to mind first is the Consumer Sales Directive (hereinafter referred to as 'the Sales Directive' or 'the CSD'), which the European Parliament and the Council of the European Union enacted on 25 May 1999. Even though this Directive is only aimed at harmonizing consumer sales law it cannot be denied that, by doing so, a large domain of the law of sales as such has been covered. In addition to that, the United Nations Convention on the international sale of goods has been ratified by most of the Member States of the European Union, except four countries. And, thirdly, there are also general principles of contract law, such as the Principles of European Contract Law (PECL), which, albeit not drafted as sales law as such, can provide a basis for common European rules.

A brief introduction to the research project on sales law

After having analyzed the national reports which were drafted following several questionnaires, the working team presented a position paper on Principles of European Sales Law to the Co-ordinating Committee of the SGECC.

In order to deal with the different aspects of sales contracts, the relevant topics were divided into small sub-chapters of the final set of rules. At the first stage, the working team elaborated these sub-chapters, such as general provisions, conformity, remedies, obligations of the buyer and the seller, etc.

By the end of 2000, the working team was able to present the first draft black-letter rules on sales law, which were based both on their comparative research and on the support and expertise of their advisors. This preparatory initiative has been refined over the last few years and the core topics characterizing a sales contract are now at the final stage of drafting. The ultimate outcome will have to pass through the so-called Drafting Committee, which ensures consistency with other drafts prepared by the SGECC.

In addition to the national reports, the CISG served as the starting point for the drafting process because of its wide acceptance and its influence on various national sales laws and on the Sales Directive itself. However, deviations from the CISG have been considered necessary insofar as a given rule posed problems in the non-commercial or European context. In addition, the working team has deemed the Sales Directive to be a minimum standard of consumer protection. In other words, the choices made in the Sales Directive were at least accepted as compelling for consumer sales law.

The sales draft is designed to operate within the framework of general contract law as promulgated by the Principles of European Contract Law (hereinafter: 'the PECL'). Thus, certain subjects of general, i.e. non-sales-specific interest, such as validity or formation, are regulated in the PECL and will not be repeated in the sales draft.

The aim of the working group on sales contracts

The principles of European sales law serve different purposes. On the one hand, they will be an academic answer to the ongoing process relating to the EU-wide harmonization of contract law. On the other hand, they could also be a model law for further comparative activities within European contract law. The research undertaken will have to show which rules are better designed to meet the needs of international and national commerce alike. In sum, the sales draft attempts to create a truly uniform sales law, bridging the differentiation into different settings, different parties to the contract, and different objects of sale. To that end, a balance is struck between the two poles of the sales spectrum, the commercially-orientated CISG and the consumer-orientated Sales Directive. It follows from these considerations that the principles of sales law – despite drawing heavily on the CISG and its ever-growing case law – did not slavishly reproduce the CISG. Instead, deviations are introduced where they are deemed necessary.

Spotlighting the draft

To start with, it is remarkable that neither the CISG nor the Sales Directive offers a definition of a sale. The draft, however, starts with such a definition whereby an attempt is made to summarize the essence of a sale: the seller undertakes to transfer property and the buyer undertakes to pay the price. Rules on barter are also to come under the ambit of the sales draft.

The sales draft covers all sales transactions irrespective of the status of the parties involved: commercial contracts; consumer contracts; and private contracts, i.e. transactions between private parties. Consumer sales are addressed by specific rules, which either deviate from, or complement the general rules. One important consequence of the consumer protection regime is that the parties may not derogate from the rules to the detriment of the consumer. In contrast, commercial sales are not regulated as a category in their own right. The idea behind this uniform approach is to counteract the increasing fragmentation into several specialized branches of sales law.

Along the lines of both the CISG and the Sales Directive, the sales draft focuses on goods. It should be noted, however, that these rules on the sale of goods in the strict sense have been considerably extended. On the one hand, certain objects have been included in the definition of goods, such as ships, aircraft and space objects, animals, liquids and gases. This explicit enumeration ensures that these objects are well within the scope of goods, defined as 'corporeal movables', although this may remain doubtful under certain national and international sales laws. On the other hand, the sales draft also applies with appropriate modifications to contracts of sale involving objects that are explicitly excluded from the CISG and the Sales Directive (such as shares, electricity, information, to name but a few). By and large, this wider approach has been adopted in order to reflect the economic realities of the Internal Market; what is more, the sales rules may also be extended to further types of sales later on.

Conformity of the goods is addressed in a separate section, which, amongst other things, lays down the principle of, and the relevant time for, these conditions to be fulfilled. Cases of partial delivery and partial non-conformity are also deemed to amount to non-conformity. Furthermore, the section on conformity contains a regime on the examination and notification of the lack of conformity, including an absolute time-limit of two years commencing from delivery. This regime is novel in that it contains a separate set of rules for consumer sales, which attempts to accommodate the solutions offered by the Sales Directive and the CISG. As a result, a consumer never loses his rights to obtain damages and a price reduction after failing to give notice of the non-conformity.

The remedial regime is split into two parts: remedies for non-conformity and remedies for any other non-performance on the part of the seller, notably late delivery. As a general principle, specific performance by means of repair or replacement prevails over the other remedies, i.e. termination of the contract, a price reduction and damages. In consumer sales, the buyer may choose between repair and replacement, while this choice is otherwise up to the seller. Since commercial sales have not been regulated as a separate category, it was considered necessary to limit the liability of non-professional sellers in the form of damages.

The section on guarantees goes a step further than the Sales Directive. A guarantee as defined by the sales draft is a voluntary instrument used by any person in the commercial chain of distribution. The draft provides for default rules when the guarantor does not specify the content of the product guarantee. Thus, the draft has remedied one of the main shortcomings of the Sales Directive, i.e. the default content of the commercial guarantee.

The section on the seller's remedies, following the CISG, provides for a seller's right to make specifications if the buyer has failed to do so.

As a general rule the risk of the loss or of damage to the goods passes when control over the goods is transferred to the buyer. The loss of or damage to the goods after the risk has passed to the buyer does not discharge the buyer from the obligation to pay the price, unless the loss or damage is due to an act or omission on the part of the seller. The passing of the risk is therefore not dependent on the obligation to pay the price. The risk passes even before the payment of the price and also when the buyer is not excused from taking delivery. Accordingly, the buyer may not postpone the passing of the risk by not accepting delivery of the goods. Since transparent regulations on the passing of risk are very important in the field of transportation law, the section on the passing of risk provides special rules for carriage of goods and sales in transit.
After having sketched the rough structure of the proposal, it may be helpful to discuss briefly the application of a future European sales law. Basically, two options are possible. First, the Principles of European Sales law may serve as an optional instrument in cross-border transactions, allowing the parties to simply refer to this instrument as the applicable law. Thus, the parties have a free choice to use these principles, which do not supersede national sales laws as such. Doing so should be more advantageous than resorting to the CISG, as exemplified above; the draft offers a more comprehensive regulation. Besides, consumers should also have the free choice, since the rules have been carefully aligned with European standards of consumer protection. The second option is far-reaching in that an EU-wide sales law would govern all sales transactions, domestic and transnational ones alike. Such a European Sales Law would be a real European codification without any local restriction within the internal market. In addition, it would take the place of both the CISG and the Sales Directive.
In essence, the choice is ultimately a political one, which has to be made by legislators and not by academics.

Conclusions
At the beginning of this abstract, we asked whether the existing instruments of unified sales law, the Sales Directive and the CISG, amount to the establishment of a European Sales Law. In our opinion, the answer is in the negative, since neither the CISG nor the Sales Directive seems to be fit to meet the challenges of the European markets in the 21st century. This holds true mainly for three reasons. First, the Sales Directive does not amount to a comprehensive regulation of European sales law, leaving many an important issue unanswered, such as risk and damages. Second, it is also limited to a specific scenario, i.e. the sale of consumer goods. Not only are private and commercial transactions left out of the picture, but certain goods are also exempted, notably energy. And last, but not least, the CISG, although being a more comprehensive regulation than the

Sales Directive, has been drafted in an international commercial context, thus excluding non-commercial, notably consumer transactions.
We would like to argue that there is a need for a truly European sales law, the main reason being the ever-growing fragmentation of sales law. In effect, the increasing specialization of rules over the last few decades could result in no less than four different bodies of sales law characterized by the following relationships: (1) private party – private party; (2) consumer – business (consumer sales); (3) business – business (national commercial sales); (4) business – business (international commercial sales). Since the Sales Directive and the CISG already cover situations 2 and 4, there seems to be little room for national rules to apply. Basically, the non-harmonized parts of sales law concern situations 1 and 3, and the goods that do not fall within the scope of the CISG or the Sales Directive.
Against that rather chaotic and increasingly confusing background of diverse sets of rules it makes sense that new developments in the law strive to reharmonize the different fields. And what better opportunity is there than to use Principles of European Sales Law as a vehicle for unification or disentanglement?
The main question is how this could be achieved. Here, it is time to return to the impact of the international instruments. Since both the CISG and the Sales Directive regulate very important parts of sales law, it seems to make sense to take them as a model rather than creating new rules from scratch. By doing so, one can kill two birds with one stone. On the one hand, such a procedure can benefit from the experiences and results of those instruments. One can retain the rules that have proved to be workable and effective, and focus on the controversial issues instead. On the other hand, the new rules will not have to compete against the old ones, which will result in their quick and successful reception.
Against that background, a future European Civil Code – or less enthusiastically: a harmonized set of rules – cannot therefore afford to ignore the international instruments already in existence. Bearing this caveat in mind, the SGECC has attempted to come up with a set of Principles of European Sales Law, which combines the Sales Directive and the CISG. At the end of the day, these endeavors are still an academic exercise, albeit with a view to creating a set of unified rules in European Private Law that is prêt-a-porter.
However, critics have often voiced their concern about the legitimacy of private individuals, and scholars in particular, acting as legislators. Besides the fact that the ECC project does not claim to be a lawmaker, it is important to note that its role has gained considerable weight when taking into account recent developments at the Community level.

Future prospects

Ideally, a European Sales Law should constitute a compromise between the diverging interests of consumers and commercial parties. Europe is in need of an instrument, which could modernize European sales law by bringing it into line with the economic challenges of the 21st century, taking into account also the specific needs of the European consumer. It should be an instrument that could also be applied in the setting of mixed contracts and therefore, react in time to new developments in the market. Furthermore, it should be an instrument that is close to the European citizen and equally accessible in all the member state languages. It should lay down clear principles and should stay away from a pure dogmatic approach. A European sales law should fit into all available market legislative provisions, including self regulation. Research must be carried out on how far market competition would be influenced by a common European sales law. The first drafts of a European sales law are only a small step within the process of the revision of European contract law. But as the most common contract, sales law could be seen as model for the integrating power of the internal market.

Annex I: Auszug EG-Vertrag

KONSOLIDIERTE FASSUNG DES VERTRAGS ZUR GRÜNDUNG DER EUROPÄISCHEN GEMEINSCHAFT

Amtsblatt Nr. C 325 vom 24. Dezember 2002

ANGLEICHUNG DER RECHTSVORSCHRIFTEN

Artikel 94
Der Rat erlässt einstimmig auf Vorschlag der Kommission und nach Anhörung des Europäischen Parlaments und des Wirtschafts- und Sozialausschusses Richtlinien für die Angleichung derjenigen Rechts- und Verwaltungsvorschriften der Mitgliedstaaten, die sich unmittelbar auf die Errichtung oder das Funktionieren des Gemeinsamen Marktes auswirken.

Artikel 95
(1) Soweit in diesem Vertrag nichts anderes bestimmt ist, gilt abweichend von Artikel 94 für die Verwirklichung der Ziele des Artikels 14 die nachstehende Regelung. Der Rat erlässt gemäß dem Verfahren des Artikels 251 und nach Anhörung des Wirtschafts- und Sozialausschusses die Maßnahmen zur Angleichung der Rechts- und Verwaltungsvorschriften der Mitgliedstaaten, welche die Errichtung und das Funktionieren des Binnenmarktes zum Gegenstand haben.
(2) Absatz 1 gilt nicht für die Bestimmungen über die Steuern, die Bestimmungen über die Freizügigkeit und die Bestimmungen über die Rechte und Interessen der Arbeitnehmer.
(3) Die Kommission geht in ihren Vorschlägen nach Absatz 1 in den Bereichen Gesundheit, Sicherheit, Umweltschutz und Verbraucherschutz von einem hohen Schutzniveau aus und berücksichtigt dabei insbesondere alle auf wissenschaftliche Ergebnisse gestützten neuen Entwicklungen. Im Rahmen ihrer jeweiligen Befugnisse streben das Europäische Parlament und der Rat dieses Ziel ebenfalls an.
(4) Hält es ein Mitgliedstaat, wenn der Rat oder die Kommission eine Harmonisierungsmaßnahme erlassen hat, für erforderlich, einzelstaatliche Bestimmungen beizubehalten, die durch wichtige Erfordernisse im Sinne des Artikels 30 oder in Bezug auf den Schutz der Arbeitsumwelt oder den Umweltschutz gerechtfertigt sind, so teilt er diese Bestimmungen sowie die Gründe für ihre Beibehaltung der Kommission mit.

(5) Unbeschadet des Absatzes 4 teilt ein Mitgliedstaat, der es nach dem Erlass einer Harmonisierungsmaßnahme durch den Rat oder die Kommission für erforderlich hält, auf neue wissenschaftliche Erkenntnisse gestützte einzelstaatliche Bestimmungen zum Schutz der Umwelt oder der Arbeitsumwelt aufgrund eines spezifischen Problems für diesen Mitgliedstaat, das sich nach dem Erlass der Harmonisierungsmaßnahme ergibt, einzuführen, die in Aussicht genommenen Bestimmungen sowie die Gründe für ihre Einführung der Kommission mit.

(6) Die Kommission beschließt binnen sechs Monaten nach den Mitteilungen nach den Absätzen 4 und 5, die betreffenden einzelstaatlichen Bestimmungen zu billigen oder abzulehnen, nachdem sie geprüft hat, ob sie ein Mittel zur willkürlichen Diskriminierung und eine verschleierte Beschränkung des Handels zwischen den Mitgliedstaaten darstellen und ob sie das Funktionieren des Binnenmarkts behindern.

Trifft die Kommission innerhalb dieses Zeitraums keine Entscheidung, so gelten die in den Absätzen 4 und 5 genannten einzelstaatlichen Bestimmungen als gebilligt.

Die Kommission kann, sofern dies aufgrund des schwierigen Sachverhalts gerechtfertigt ist und keine Gefahr für die menschliche Gesundheit besteht, dem betreffenden Mitgliedstaat mitteilen, dass der in diesem Absatz genannte Zeitraum gegebenenfalls um einen weiteren Zeitraum von bis zu sechs Monaten verlängert wird.

(7) Wird es einem Mitgliedstaat nach Absatz 6 gestattet, von der Harmonisierungsmaßnahme abweichende einzelstaatliche Bestimmungen beizubehalten oder einzuführen, so prüft die Kommission unverzüglich, ob sie eine Anpassung dieser Maßnahme vorschlägt.

(8) Wirft ein Mitgliedstaat in einem Bereich, der zuvor bereits Gegenstand von Harmonisierungsmaßnahmen war, ein spezielles Gesundheitsproblem auf, so teilt er dies der Kommission mit, die dann umgehend prüft, ob sie dem Rat entsprechende Maßnahmen vorschlägt.

(9) In Abweichung von dem Verfahren der Artikel 226 und 227 kann die Kommission oder ein Mitgliedstaat den Gerichtshof unmittelbar anrufen, wenn die Kommission oder der Staat der Auffassung ist, dass ein anderer Mitgliedstaat die in diesem Artikel vorgesehenen Befugnisse missbraucht.

(10) Die vorgenannten Harmonisierungsmaßnahmen sind in geeigneten Fällen mit einer Schutzklausel verbunden, welche die Mitgliedstaaten ermächtigt, aus einem oder mehreren der in Artikel 30 genannten nicht wirtschaftlichen Gründe vorläufige Maßnahmen zu treffen, die einem gemeinschaftlichen Kontrollverfahren unterliegen.

Artikel 96

Stellt die Kommission fest, dass vorhandene Unterschiede in den Rechts- und Verwaltungsvorschriften der Mitgliedstaaten die Wettbewerbsbedingungen auf dem Gemeinsamen Markt verfälschen und dadurch eine Verzerrung hervorrufen, die zu beseitigen ist, so tritt sie mit den betreffenden Mitgliedstaaten in Beratungen ein.

Führen diese Beratungen nicht zur Beseitigung dieser Verzerrung, so erlässt der Rat mit qualifizierter Mehrheit auf Vorschlag der Kommission die erforderlichen Richtlinien. Die Kommission und der Rat können alle sonstigen, in diesem Vertrag vorgesehenen zweckdienlichen Maßnahmen treffen.

Artikel 97

(1) Ist zu befürchten, dass der Erlass oder die Änderung einer Rechts- oder Verwaltungsvorschrift eine Verzerrung im Sinne des Artikels 96 verursacht, so setzt sich der Mitgliedstaat, der diese Maßnahme beabsichtigt, mit der Kommission ins Benehmen. Diese empfiehlt nach Beratung mit den Mitgliedstaaten den beteiligten Staaten die zur Vermeidung dieser Verzerrung geeigneten Maßnahmen.

(2) Kommt der Staat, der innerstaatliche Vorschriften erlassen oder ändern will, der an ihn gerichteten Empfehlung der Kommission nicht nach, so kann nicht gemäß Artikel 96 verlangt werden, dass die anderen Mitgliedstaaten ihre innerstaatlichen Vorschriften ändern, um die Verzerrung zu beseitigen. Verursacht ein Mitgliedstaat, der die Empfehlung der Kommission außer Acht lässt, eine Verzerrung lediglich zu seinem eigenen Nachteil, so findet Artikel 96 keine Anwendung.

Annex II: Structure of the Common Frame of Reference

Proposal of the Commission according to COM(2004) 651 final: European Contract Law and the revision of the acquis: the way forward

SECTION I	Contract (conclusion, form, interpretation, contents and effects of a contract)
SECTION II	Pre-contractual obligations
SECTION III	Performance / Non-Performance
SECTION IV	Plurality of parties
SECTION VI	Substitution of new debtor - Transfer of contract
SECTION VII	Prescription
SECTION VIII	**Specific rules for contract of sales**
SECTION IX	Specific rules for insurance contracts

Provisional structure of the Draft Common Frame of Reference of the STUDY GROUP AND ACQUIS GROUP (2007)

BOOK I: GENERAL PROVISIONS
BOOK II: CONTRACTS AND OTHER JURIDICAL ACTS
BOOK III: OBLIGATIONS AND CORRESPONDING RIGHTS
BOOK IV: SPECIFIC CONTRACTS
- PART A. **SALES**
- PART B. SERVICE CONTRACTS
- PART C. COMMERCIAL AGENCY, FRANCHISE AND DISTRIBUTION
- PART D. LOAN AGREEMENTS
- PART E. PERSONAL SECURITY
- PART F. LEASING OF MOVABLES
- PART G. INSURANCE CONTRACTS
- PART H. MANDATE CONTRACTS
- PART I. DONATION

BOOK V: BENEVOLENT INTERVENTION IN ANOTHER'S AFFAIRS
BOOK VI: NON-CONTRACTUAL LIABILITY ARISING OUT OF DAMAGE CAUSED TO ANOTHER
BOOK VII: UNJUSTIFIED ENRICHMENT
BOOK VIII: ACQUISITION AND LOSS OF OWNERSHIP IN MOVABLES
BOOK IX: PROPRIETARY SECURITY RIGHTS IN MOVABLE ASSETS
BOOK X: TRUSTS

Annex III: Grundregeln des europäischen Kaufrechts[1]

Kapitel 1: Anwendungsbereich & Allgemeine Bestimmungen

Abschnitt 1: Anwendungsbereich der Grundregeln des europäischen Kaufrechts

Artikel 1:101: Warenkauf

(1) Diese Grundregeln sind bei Kaufverträgen über Waren anzuwenden.
(2) Ein Kaufvertrag über Waren ist ein Vertrag, gemäß dem die eine Partei, der Verkäufer, sich gegenüber einer anderen Partei, dem Käufer, oder gegenüber einer dritten Person verpflichtet, entweder unverzüglich bei Vertragsabschluss oder zu einem späteren Zeitpunkt, Eigentum an Waren zu übertragen, und wobei der Käufer sich zur Kaufpreiszahlung verpflichtet.

Artikel 1:102: Verträge über herzustellende Waren oder Dienstleistungen

(1) Ein Vertrag über die Herstellung oder Erzeugung von Waren und die Eigentumsübertragung gegen einen Preis wird als ein Kaufvertrag über Waren angesehen, es sei denn, dass die Partei, die die Waren bestellte, sich zur Lieferung eines wesentlichen Teils, der für die Herstellung oder Erzeugung notwendigen Materialen verpflichtete.
(2) Jeder Verbrauchervertrag zur Herstellung oder Erzeugung von Waren und dem Eigentumsübergang gegen einen Preis wird als ein Kaufvertrag über Waren angesehen.

Artikel 1:103: Tausch

(1) Diese Grundregeln sind mit entsprechenden Anpassungen auch auf Tauschverträge anzuwenden.
(2) Ein Tauschvertrag ist ein Vertrag, gemäß dem jede Partei sich verpflichtet, entweder unverzüglich bei Vertragsabschluss oder zu einem späteren Zeitpunkt, Eigentum an Waren zu übertragen, als Gegenleistung für Eigentum an Waren.
(3) Jede Partei wird als Käufer angesehen, in Bezug auf die zu empfangenden Waren und als Verkäufer in Bezug auf die zu übertragenden Waren.

Artikel 1:104: Definition von „Waren"

In diesen Grundregeln, umfasst der Begriff „Waren":
(a) körperliche bewegliche Waren, einschließlich Schiffen, Seefahrzeugen, Luftkissenfahrzeugen oder Luftfahrzeugen, Weltraumgegenständen, Tieren, Flüssigkeiten und Gasen; und

[1] Übersetzt aus dem Englischen von Viola Heutger. Die *Principles on a European Law of Sales* stehen auf der Website www.sgecc.net.

(b) Waren, die zum Zeitpunkt des Vertragsabschlusses noch nicht existieren.

Artikel 1:105: Anwendung auf andere Vermögenswerte

(1) Diese Grundregeln sind mit entsprechenden Anpassungen anzuwenden auf Kauf- oder Tauschverträge über:
(a) Elektrizität;
(b) Informationen und Daten, einschließlich Software und Datenbanken:
(c) Wertpapiere, Anteile, Anlagepapiere und übertragbare Handelspapiere; sowie
(d) andere Arten von immateriellem Eigentum, einschließlich Rechten, Forderungen und gewerblichen oder anderen geistigen Eigentumsrechten.
(2) Paragraph 1 findet keine Anwendung auf Grundstücksrechte, Gebäude oder anderes unbewegliches Eigentum.

Abschnitt 2: Allgemeine Bestimmungen

Artikel 1:201: Beziehung zu den Grundregeln des europäischen Vertragsrechts

Die Bestimmungen der Grundregeln des europäischen Vertragsrechts sind auf alle Verträge innerhalb des Anwendungsbereichs der Grundregeln des europäischen Kaufrechts anzuwenden, ausgenommen dort, wo diese Grundregeln anderweitiges vorsehen.

Artikel 1:202: Definition des Verbraucherkaufs

Zum Zweck dieser Grundregeln, ist ein Verbraucherkauf ein Vertrag gemäß dem eine natürliche oder juristische Person, die in jeglichem Ausmaß zu Zwecken betreffend der Tätigkeit, dem Gewerbe oder dem Beruf dieser Person handelt (der Unternehmer), Waren verkauft an eine natürliche Person, die hauptsächlich zu Zwecken handelt, die nicht die Tätigkeit, das Gewerbe oder den Beruf dieser Person betreffen (der Verbraucher).

Artikel 1:203: Derogation

Die Parteien können die Anwendung einer jeglichen dieser Grundregeln ausschließen oder sich davon abwenden oder ihre Auswirkungen verändern, ausgenommen dort, wo diese Grundregeln anderweitiges vorsehen.

Kapitel 2: Pflichten des Verkäufers

Artikel 2:001 Überblick über die Pflichten des Verkäufers

Der Verkäufer muss:
(a) das Eigentum an Waren übertragen,

(b) die Waren liefern,
(c) Dokumente, die die Waren vertreten oder sich auf diese beziehen, insoweit dieses nach dem Vertrag erforderlich ist, übertragen; und
(d) sicherstellen, dass die Waren vertragsgemäß sind.

Abschnitt 1: Lieferung der Waren

Artikel 2:101: Lieferung

(1) Der Verkäufer erfüllt seine Verpflichtung zur Lieferung durch das zur Verfügung stellen der Waren, oder wenn es so vereinbart wurde durch die alleinige Lieferung der die Waren vertretenden Dokumente an den Käufer.
(2) Erfordert der Vertrag eine Beförderung der Waren durch einen Beförderer, so erfüllt der Verkäufer seine Verpflichtung zur Lieferung durch die Übergabe der Waren an den ersten Beförderer und durch die Übertragung von allen notwendigen Dokumenten auf den Käufer, die den Käufer zur Übernahme der Waren vom Beförderer, der im Besitz der Waren ist, berechtigen.
(3) Gemäß diesem Artikel, umfasst jeder Verweis auf den Käufer eine dritte Person, an welche in Übereinstimmung mit dem Vertrag zu liefern ist.

Artikel 2:102: Ort und Zeitpunkt der Lieferung

(1) Der Ort und der Zeitpunkt der Lieferung sind nach den Artikeln 7:101 und 7:102 der Grundregeln des europäischen Vertragsrechts gemäß diesem Artikel zu bestimmen.
(2) Wenn allerdings die Verpflichtung zur Lieferung, die Übertragung von Dokumenten, die die Waren vertreten, erfordert, so muss der Verkäufer diese zu einem Zeitpunkt und an einem Ort und auf so eine Art übertragen, dass der Käufer zur Übernahme der Waren rechtzeitig berechtigt ist.

Artikel 2:103: Rechtsbehelf im Fall einer vorzeitigen Lieferung

(1) Wenn der Verkäufer, in Übereinstimmung mit Artikel 3:202, Waren vor dem festgesetzten Zeitpunkt geliefert hat, so kann der Verkäufer, bis zu diesem Zeitpunkt, jegliche noch fehlende Teile liefern oder jeglichen Fehlbestand bezüglich der Menge der Waren ausgleichen, oder Waren zur Ersetzung jeglicher nicht-vertragsgemäß gelieferten Waren liefern oder auf andere Weise jegliche Vertragswidrigkeit der gelieferten Waren beheben, vorausgesetzt, dass die Ausübung dieses Rechts dem Käufer keine unangemessenen Unannehmlichkeiten oder unangemessene Ausgaben zumutet.
(2) Wenn der Verkäufer Dokumente vor dem festgesetzten Zeitpunkt übergeben hat, so kann der Verkäufer bis zu diesem Zeitpunkt jegliche Vertragswidrigkeit der Dokumente heilen, vorausgesetzt, dass die Ausübung dieses Rechts dem

Käufer keine unangemessenen Unannehmlichkeiten oder unangemessene Ausgaben zumutet.
(3) Der Käufer behält sein Recht Schadenersatz für jegliche Unannehmlichkeiten oder Ausgaben zu fordern, gemäß Kapitel 9, Abschnitt 5 der Grundregeln des europäischen Vertragsrechts.

Artikel 2:104: Beförderung der Waren

(1) Hat der Verkäufer für die Beförderung der Waren zu sorgen, so hat der Verkäufer die Verträge zu schließen, die zur Beförderung an den festgesetzten Ort mit den nach den Umständen angemessenen Beförderungsmitteln und zu den für solche Beförderungen üblichen Bedingungen erforderlich sind.
(2) Übergibt der Verkäufer gemäß dem Vertrag die Ware einem Beförderer und ist die Ware nicht deutlich durch daran angebrachte Kennzeichen oder durch Beförderungsdokumente oder auf andere Weise dem Vertrag zugeordnet, so hat der Verkäufer dem Käufer die Versendung anzuzeigen und dabei die Ware im einzelnen zu bezeichnen.
(3) Ist der Verkäufer nicht zum Abschluss einer Transportversicherung verpflichtet, so hat der Verkäufer dem Käufer auf dessen Verlangen alle ihm verfügbaren, zum Abschluss einer solchen Versicherung erforderlichen Auskünfte zu erteilen.

Abschnitt 2: Vertragsmäßigkeit der Waren

Artikel 2:201: Vertragsmäßigkeit

Um dem Vertrag zu entsprechen, müssen die Waren
(a) in der Menge, der Qualität und der Art den Anforderungen des Vertrages entsprechen;
(b) hinsichtlich der Verpackung oder dem Behältnis den Anforderungen des Vertrags entsprechen;
(c) mit allem Zubehör, Montageanleitungen oder anderen Gebrauchsanleitungen entsprechend den Anforderungen des Vertrags geliefert werden; und
(d) mit den übrigen Artikeln dieses Abschnitts übereinstimmen.

Artikel 2:202: Zweckmäßigkeit, Menge, Verpackung

Die Waren müssen:
(a) für den bestimmten Zweck geeignet sein, der dem Verkäufer bei Vertragsabschluss zur Kenntnis gebracht wurde, sofern sich nicht aus den Umständen ergibt, daß der Käufer nicht auf die Sachkenntnis und das Urteilsvermögen des Verkäufers vertraute oder vernünftigerweise vertrauen konnte;

(b) sich für die Zwecke eignen, für die Waren der gleichen Art gewöhnlich gebraucht werden;
(c) die Eigenschaften einer Ware besitzen, die der Verkäufer dem Käufer als Probe oder Muster vorgelegt hat;
(d) in der für Waren dieser Art üblichen Weise oder, falls es eine solche Weise nicht gibt, in einer für die Erhaltung und den Schutz der Waren angemessenen Weise verpackt sein;
(e) mit allem Zubehör, Montageanleitungen oder andere Gebrauchsanleitungen, die der Käufer vernünftiger Weise zu empfangen erwarten kann, geliefert werden; und
(f) Qualitäten und Leistungen besitzen, die der Käufer vernünftiger Weise erwarten kann.

Artikel 2:203: Äußerungen von Dritten

(1) Die Waren müssen Qualitäten und Leistungen besitzen, die den einschlägigen Äußerungen in Bezug auf besondere Eigenschaften der Waren durch den Hersteller, den Zwischenhändler oder einer Person in der vorangegangenen Handelskette entsprechen.
(2) Jedoch ist der Verkäufer an solch eine Äußerung nicht gebunden falls:
(a) der Verkäufer die Äußerung nicht kannte und vernünftigerweise nicht davon Kenntnis haben konnte;
(b) die Äußerung zum Zeitpunkt des Vertragsschlusses berichtigt worden war; oder
(c) die Entscheidung des Käufers zum Kauf der Waren nicht durch die betreffende Äußerung beeinflusst sein konnte.
(3) Dieser Artikel findet Anwendung an Stelle von Artikel 6:101 (3) PECL.

Artikel 2:204: Unsachgemäße Montage von Verbraucherwaren

Im Falle einer unsachgemäßen Montage bei einem Verbraucherkauf, wird jeder Mangel infolge unsachgemäßer Montage als eine Vertragswidrigkeit der Waren angesehen, wenn:
(a) die Montage der Waren vom Verkäufer oder unter dessen Verantwortung vorgenommen wurde; oder
(b) die Waren zur Montage durch den Verbraucher bestimmt waren und die unsachgemäße Montage auf einen Mangel in der Montageanleitung zurückzuführen ist.

Artikel 2:205: Rechte und Ansprüche Dritter im Allgemeinen

Die Waren müssen frei von Rechten oder Ansprüchen Dritter sein. Beruhen jedoch solche Rechte oder Ansprüche auf gewerblichem oder anderem geistigen Eigentum, so regelt Artikel 2:206 die Verpflichtung des Verkäufers.

Artikel 2:206: Rechte oder Ansprüche Dritter aus gewerblichem oder anderem geistigen Eigentum

(1) Die Waren müssen frei von Rechten oder Ansprüchen Dritter sein, die auf gewerblichem oder anderem geistigen Eigentum beruhen und welche der Verkäufer zum Zeitpunkt des Vertragsschlusses kannte oder vernünftigerweise davon Kenntnis haben konnte.

(2) Absatz (1) ist jedoch nicht anzuwenden, wenn das Recht oder der Anspruch sich daraus ergeben, dass der Verkäufer sich nach technischen Zeichnungen, Entwürfen, Formeln oder sonstigen Angaben gerichtet hat, die der Käufer zur Verfügung stellte.

Artikel 2:207: Kenntnis des Käufers über eine Vertragswidrigkeit

Der Verkäufer ist gemäß den Artikeln 2:202, 2:204, 2:205 oder 2:206 nicht haftbar, wenn der Käufer zum Zeitpunkt des Vertragsabschlusses, die Vertragswidrigkeit kannte oder unterstellt werden konnte, dass der Käufer vernünftigerweise davon Kenntnis haben konnte.

Artikel 2:208: Der einschlägige Zeitpunkt zur Ermittlung der Vertragsmäßigkeit

(1) Der Verkäufer haftet für jede Vertragswidrigkeit, die zum Zeitpunkt des Gefahrenübergangs auf den Käufer bestand, auch wenn die Vertragswidrigkeit erst zu einem späteren Zeitpunkt bekannt wurde.

(2) Bei einem Verbraucherkauf wird jede Vertragswidrigkeit, die innerhalb von sechs Monaten nach dem Gefahrenübergang auf den Käufer bekannt wird, als eine Vertragswidrigkeit angesehen, die zu diesem Zeitpunkt bestand, es sei denn, dass diese Annahme mit der Natur der Waren oder der Natur der Vertragswidrigkeit unvereinbar wäre.

Artikel 2:209: Grenzen der Derogation bei einem Verbraucherkauf

Jegliche vertraglichen Klauseln oder Absprachen mit dem Verkäufer, die vor der Kenntnis des Verkäufers von einer Vertragswidrigkeit abgeschlossen wurden und die direkt oder indirekt die Rechte des Käufers auf die Pflichten des Verkäufers die Vertragsmäßigkeit der Waren sicher zu stellen vernichten oder einschränken binden den Verbraucher bei einem Verbraucherkauf nicht.

Kapitel 3: Pflichten des Käufers

Artikel 3:001: Überblick über die Pflichten des Käufers

Der Käufer muss:
(a) den Kaufpreis zahlen;
(b) die Waren abnehmen, und
(c) die Dokumente übernehmen, die die Waren vertreten oder sich auf diese beziehen, insoweit dieses nach dem Vertrag erforderlich ist.

Artikel 3:002: Angabe von Form, Massen und anderen Eigenschaften

(1) Wenn der Käufer gemäß dem Vertrag, Form, Masse und andere Eigenschaften der Waren oder den Zeitpunkt oder die Art ihrer Lieferung angeben muss und dieser Angabe nicht innerhalb der vereinbarten Frist oder eines angemessenen Zeitraums nachkommt, so darf der Verkäufer ohne Beeinträchtigung anderer Rechte, die Angabe machen in Übereinstimmung mit den Erfordernissen des Käufers, die dem Verkäufer bekannt sind.
(2) Ein Verkäufer, der solche Angaben macht, muss den Käufer von allen Details dieser Angabe in Kenntnis setzen und muss einen angemessenen Zeitraum bekannt geben, in dem der Käufer eine andere Angabe machen kann. Wenn nach Erhalt der Benachrichtigung der Käufer innerhalb des angemessenen Zeitraums nicht reagiert, so ist die Angabe des Verkäufers bindend.

Abschnitt 1: Kaufpreiszahlung

Artikel 3:101: Zahlungszeit und Zahlungsort

Zahlungszeit und Zahlungsort werden gemäß den Artikeln 7:101 und 7:102 der Grundregeln des europäischen Vertragsrechts bestimmt.

Artikel 3:102: Formalitäten der Zahlung

Zur Pflicht des Käufers zur Zahlung des Kaufpreises gehört es auch, die Maßnahmen zu treffen und die Förmlichkeiten zu erfüllen, die erforderlich sein können, damit die Zahlung geleistet werden kann.

Artikel 3:103: Nichtbestimmung der Währung

Wenn der Kaufpreis nicht in einer bestimmten Währung ausgedrückt ist, so ist die Zahlung in der Währung des Zahlungsortes zu erfüllen.

Artikel 3:104: Kaufpreis nach Gewicht

Ist der Kaufpreis nach dem Gewicht der Waren festgesetzt, so bestimmt er sich im Zweifel nach dem Nettogewicht.

Abschnitt 2: Abnahme der Waren

Artikel 3:201: Begriff der Abnahme

Haben die Parteien nichts anderes vereinbart, so erfüllt der Käufer seine Pflicht zur Abnahme durch

a) alle Handlungen vorzunehmen, die vernünftigerweise von ihm erwartet werden können, damit dem Verkäufer die Lieferung ermöglicht wird, und

b) die Waren, oder die Waren vertretenden Dokumente vertragsgemäß zu übernehmen.

Artikel 3:202: Vorzeitige Lieferung und Zuviellieferung

(1) Liefert der Verkäufer vor dem festgesetzten Zeitpunkt die ganze oder Teile der Ware, so steht es dem Käufer frei, sie abzunehmen oder, außer in Fällen in denen die Abnahme der Lieferung keine unangemessene Beeinträchtigung der Interessen des Käufers ist, die Abnahme zu verweigern.

(2) Liefert der Verkäufer eine größere als die vereinbarte Menge, so kann der Käufer die zuviel gelieferte Menge abnehmen oder ihre Abnahme verweigern.

(3) Nimmt der Käufer die zuviel gelieferte Menge ab, so hat er den vertraglichen Preis zu bezahlen.

Kapitel 4: Rechtsbehelfe

Abschnitt 1: Überblick über die Rechtsbehelfe

Artikel 4: 101: Anwendung der Grundregeln des europäischen Vertragsrechts

Erfüllt eine der Parteien seine vertraglichen Pflichten nicht, so steht es der anderen Partei frei, die Rechtsbehelfe gemäß der Kapitel 8 und 9 der Grundregeln des europäischen Vertragsrechts auszuüben, ausgenommen dort, wo dieses Kapitel anderweitiges vorsehen.

Artikel 4:102: Vertragsaufhebung bei verspäteter Erfüllung

Artikel 8:103 (a) der Grundregeln des europäischen Vertragsrechts wird nur angewendet, wenn die Parteien ausdrücklich vereinbart haben, dass eine genaue Einhaltung der Pflichten wesentlich für die Vertragserfüllung ist.

Artikel 4:103: Begrenzungen einer Derogation bei einem Verbraucherkauf

Bei einem Verbraucherkauf ist jegliche vertragliche Klausel oder Absprache mit dem Verkäufer, bevor eine Vertragswidrigkeit dem Verkäufer zur Kenntnis gebracht wurde, welche direkt oder indirekt die Rechte des Käufers gemäß der Abschnitte 2 und 3 dieses Kapitels in Bezug auf die Vertragswidrigkeit ausschlägt oder einschränkt, für den Verbraucher nicht bindend.

Abschnitt 2: Rechtsbehelfe des Käufers bei Vertragswidrigkeit

Artikel 4:201: Übersicht über die Rechtsbehelfe

(1) Sind die Waren nicht vertragsgemäß, so ist der Käufer, vorbehaltlich der Regeln dieses Kapitels, berechtigt:
(a) eine Behebung der Vertragswidrigkeit durch Nachbesserung oder Ersatzlieferung in Übereinstimmung mit den Artikeln 4:202 bis 4:204, welche an Stelle von Artikel 8:104 und dem Kapitel 9, Abschnitt 1 der Grundregeln des europäischen Vertragsrechts Anwendung finden, zu verlangen;
(b) seine Leistung gemäß Kapitel 9, Abschnitt 2 der Grundregeln des europäischen Vertragsrechts zurück zu halten;
(2) Gemäß den Bedingungen des Artikels 4: 205 (1) und (2) ist der Käufer auch berechtigt:
(a) den Vertrag gemäß Kapitel 9, Abschnitt 3 der Grundregeln des europäischen Vertragsrechts aufzuheben;
(b) den Preis gemäß Kapitel 9, Abschnitt 4 der Grundregeln des europäischen Vertragsrechts zu mindern,
(c) Schadenersatz gemäß Kapitel 9, Abschnitt 5 der Grundregeln des europäischen Vertragsrechts zu fordern.

Artikel 4:202: Behebung der Vertragswidrigkeit

(1) Der Käufer ist zu einer unentgeltlichen Behebung der Vertragswidrigkeit durch Nacherfüllung oder Ersatzlieferung berechtigt, vorausgesetzt, dass die Behebung,
(a) nicht rechtswidrig oder unmöglich ist, oder
(b) dem Verkäufer einen unverhältnismäßigen Aufwand und Kosten verursacht.
(2) Unentgeltlich bedeutet vor allem ohne Kosten für Aufwand, Material oder den notwendigen Transport der Waren.
(3) Der Verkäufer darf die Behebung der Vertragswidrigkeit nicht ablehnen, bloß weil der Käufer sie vernünftigerweise durch eine andere Quelle beheben könnte.

Artikel 4:203: Die Gelegenheit des Verkäufers zur Behebung der Vertragswidrigkeit

(1) Vom Käufer wird erwartet, dass er dem Verkäufer eine Gelegenheit gibt, um die Vertragswidrigkeit unverzüglich nach der Mitteilung der Vertragswidrigkeit zu beheben, insofern nicht

(a) der Käufer Grund zur Annahme hat, dass der Verkäufer außerstande ist die Vertragswidrigkeit innerhalb einer angemessenen Zeit und ohne erhebliche Unannehmlichkeiten für den Käufer zu beheben,

(b) oder die Natur der Vertragswidrigkeit dem Käufer Grund gibt, um kein Vertrauen in die zukünftige Erfüllung des Verkäufers zu haben.

Artikel 4:204: Wahl zwischen Nacherfüllung und Ersatzlieferung

(1) Der Verkäufer darf die Art und Weise der Behebung der Vertragswidrigkeit wählen, es sei denn, dass die gewählte Art und Weise, im Vergleich zu anderen Maßnahmen, einen unverhältnismassigen Verzug oder eine erhebliche Unannehmlichkeit für den Käufer darstellen würde.

(2) Bei einem Verbraucherkauf darf der Käufer wählen, ob die Vertragswidrigkeit durch Nacherfüllung oder Ersatzlieferung behoben werden soll, es sein denn, dass die Wahl des Käufers rechtswidrig oder unmöglich ist, oder dem Verkäufer einen unverhältnismäßigen Aufwand und Kosten verursacht.

Artikel 4:205: Übergang zu anderen Rechtsbehelfen

(1) Der Käufer darf sein Zurückbehaltungsrecht ausüben, aber darf nicht zu anderen Rechtsbehelfen greifen, für den Fall, dass der Käufer,

(a) vom Verkäufer die Behebung der Vertragswidrigkeit gemäß Artikel 4:202, verlangt hat: oder

(b) dem Verkäufer die Gelegenheit gegeben hat, die Vertragswidrigkeit gemäß Artikel 4:203, zu beheben.

(2) Für den Fall, dass der Verkäufer dennoch die Behebung abweist, oder die Vertragswidrigkeit nicht in einem angemessenen Zeitraum und ohne erhebliche Unannehmlichkeiten für den Verbraucher durchführen konnte, dann darf der Käufer zu jeglichen anderen zur Verfügung stehenden Rechtsbehelfen gemäß Artikel 4:201 (2) übergehen.

(3) Nach diesem Artikel verliert der Käufer nicht sein Recht Schadenersatz zu verlangen für jeglichen Folgeschaden, der durch die Vertragswidrigkeit verursacht wurde.

Artikel 4:206: Vertragsaufhebung

(1) Der Käufer darf bei einer wesentlichen Vertragswidrigkeit den Vertrag gemäss Kapitel 9, Abschnitt 3 der Grundregeln des europäischen Vertragsrechts aufheben.
(2) Bei einem Verbraucherkauf darf der Käufer den Vertrag bei einer wesentlichen Nichterfüllung im Fall einer Vertragswidrigkeit aufheben, es sei denn, dass die Vertragswidrigkeit geringfügig ist.
(3) Im Falle einer Vertragswidrigkeit, unabhängig davon, ob nur ein Teil der gelieferten Waren vertragsgemäß sind, oder dass der Verkäufer weniger als die vereinbarte Menge geliefert hat,
(a) findet das Recht zur Vertragsaufhebung nur Anwendung auf jene Teile, die nicht vertragsgemäß sind; oder
(b) darf der Käufer den gesamten Vertrag aufheben, wenn die Vertragswidrigkeit die Erfordernisse der Paragraphen 1 oder 2 in Bezug auf die Auswirkungen auf den gesamten Vertrag erfüllen.
(4) Das Recht des Käufers auf Vertragsaufhebung unterliegt den Einschränkungen des Artikels 4:205.

Artikel 4:207: Haftungsbegrenzung bei nicht-professionellen Verkäufern

(1) Ist der Verkäufer eine natürliche Person und handelt zu Zwecken, die nicht mit der Tätigkeit, dem Gewerbe oder dem Beruf dieser Person verbunden sind, so ist der Käufer nicht berechtigt Schadenersatz zu verlangen, welcher den vertraglich ausgemachten Preis überschreitet.
(2) Der Verkäufer ist nicht berechtigt sich auf Artikel (1) zu berufen, wenn die Vertragswidrigkeit mit Tatsachen zusammenhängt, die der Verkäufer zum Zeitpunkt des Gefahrenüberganges kannte und vernünftigerweise davon Kenntnis haben konnte und die der Verkäufer dem Käufer nicht vor diesem Zeitpunkt bekannt gegeben hat.

Abschnitt 3: Erfordernis der Untersuchung und der Rüge

Artikel 4:301: Untersuchung der Ware

(1) Der Käufer hat die Ware innerhalb einer so kurzen Frist zu untersuchen oder untersuchen zu lassen, wie es die Umstände erlauben. Eine Unterlassung der Erfüllung dieses Erfordernisses kann zur Folge haben, dass der Käufer gemäß Artikel 4:302 das Recht, sich auf eine Vertragswidrigkeit zu berufen verliert.
(2) Erfordert der Vertrag eine Beförderung der Ware, so kann die Untersuchung bis nach dem Eintreffen der Ware am Bestimmungsort aufgeschoben werden.
(3) Wird die Ware vom Käufer umgeleitet oder von ihm weiterverschickt, ohne daß der Käufer ausreichend Gelegenheit hatte, sie zu untersuchen, und kannte

der Verkäufer bei Vertragsabschluß die Möglichkeit einer solchen Umleitung oder Weiterversendung oder hätte vernünftigerweise davon Kenntnis haben können, so kann die Untersuchung bis nach dem Eintreffen der Ware an ihrem neuen Bestimmungsort aufgeschoben werden.
(4) Dieser Artikel findet bei einem Verbraucherkauf keine Anwendung.

Artikel 4:302: Mängelrüge

(1) Setzt der Käufer den Verkäufer nicht innerhalb einer angemessenen Zeit in Kenntnis über die Art der Vertragswidrigkeit, nachdem der Käufer diese entdeckt oder entdecken haben müsste, verliert der Käufer sein Recht sich auf die Vertragswidrigkeit zu berufen.
(2) Wird bei einem Verbraucherkauf eine Rüge innerhalb von zwei Monaten gegeben, so wird diese immer als angemessene Frist im Sinne des Absatz (1) angesehen.
(3) Der Käufer verliert in jedem Fall das Recht sich auf die Vertragswidrigkeit der Ware zu berufen, wenn er die Vertragswidrigkeit nicht spätestens innerhalb von zwei Jahren, nachdem ihm die Ware tatsächlich in Übereinstimmung mit dem Vertrag übergeben worden ist, dem Verkäufer anzeigt.
(4) Haben die Parteien vereinbart, dass die Waren während eines festgesetzten Zeitraums für einen bestimmten Zweck oder für ihren üblichen Zweck geeignet sein müssen, so erlischt die Frist zur Rüge gemäß Absatz (3) nicht vor Ablauf dieser vereinbarten Frist.
(5) Absatz (3) findet keine Anwendung in Bezug auf Ansprüche oder Rechte Dritter gemäß den Artikeln 2:205 und 2:206.
(6) Der Verlust des Rechts sich auf eine Vertragswidrigkeit gemäß diesem Artikel zu berufen, findet bei einem Verbraucherkauf keine Anwendung auf das Recht den Preis zu reduzieren oder das Recht, Schadenersatz, welcher den vertraglich ausgemachten Preis nicht überschreitet, zu fordern.

Artikel 4:303: Rüge einer Teillieferung

Der Käufer muss den Verkäufer nicht rügen, wenn nicht alle Waren geliefert worden sind, im Falle, dass der Käufer Gründe hatte, davon überzeugt zu sein, dass die ausstehenden Waren geliefert werden sollten.

Artikel 4:304: Kenntnis des Verkäufers von der Vertragswidrigkeit

Der Verkäufer kann sich auf die Artikel 4:301 und 4:302 nicht berufen, wenn die Vertragswidrigkeit auf Tatsachen beruht, die er kannte oder vernünftigerweise davon Kenntnis haben konnte und die er dem Käufer nicht offenbart hat.

Artikel 4:305: Geltendmachung des Rechtsbehelfs innerhalb eines angemessenen Zeitraums

(1) Der Käufer verliert sein Recht die Vertragswidrigkeit behoben zu bekommen und jegliches Recht auf Vertragsaufhebung, wenn der Käufer den Verkäufer gemäß Artikel 4:302 wegen einer Vertragswidrigkeit gerügt hat, und nicht innerhalb eines angemessenen Zeitraums nach der Rüge:
(a) den Verkäufer gefragt hat die Vertragswidrigkeit durch Nacherfüllung oder Ersatzlieferung zu beheben; oder
(b) den Verkäufer in Kenntnis gesetzt hat von der Vertragsaufhebung wegen einer wesentlichen Nichterfüllung.
(2) Absatz (1) findet bei einem Verbraucherkauf keine Anwendung.

Kapitel 5: Gefahrübergang

Abschnitt 1: Allgemeine Bestimmungen

Artikel 5:101: Wirkung des Gefahrübergangs

Untergang oder Beschädigung der Ware nach Übergang der Gefahr auf den Käufer befreit diesen nicht von der Pflicht, den Kaufpreis zu zahlen, es sei denn, dass der Untergang oder die Beschädigung auf eine Handlung oder Unterlassung des Verkäufers zurückzuführen ist.

Artikel 5:102: Zeitpunkt des Gefahrenübergangs

(1) Die Gefahr geht über, wenn der Käufer die Waren oder Dokumente, die die Waren vertreten übernimmt.
(2) Bezieht sich der Vertrag allerdings auf Waren, die noch nicht deutlich gekennzeichnet sind, so geht die Gefahr solange nicht auf den Käufer über, bis die Waren eindeutig dem Vertrag zugeordnet ist, sei es durch an der Ware angebrachte Kennzeichen, durch Beförderungsdokumente, durch Mitteilung an den Käufer oder auf andere Art.
(3) Die Bestimmung in Absatz (1) unterliegt den Artikeln des Abschnitts 2 dieses Kapitels.

Artikel 5:103: Gefahrenübergang beim Verbraucherkauf

(1) Bei einem Verbraucherkauf kann die Gefahr nicht übergehen, bevor der Käufer die Waren übernommen hat.
(2) Absatz (1) findet keine Anwendung, wenn der Käufer es versäumt hat die Waren zu übernehmen und das Versäumnis nicht gemäß Artikel 8:108 der Grundregeln des europäischen Vertragsrechts entschuldigt ist.

(3) Abschnitt 2 dieses Kapitels findet keine Anwendung auf den Verbraucherkauf.
(4) Die Parteien dürfen nicht zum Nachteil des Verbrauchers die Anforderungen dieser Regeln ausschließen, von ihnen abweichen oder ihre Auswirkungen verändern.

Abschnitt 2: Besondere Bestimmungen

Artikel 5:201: Übergabe der Waren zur Verfügung des Käufers

(1) Wurden die Waren dem Käufer zur Verfügung gestellt und ist dem Käufer dies bekannt, so geht die Gefahr zu dem Zeitpunkt über, zu dem die Waren übergeben hätten werden müssen, außer wenn der Käufer sein Recht auf Zurückbehaltung seiner Leistung gemäß Artikel 9:201 der Grundregeln des europäischen Vertragsrechts ausübt.
(2) Hat jedoch der Käufer gemäß dem Vertrag die Ware an einem anderen Ort als dem der Niederlassung des Verkäufers zu übernehmen, so geht die Gefahr über, sobald die Lieferung fällig ist und der Käufer Kenntnis davon hat, dass ihm die Ware an diesem Ort zur Verfügung steht.

Artikel 5:202: Beförderung der Ware

(1) Dieser Artikel findet auf alle Kaufverträge Anwendung, die eine Beförderung einschließen.
(2) Ist der Verkäufer nicht verpflichtet, die Waren an einem bestimmten Ort zu übergeben, so geht die Gefahr auf den Käufer über, sobald die Ware gemäß dem Kaufvertrag dem ersten Beförderer zur Übermittlung an den Käufer übergeben wird
(3) Hat der Verkäufer dem Beförderer die Ware an einem bestimmten Ort zu übergeben, so geht die Gefahr erst auf den Käufer über, wenn die Ware dem Beförderer an diesem Ort übergeben wird.
(4) Ist der Verkäufer befugt die Dokumente, die zur Verfügung über die Ware berechtigen, zurückzubehalten, so hat dies keinen Einfluss auf den Übergang der Gefahr.

Artikel 5:203: Verkauf von Waren, die sich auf dem Transport befinden

(1) Dieser Artikel findet auf alle Kaufverträge über Waren Anwendung, die sich auf dem Transport befinden.
(2) Die Gefahr geht auf den Käufer über, sowie die Waren dem ersten Beförderer übergeben wurden. Die Gefahr wird jedoch bereits zum Zeitpunkt des Vertragsabschlusses von dem Käufer übernommen, falls die Umstände diesen Schluss nahe legen.

(3) Wenn dagegen der Verkäufer bei Abschluss des Kaufvertrages wusste oder wissen musste, dass die Ware untergegangen oder beschädigt war, und er dies dem Käufer nicht offenbart hat, geht der Untergang oder die Beschädigung zu Lasten des Verkäufers.

Kapitel 6: Verbraucherwarengarantie

Artikel 6:101: Definition einer Verbraucherwarengarantie

(1) Eine Verbraucherwarengarantie umfasst jegliches Versprechen einer Art, wie erwähnt in Absatz 2, gegenüber einem Verbraucher:
(a) von einem Hersteller oder einer Person eines frühren Zeitpunktes in der Vertriebskette; oder
(b) von einem Verkäufer als Zusatz zu den Pflichten des Verkäufers in Übereinstimmung mit diesen Grundregeln und dem Artikel 6:101 der Grundregeln des europäischen Vertragsrechts.
(2) Das Versprechen kann umfassen, dass
(a) die Waren für ihren bestimmten Zweck innerhalb eines bestimmten Zeitraums geeignet sind, oder
(b) die Waren den Anforderungen, die in der Garantieerklärung oder in der damit verbundenen Werbung erklärt worden sind, entsprechen, oder
(c) entsprechend jeglichen in der Garantieerklärung dargelegten Bedingungen,
(i) dass die Waren repariert oder ersetzt werden;
(ii) dass der Preis ersetzt wird
(iii) oder dass ein weiterer Rechtsbehelf angeboten wird.

Artikel 6:102: Verbindlichkeit der Garantie

(1) Eine Verbraucherwarengarantie ist ohne Annahmeerklärung gegenüber dem ersten Käufer verbindlich, ungeachtet jeglicher gegensätzlich lautender Bestimmung in der Garantieerklärung oder in der damit verbundenen Werbung.
(2) Soweit nicht anders in der Garantieerklärung vorgesehen ist die Garantie auch verbindlich ohne eine Annahmeerklärung zu Gunsten eines jeden Eigentümers der Waren innerhalb der Garantiedauer.
(3) Jegliche Anforderung in der Garantieerklärung, die von dem Inhaber der Garantie als Voraussetzung zur Geltendmachung eine formelle Anforderung, wie z.B. eine Registrierung oder eine Benachrichtigung des Erwerbs fordern, bindet den Verbraucher nicht.

Artikel 6:103: Garantieerklärung

(1) Eine Person die eine Verbraucherwarengarantie ausgibt, muss dem Käufer eine Garantiererklärung zur Verfügung stellen, welche:

(a)darlegt, dass die gesetzlichen Rechte des Käufers von der Garantie nicht beeinträchtigt sind.
(b) die Vorteile der Garantie für den Käufer im Verhältnis zu den Regeln der Vertragsmäßigkeit hervorhebt:
(c) alle unerlässlichen Einzelheiten, die notwendig zur Inanspruchnahme der Garantie sind, auflistet, besonders:
- den Namen und die Adresse des Garantiegebers,
- den Namen und die Adresse der Person an die jegliche Berufung bekannt zu geben ist und die Art und Weise in der die Berufung durchzuführen ist;
(d) in einer deutlichen und lesbaren Sprache abgefasst ist; und
(e) in der gleichen Sprache abgefasst ist, in der auch die Waren angeboten wurden; es sei denn, dass solch eine Erklärung dem Verkäufer bereits zur Verfügung gestellt wurde.
(2) Die Garantieerklärung muss auf Papier oder einem anderen dauerhaften Datenträger festgelegt sein und verfügbar und zugänglich für den Käufer sein.
(3) Die Gültigkeit der Garantie ist nicht beeinflusst bei einem Versäumnis, die Absätze (1) und (2) zu erfüllen, und dementsprechend kann der Inhaber der Garantie sich immer noch auf die Garantie berufen und fordern, dass dieser nachgekommen wird.
(4) Wenn die Anforderungen der Absätze (1) und (2) nicht eingehalten werden, so kann der Inhaber der Garantie, ungeachtet jeglicher zur Verfügung stehender Rechte auf Schadenersatz, von dem Garantiegeber fordern, eine Garantiererklärung zur Verfügung zu stellen, die alle Voraussetzungen erfüllt.
(5) Die Parteien dürfen nicht zum Nachteil des Verbrauchers die Anforderungen dieser Regeln ausschließen, von ihnen abweichen oder ihre Auswirkungen verändern.

Artikel 6:104: Deckung der Garantie

Soweit die Garantieerklärung nichts anderes festlegt:
(a) so ist die Dauer der Garantie die geschätzte Lebensdauer der Waren;
(b) so umfasst die Garantie die Voraussetzungen dargelegt in den Artikeln 2:202 (b), (d), (e) und (f);
(c) so darf der Inhaber der Garantie wählen zwischen einer Reparatur, Ersatzlieferung oder eines Ersatzes des bezahlten Preises;
(d) so kommen alle Kosten, die mit der Inanspruchnahme und Erfüllung der Garantie zusammenhängen, zu Lasten des Garantiegebers.

Artikel 6:105: Garantie beschränkt auf bestimmte Teile

Eine Verbraucherwarengarantie, die sich nur auf ein bestimmtes Teil oder bestimmte Teile der Waren bezieht, muss die Einschränkung deutlich in der

Garantiererklärung vermelden, ansonsten bindet die Einschränkung den Verbraucher nicht.

Artikel 6:106: Gebrauchsanweisungen

Eine Garantie darf die Haftung des Garantiegebers unter der Garantie einschränken oder ausschließen für jeden Fehler oder jede Beschädigung, die durch mangelnden Unterhalt der Waren in Übereinstimmung mit der Anleitung, die den Waren beilag oder entsprechend in der Garantieerklärung erklärt wurden, hervorgerufen wurde, vorausgesetzt, dass die Einschränkung oder der Ausschluss deutlich in der Garantiererklärung festgelegt wurde.

Artikel 6:107: Beweislast

In dem Fall, dass ein Verbraucher sich auf eine Verbraucherwarengarantie innerhalb der von der Garantie gedeckten Dauer beruft, liegt die Beweislast beim Garantiegeber,

(a) wenn die Waren die Voraussetzungen erfüllen, die in der Garantieerklärung oder in der damit verbundenen Werbung festgelegt sind; und

(b) jeglicher Fehler oder jede Beschädigung der Waren, die verursacht wurden durch falschen Gebrauch, Misshandlung, durch einen Unfall, mangelnden Unterhalt, oder aus einem anderen Grund nicht dem Garantiegeber zugerechnet werden können.

(2) Die Parteien dürfen nicht zum Nachteil des Verbrauchers die Anforderungen dieser Regeln ausschließen, von ihnen abweichen oder ihre Auswirkungen verändern.

Artikel 6:108: Verlängerung der Dauer der Garantie

(1) Wenn jeglicher Defekt oder Fehler an den Waren gemäß der Garantie behoben wurde, so wird die Garantie um den Zeitraum verlängert, der dem Zeitraum entspricht, in dem der Inhaber der Garantie die Waren aufgrund des Defektes oder Fehlers nicht nutzen konnte.

(2) Die Parteien dürfen nicht zum Nachteil des Verbrauchers die Anforderungen dieser Regeln ausschließen, von ihnen abweichen oder ihre Auswirkungen verändern.

Literaturverzeichnis

Achilles, Wilhelm-Albrecht. *Kommentar zum UN-Kaufrechtsübereinkommen (CISG)*. Berlin: Luchterhand, 2000.

Armstutz, Marc. Evolutorische Rechtsmethodik im europäischen Privatrecht, in: Werro/Probst (Hrsg.). *Das schweizerische Privatrecht im Lichte des europäischen Gemeinschaftsrechts, Aktuelle Fragen aus dem Haftpflicht- und Vertragsrecht.* Bern: Staempfli, 2004, S. 105-145.

Bar, Christian von. Die Study Group on a European Civil Code, in: Gottwald/ Jayme/Schwab (Hrsg.). *Festschrift für Dieter Henrich.* Bielefeld: Gieseking Verlag, 2000, S. 1-11.

Bar, Christian von. Konturen des Deliktsrechtskonzeptes der Study Group on a European Civil Code, *ZEuP* (2001), S. 515 ff.

Bar, Christian von. Ein gemeinsamer Referenzrahmen für das marktrelevante Privatrecht in der Europäischen Union, in: Mansel et al. (Hrsg.). *Festschrift für Erik Jayme*. München: Sellier European Law Publishers, 2004, S. 1217-1231.

Bar, Christian von. Working Together Toward a Common Frame of Reference, *Iuridica International* (1-2005), S. 17-26.

Baron, G. Do the UNIDROIT Principles of International Commercial Contracts form a New Lex Mercatoria?, *Arbitration International* (1999), S. 115-130.

Basedow, Jürgen. Worldwide Harmcnisation of Private Law and Regional Economic Integration – General Report, *Unif. L. Rev*. (2003), S. 31-49.

Basedow, Jürgen. Die Europäische Gemeinschaft als Partei von Übereinkommen des einheitlichen Privatrechts, in: Schwenzer/Hager (Hrsg.). *Festschrift für Peter Schlechtriem zum 70. Geburtstag,* Tübingen: Mohr Siebeck, 2003, S. 165-187.

Basedow, Jürgen. Ein optionales Europäisches Vertragsgesetz – opt-in, opt-out, wozu überhaupt?, *ZEuP* (2004), S. 1-4.

Beale, Hugh. Towards a Law of Contract for Europe: the Work of the Commission on European Contract Law, in: Günter Weick (Hrsg.). *National and European Law on the Threshold to the Single Market.* Frankfurt: Peter Lang, 1993, S. 177 ff.

Beale, Hugh. The Development of European Private Law and the European Commission's Action Plan on Contract Law, *Iuridica International* (1-2005), S. 4-16.

Beatson, J./Schrage, E. (Hrsg.). *Cases, Materials and Text on Unjustified Enrichment,* Oxford: Hart Publishing, 2003.

Berger, K.P. *The Creeping Codification of the Lex Mercatoria.* The Hague, London, Boston: Kluwer Law International, 1999.

Berger K.P. The relationship between the UNIDROIT Principles of International Commercial Contracts and the new lex mercatoria, *Unif. L. Rev.* (2000), S. 153-170.

Berger, K.P. European Private Law, Lex Mercatoria and Globalisation, in: Hartkamp et. al. (Hrsg.). *Towards a European Civil Code*, The Hague, London, Boston: Kluwer Law International, 2004.

Bernstein, Herbert/Lookofsky, Joseph. *Understanding the CISG in Europe.* Den Haag: Kluwer, 2003, 2. Auflage.

Blasé, Friedrich. *Die Grundregeln des Europäischen Vertragsrechts als Recht grenzüberschreitender Verträge*, Münster: Quadis Publishing, 2001.

Bonell, M.J. UNIDROIT Principles and the Lex Mercatoria, in: Carbonneau, T.E. (Hrsg.). *Lex Mercatoria and Arbitration,* The Hague, London, Boston: Kluwer Law International, 1998, S. 249-255.

Bradgate, R. Harmonisation of legal guarantees: a common law perspective, *Consumer Law Journal* (1995), S. 95-97.

Brueggemeier, Gert, et. al. Social Justice in European Contract Law: A Manifesto. *European Law Journal* (2004) Vol. 10, No. 6, S. 653-674.

Cicero. *Über die Rechtlichkeit (De legibus),* Stuttgart: Reclam, 1989.

Le Code civil 1804-2004, Livre du Bicentenaire, Paris: Edition Dalloz, Juris – Classeur, 2004.

Cranston, Ross. The Green Paper on guarantees, *Consumer Law Journal* (1995), S. 110.

Creech, Richard L. *Law and Language in the European Union, The Paradox of a Babel "United in Diversity",* Groningen: European Law Publisher, 2005.

Cuniberti, Gilles. Is the CISG benefiting anybody?, *Vanderbilt Journal of Transnational Law*, Vol. 39, (2006), S. 1511-1550.

Curran, Vivian. On the Shoulders of Schlesinger: The Trento Common Core of European Private Law Project, *Global Jurist Frontiers* (2002) Vol. 2: No. 2, Article 2. http://www.bepress.com/gj/frontiers/vol2/iss2/art2.

Diliberto, Oliviero. *Materiali per la palingenesi delle XII Tavole,* I vol., Cagliari, 1992.

Diliberto, Oliviero. Conoscenza e diffusione delle XII Tavole nell'età del basso impero, in: *Ricerche Gallo*, I, Napoli, 1997.

Diliberto, Oliviero. *Bibliografia ragionata delle edizioni a stampa della legge delle XII Tavole*, Roma: Robin, 2001.
Dievoet, Guido C.E. van. Het Nederlands als wetstaal in België in de negentiende en de twintigste eeuw. *Pro Memorie*, 5.1 (2003), S. 96-118.
Downes, Noemi/Heiss, Helmut. Sprachregulierung im Vertragsrecht: Europa- und internationalrechtliche Aspekte. *ZvglRWiss* 98 (1999), S. 28-53.

Engberg, Jan. Statutory texts as instances of language(s): consequences and limitations on interpretation. *Brooklyn Journal of International Law* (2004), Vol. 29, no. 3, S. 1135-1166.
Engel, Arno. Ein Europäisches Zivilgesetzbuch? – Zukunftsperspektiven aus dem Blickwinkel der Gemeinschaftskompetenz. *ZfRV* (1999), S. 121.
Erp, J.H.M. van. European Private Law: Postmodern Dilemmas and Choices. Towards a Method of Adequate Comparative Legal Analysis. *EJCL*, Vol. 3.1 (August 1999), http://www.ejcl.org/31/art31-1.html.

Feiden, Sonja/ Schmid, Christoph U. *Evolutionary Perspectives and Projects on Harmonisation of Private Law in the EU.* EUI Working Papers, Law No. 99/7, S. 5 ff.
Ferrari, Franco. Universal and Regional Sales Law: Can they coexist? *Unif. L. Rev.* (2003), S. 177-189.
Flessner, Axel / Kadner, Thomas. CISG? Zur Suche nach einer Abkürzung für das Wiener Übereinkommen über Verträge über den internationalen Warenkauf vom 11. April 1980. *ZEuP* (1995), S. 347-350.
Flessner, Axel. Juristische Methode und europäisches Privatrecht. *JZ* (2002), S. 14-23.
Fraser, Janet. The Discourse of official texts and how it can impede public service translators. *Journal of multilingual and multicultural development* (1999), Vol. 20, No. 3, S. 194-208.
Freudenthal, Mirjam. The Future of European Civil Procedure. *EJCL*, Vol. 7.5 (December 2003), www.ejcl.org/75/art75-6.PDF.
Furrer, Andreas. *Zivilrecht im gemeinschaftsrechtlichen Kontext, Das Europäische Kollisionsrecht als Koordinierungsinstrument für die Einbindung des Zivilrechts in das europäische Wirtschaftsrecht.* Bern: Staempfli, 2002.
Furrer, Andreas (Hrsg.). *Europäisches Privatrecht im wissenschaftlichen Diskurs*. Bern: Staempfli, 2006.
Gandolfi, Giuseppe (Hrsg.). *Code européen des contrats, avant-projet.* Mailand: Giuffré, 2001.

Geest, Gerrit de. Comparative Law and Economics and the Design of Optimal Doctrines, in: Deffains/Kirat (Hrsg.). *Law and Economics in Civil Law Countries*. New York: JAI (Elsevier) (2001), S. 107-124.

Gerven, Walter van. Codifying European private law? Yes, if...!, in: Werro/Probst. *Das schweizerische Privatrecht im Lichte des europäischen Gemeinschaftsrechts, Aktuelle Fragen aus dem Haftpflicht- und Vertragsrecht*. Bern: Staempfli, 2004, S. 173-205.

Giesen, Dieter. Über das Sichwundern, das die Rechtsvergleichung auszulösen vermag. *ZVglRWiss* 97 (1998), S. 227-239.

Grinten, Paulien van der / Heukels, Ton. *Crossing Borders, Essays in European Private International Law, Nationality Law and Islamic Law in Honour of Frans van der Velden*. Deventer: Kluwer, 2006.

Groot, Gerard-René de. Language and law, in: *Netherlands Reports to the fifteenth international congress of comparative law*. Antwerp, Groningen: Intersentia, 1998.

Grossfeld, Bernhard. *Macht und Ohnmacht der Rechtsvergleichung*. Tübingen: J.C.B. Mohr (Paul Siebeck), 1984.

Grossfeld, Bernhard. *Kernfragen der Rechtsvergleichung*. Tübingen: J.C.B. Mohr (Paul Siebeck), 1996.

Grundmann, Stefan. The Optional European Code on the Basis of the Acquis Communautaire - Starting Point and Trends. *European Law Journal* (2004) Vol. 10, No. 6, S. 698-711.

Grundmann, Stefan. / Stuyck, Jules (Hrsg.). *An Academic Green Paper on European Contract Law*. The Hague: Kluwer Law International, 2002.

Gsell, Beate. Kaufrechtsrichtlinie und Schuldrechtsmodernisierung, *JZ* (2001), S. 65 ff.

Hartkamp, Arthur, et. al. (Hrsg.). *Towards a European Civil Code*, The Hague, London, Boston: Kluwer Law International, 1998. 2. überarbeitete und erweiterte Auflage.

Hartkamp, Arthur, et. al. (Hrsg.). *Towards a European Civil Code*, The Hague, London, Boston: Kluwer Law International, 2004. 3. überarbeitete und erweiterte Auflage.

Heiss, Helmut. Vom EU- zum gesamteuropäischen Privatrecht? Privatrechtsangleichung in der sich erweiternden Union, in: MPI (Hrsg.). *Festschrift zum 75-jährigen Bestehen des Max-Planck-Instituts für ausländisches und internationales Privatrecht*, Tübingen 2001, 123 – 140.

Helms/Neumann/Caspers/Sailer/Schmidt-Kessel (Hrsg.). *Jahrbuch Junger Zivilrechtswissenschaftler 2001, Das neue Schuldrecht*, Stuttgart, 2001.

Herber, Rolf. "Lex mercatoria" und "Principles" – gefährliche Irrlichter im internationalen Kaufrecht. *IHR Internationales Handelsrecht* (3-2003), S.1-10.

Herber, Rolf. Das Verhältnis des CISG zu anderen Übereinkommen und Rechtsnormen, insbesondere zum Gemeinschaftsrecht der EU. *IHR Internationales Handelsrecht* (3-2004), S. 89-94.

Heringa, Aalt-Willem. Towards a European Law School!, in: Faure/ Smits/Schneider (Hrsg.). *Towards a European Ius Commune in Legal Education and Research*. Antwerpen, Groningen: Intersentia, 2002.

Herre, Johnny / Hondius, Ewoud / Alpa, Guido, *The notions of consumer and professional and some related questions*, www.sgecc.net/media/download/consumers_and_professionals.pdf.

Hesselink, Martijn. The New European Legal Culture, Deventer: Kluwer, 2001.

Hesselink, Martijn. Non-mandatory Rules in European Contract Law. *European Review of Contract Law* (2005), Vol. 1, No. 1, S. 44-86.

Heutger, Viola. Mitteilung der Kommission zum europäischen Vertragsrecht, in: *Jusletter* 11. Februar 2002, www.jusletter.ch

Heutger, Viola. Das Privatrecht im Prozess der Europäischen Integration, *Electronic Journal of Comparative Law* (September 2003), Vol. 7.3, http://www.ejcl.org/ejcl/73/art73-1.html, S. 1-30.

Heutger, Viola. European Contract Law – The Action Plan, *ERPL* (2003), Nr. 4, S. 579 –586.

Heutger, Viola. Law and Language in the European Union, Global Jurist, 2, 2003.

Heutger, Viola. Ein kohärenteres europäisches Vertragsrecht, *Jusletter* 17. Februar 2003, www.jusletter.ch.

Heutger, Viola. Steps towards a European Sales Law, *EJCL* (2003), Vol 7.5, www.ejcl.org/ejcl/75/art75-3.html, S. 1-6

Heutger, Viola. Ein europäisches Kaufrecht, *Jusletter* 10. November 2003, www.jusletter.ch.

Heutger, Viola. Konturen des Kaufrechtskonzeptes der Study Group on a European Civil Code. Ein Werkstattbericht, *ERPL* (2003), Nr. 2, S. 155-173.

Heutger Viola/Jeloschek, Christoph. Towards a European Sales Law, in: Hartkamp et. al. (Hrsg.). *Towards a European Civil Code*, The Hague, London, Boston: Kluwer Law International, 2004, S. 533-553.

Heutger, Viola. Do we need a European Sales Law? Global Jurist (2004), Vol. 4, Issue 2, Article 1, S. 1 - 14

Heutger, Viola. Der Platz der juristischen Fachsprache in der Experten-Laien-Kommunikation, *Hermes, Journal of Language and Communication Studies*, (36-2006), I, S. 54-63.

Heutger, Viola. Sprachenwahl als politische Entscheidung, *LSP and Professional Communication* (2006), Vol. 6, Number 1, S. 89-100.

Heutger, Viola. Grünes Licht für ein europäische Verbraucherrecht: das Grünbuch 2007, *Jusletter* 2. April. 2007, www.jusletter.ch.

Heutger, Viola / Ewoud Hondius / Christoph Jeloschek / Hanna Sivesand / Aneta Wiewiorowska. Principles of European Law, Sales Contract, München: Sellier European Law Publishers, 2007.

Hoffmann, Jan. Verbrauchsgüterkaufrechtsrichtlinie und Schuldrechtsmodernisierungsgesetz, *ZRP* (2001), S. 347 ff.

Hondius, Ewoud / Franz Nieper and others. Principles of European Contract Law, *Nederlands Tijdschrift voor Burgerlijk Recht* (2000), S. 428 ff.

Hondius, Ewoud. The European Private Law Movement and the Changes it Requires in Legal Education and Research, in: Faure/Smits/Schneider (Hrsg.). *Towards a European Ius Commune in Legal Education and Research*, Antwerpen, Groningen: Intersentia, 2002, S. 39-55.

Honsell, Heinrich. Die EU-Richtlinie über den Verbrauchsgüterkauf und ihre Um-setzung ins BGB, *JZ* (2001), S. 278 ff.

Howells, Geraint. Editorial: Consumer Guarantees, *Consumer Law Journal* (1995).

Huguenin, Claire. Europäisches Vertragsrecht auf dem Weg vom Konsumentenrecht zum Allgemeinen Vertragsrecht, in: Andreas Kellerhals (Hrsg.). *Einführung ins europäische Wirtschaftsrecht.* Zürich: Schulthess, 2003. S. 173 ff.

Hyland, Richard. The American Experience: Restatements, the UCC, Uniform Laws, and Transnational Coordination. in: Hartkamp et. al. (Hrsg.). *Towards a European Civil Code*, The Hague, London, Boston: Kluwer Law International, 2004.

Jeloschek, Christoph. *Examination and Notification Duties in Consumer Sales Law,* München: Sellier European Law Publishers, 2006.

Jessurun d'Oliveira, Hans Ulrich. An anecdote, A footnote, in: *Pro Memorie*, 7 (2005), 1, S. 132-153.

Joerges, Christian. Das Recht im Prozess der europäischen Integration, *EUI Working Papers,* Law, No. 95/1.

Joerges, Christian. Die Wissenschaft vom Privatrecht und der Nationalstaat, *EUI Working Papers,* Law, No. 98/4.

Klauer, Irene. *Die Europäisierung des Privatrechts, der EuGH als Zivilrichter*, Baden-Baden: Nomos, 1997.

Kerameus, Konstantinos D. Some Reflections on Procedural Harmonisation: Reason and Scope, *Unif. L. Rev.* (2003), S. 444 ff.

Kötz, Hein. Gemeineuropäisches Privatrecht, in: Herbert Bernstein / Ulrich Drobnig / Hein Kötz (Hrsg.). *Festschrift Konrad Zweigert*. Tübingen: Mohr, 1981, S. 481 ff.

Kronke, Herbert. UNIDROIT 75th Anniversary Congress on Worldwide Harmonisation of Private Law and Regional Economic Integration: Hypotheses, Certainties and Open Questions, *Unif. L. Rev.* (2003) No. 1-2.

Kruisinga, Sonja. What do consumer and commercial sales law have in common? A comparison of the EC Directive on consumer sales law and the UN Convention on contracts for the international sale of goods, *ERPL* (2001), S. 177-188.

Lando, Ole. Principles of European Contract Law, An Alternative or a Precursor of European Legislation, *RabelsZ* 56 (1992) 261 ff.

Lando, Ole. Teaching a European Code of Contracts, in: De Witte / Forder (Hrsg.). *The Common Law of Europe and the Future of Legal Education*. Deventer: Kluwer, 1992, S. 223-237.

Lando, Ole / Beale, Hugh. *Principles of European Contract Law, Part I: Performance, non-performance and remedies,* Dordrecht: Martinus Nijhoff, 1995.

Lando, Ole / Beale, Hugh. *Les principes du droit Européen des contrats*, Übersetzt und herausgegeben von Isabelle de Lamberterie, Georges Rouhettes und Denis Tallon, Paris: La documentation Francaise, 1997.

Lando, Ole. 'European Contract Law', in: H.-L. Weyers (Hrsg.). *Europäisches Vertragsrecht. Arbeiten zur Rechtsvergleichung* (1997), Vol. 182, S. 81 ff.

Lando, Ole. *The Harmonization of European Contract Law through a Restatement of Principles*. Oxford: Centre for the Advanced Study of European and Comparative Law, University of Oxford, 1997.

Lando, Ole. The Principles of European Contract Law after the Year 2000, in: Franz Werro (Hrsg.). *New Perspectives of a Common Law of Europe*. Fribourg, 1999, S. 59-74.

Lando, Ole. Evolutionary Perspectives and Projects on Harmonisation of Private Law in the EU, *EUI Working Papers*, Law No. 99/7, S. 11 ff.

Lando, Ole / Beale, Hugh. *Principles of European Contract Law, Part I and II.* Den Haag: Kluwer International, 2000.

Lando, Ole / Beale, Hugh. *Grundregeln des europäischen Vertragsrechts, Teile I und II,* von Bar, Christian / Zimmermann, Reinhard (Hrsg.) München, Sellier, 2002.

Lando, Ole / Clive, Eric / Prüm, André / Zimmerman, Reinhard. *Principles of European Contract Law - Part III.* Den Haag: Kluwer International, 2003.

Lando, Ole. The European Principles in an Integrated World, *European Review of Contract Law* (2005), Vol. 1, No. 1, S. 3-18.

Larouche, Pierre. Ius Commune Casebooks for the Common Law of Europe, *EUI Working Papers*, Law No. 99/7, S. 120 ff.

Legrand, Pierre / Munday, Roderick (Hrsg.). *Comparative Law: Traditions and Transitions.* Cambridge: Cambridge University Press, 2003.

Legrand, Pierre. *Fragments on Law-as-Culture*. Deventer: W. E. J. Tjeenk Willink, 1999.

Legrand, Pierre. What "Legal Transplants"? in: D. Nelken / J. Feest (Hrsg.). *Adapting Legal Cultures.* Oxford: Hart, 2001. S. 55-70.

Leible, Stefan. Die Mitteilung der Kommission zum Europäischen Vertragsrecht – Startschuss für ein Europäisches Vertragsgesetzbuch? *EWS – Europäisches Wirtschafts- und Steuerrecht* (2001), S. 471-481.

Lequette, Yves. Quelques remarques à propos du projet de code civil européen de Monsieur von Bar. *Recueil Dalloz Sirey*, n° 28, (25 juillet 2002), S. 2202-2214.

López-Rodríguez, Ana M. Towards a European civil code without a common European legal culture? The link between law, language and culture, *Brookl. Journal of International law* (2004), Vol. 29:3, S. 1195-1220.

Lurger, Brigitta. *Grundfragen der Vereinheitlichung des Vertragsrechts in der Europäischen Union.* Wien, New York: Springer, 2002.

Möllers, Thomas M.J. Europäische Richtlinien zum Bürgerlichen Recht, *JZ* (2002), 121 ff.

Mueller-Graff, Peter-Christian. EC Directives as a Means of Private Law Unification, in: Hartkamp et. al. (Hrsg.). *Towards a European Civil Code*, The Hague, London, Boston: Kluwer Law International, 2004, S. 73 ff.

Müller, Markus. Gefahren einer optionalen europäischen Vertragordnung, *EuZW* (2003), S. 683-686.

Münzel, Frank. Lexicographical Musings – The Variegated Language of Sales Law: a Modern Tower of Babel, *Unif. L. Rev.* (2003-3), S. 641ff.

Najork, Eike / Schmidt-Kessel, Martin. Der Aktionsplan der Kommission für ein kohärenteres Vertragsrecht, *GPR - Zeitschrift für Gemeinschaftsprivatrecht* (2003), 1-3, S. 5-11.

Oppermann, Thomas. Reform der EU-Sprachenregelung ? *Neue Juristische Wochenschrift* (2001), S. 2663-2668.

Pozzo, Barbara. Harmonisation of European Contract Law and the Need of Creating a Common Terminology. *ERPL*, Vol. 11 (6-2003), S. 754- 767.

Pringsheim, Frits. *The Greek Law of Sale*. Weimar: Hermann Böhlaus Nachfolger, 1950.

Rabel, Ernst. *Das Recht des Warenkaufs* I, Nachdruck, der Auflage von 1936, Berlin: De Gruyter, 1957.

Rabel, Ernst. *Das Recht des Warenkaufes* II. Berlin: De Gruyter, 1958.

Rainer, Johannes Michael. *Europäisches Privatrecht*, Frankfurt am Main, Peter Lang, 2002.

Reich, Norbert / Miklitz, Hans-W. *Europäisches Verbraucherrecht*. Baden-Baden: Nomos, 2003, 4. Auflage.

Remien, Oliver. *Zwingendes Vertragsrecht und Grundfreiheiten des EG-Vertrags*. Tübingen: Mohr Siebeck, 2003.

Remy-Corlay, Pauline. The Law of Sales: Acquis and Improved Acquis in European Contract Law, *ERA-Forum* (2-2003), S. 29-56.

Richter, Klaus. Privatautonomie und Verbraucherschutz im Lichte der Pläne zur Schaffung eines Europäischen Zivilgesetzbuches, *AcP* (2006), 206 Heft 1, S. 3-27.

Roloff, Stefanie. Die Umsetzung der Verbrauchsgüterkaufrichtlinie in das deutsche Recht – Eine Alternative zur Schuldrechtsreform –, *NotBZ* (2001), Beilage Schuldrechtsreform, 30 ff.

Rose, Andrew K. Do we really know that the WTO increases trade?, *EUI Working Papers*. Transatlantic Programme Series, RSC, No. 2003/15.

Roth, Wulf-Henning. Europäischer Verbraucherschutz und BGB, *JZ* (2001), 475 ff.

Rüthers, Bernd. *Rechtstheorie*. München: C. H. Beck, 1999.

Sacco, Rudolfo. Riflessioni di un giurista sulla lingua, *Rivista di diritto civile* (1996), S. 57 ff.

Sacco, Rudolfo. *Einführung in die Rechtsvergleichung*. Baden Baden: Nomos, 2001.

Salmi-Tolonen, Tarja. Legal linguistic knowledge and creating and interpreting law in multilingual environments, *Brookl. Journal of International law* (2004), Vol. 29:3, S. 1167-1191.

Schlechtriem, Peter / Magnus, Ulrich. *Internationale Rechtsprechung zu EKG und EAG*. Baden-Baden: Nomos, 1987.

Schlechtriem, Peter. *Einheitliches UN-Kaufrecht*. Tübingen: Mohr, 2003. 2. Auflage.

Schlechtriem, Peter. Basic Structures and General Concepts of the CISG as Models for a Harmonisation of the Law of Obligations, *Juridica International* (1-2005), S. 27-36.

Schmidt-Kessel, Martin. *Europäisches Zivilgesetzbuch – Anhörung im Europäischen Parlament*, Ecolex (2001), S. 245 f.

Schneider, Hildegard. *Die Anerkennung von Diplomen in der Europäischen Gemeinschaft*. Antwerpen: Maklu, 1995

Schrage, E./Beatson, J. (Hrsg.). *Cases, Materials and Text on Unjustified Enrichment*, Oxford: Hart Publishing, 2003.

Schröder, Friedrich-Christian. Probleme der Übersetzung von Gesetzestexten, *Zeitschrift für die Gesamte Strafrechtswissenschaft* (2005), Vol. 117, Heft 1, S. 236-244.

Schroeter, Ulrich G. *UN-Kaufrecht und Europäisches Gemeinschaftsrecht, Verhältnis und Wechselwirkungen*. München: Sellier European Law Publishers, 2005.

Schulte-Nölke, Hans. Ein Vertragsgesetzbuch für Europa?, *JZ* (2001), S. 917-920.

Schulze, Reiner. Auf dem Weg zu einem europäischen Zivilgesetzbuch?, *NJW* (1997), 50(41), S. 2742 ff.

Schulze, Reiner. European Private Law and Existing EC Law, *ERPL*, Vol. 13, 1 (2005), S. 3-19.

Schulze, Reiner. Verbraucherrecht und europäisches Vertragsrecht, in: Grinten, Paulien van der/Heukels, Ton. *Crossing Borders, Essays in European Private International Law, Nationality Law and Islamic Law in Honour of Frans van der Velden*. Deventer: Kluwer, 2006, S. 17-30.

Schwartze, Andreas. *Europäische Sachmängelgewährleistung beim Warenkauf*. Tübingen: Mohr, 2000

Sivesand, Hanna. *The buyer's remedies for non-conforming goods: should there be free choice or are restrictions necessary?* München: Sellier European Law Publishers, 2005.

Staudenmayer, Dirk. Die Mitteilung der Kommission zum Europäischen Vertragsrecht, *Zeitschrift für Europäisches Wirtschaftsrecht (EuZW)* (2001), 12(16), S. 485.

Staudenmayer, Dirk. The Commission Action Plan on European Contract Law, *ERPL* (2-2003), S. 113-127.

Staudenmayer, Dirk. Ein optionelles Instrument im Europäischen Vertragsrecht, *ZEuP* (2003), S. 828-846.

Storme, Marcel (ed.). *Rapprochement du droit judiciaire de l'Union européenne / Approximation of judiciary law in the European Union*, Boston: M. Nijhoff, 1994.

Taupitz, Jochen. *Europäische Privatrechtsvereinheitlichung heute und morgen*, Tübingen: J.C.B. Mohr (Paul Siebeck), 1993.

Taupitz, Jochen. Privatrechtsvereinheitlichung durch die EG: Sachrechts- oder Kollisionsrechtsvereinheitlichung? *JZ* (1993) S. 533-539.

Taupitz, Jochen. *Privatrechts- oder Kollisionsrechtsvereinheitlichung in Europa?*, Bonn: Zentrum für Europäisches Wirtschaftsrecht der Universität Bonn, 1995.

Tenreiro, M. Guarantees and after-sales service: brief analysis of the Green Paper presented by the Commission, *Consumer Law Journal* (1995).

Tilmann, Winfried. Zweiter Kodifikationsbeschluss des Europäischen Parlaments, *ZEuP* 1995, S. 534-551.

Tilmann, Winfried. The legal basis for a European Civil Code, *ERPL* (1997) Vol. 5, issue 4, S. 471-474.

Velden, Frans J.A. van der. *Unieburgers en staatsburgers; De invloed van het Europese gemeenschapsrecht op het nationaliteitsrecht van de lidstaten*, Preadvies voor de NVIR. Mededeling van de NVIR 129. The Hague: T.M.C. Asser Press, 2004.

Weber Waller, Spencer. In Search of Economic Justice: Considering Competition and Consumer Protection Law, *Loyola University Chicago Law Journal* (2005), Vol. 36, S. 631-639.

Weber Waller, Spencer. The Language of Law and the Language of Business, *Case Western Reserve Law Review* (2001), Vol. 52, Nr. 1, S. 283-338.

Werro, Franz/Probst, Thomas. *Das schweizerische Privatrecht im Lichte des europäischen Gemeinschaftsrechts, Aktuelle Fragen aus dem Haftpflicht- und Vertragsrecht.* Bern: Staempfli, 2004.

Wieacker, Franz. Zwölftafelprobleme. *Revue Internationale des Droits de l'Antiquité*, 3 Série, Tome III (1956), S. 459-491.

Wieacker, Franz. Die Zwölftafeln in ihrem Jahrhundert, in: *Origines de la République romaine*, Fondation Hardt 13, 1967, S. 293-356.

Wiewiorowska, Aneta. EU Regulation of Consumer Sales Guarantees: The Present Situation and Future Perspectives, *EJCL* (2003), Vol 7.5, www.ejcl.org/ejcl/75/art75-4.html.

Wilhelmsson, Thomas. Is there a European Consumer Law – and should there be one?, *Saggi, conferenze e seminari, Centro di studi e ricerche di diritto comparato e straniero*, Roma 2000.

Witte, Bruno de, / Caroline Forder (Hrsg.). *The common law of Europe and the future of legal education/Le droit commun de l'Europe et l'avenir de l'enseignement juridique.* Deventer: Kluwer, 1992.

Zeno-Zencovich, Vincenzo. The 'European Civil Code': European Legal Traditions and Neo-Positivism, in: Alpa/Buccico (Hrsg.). *Il Codice Civile Europeo*, Mailand: Giuffrè, S. 375-392.

Zerres, Thomas. *Die Bedeutung der Verbrauchsgüterkaufrichtlinie für die Europäisierung des Vertragsrechts. Eine rechtsvergleichende Untersuchung am Beispiel des deutschen und englischen Kaufrechts,* München: Sellier, 2007.

Zimmermann, Reinhard. Die „Principles of European Contract Law", Teil 1, *ZEuP* (1995), 731 ff.

Zimmermann, Reinhard. Die „Principles of European Contract Law", Teile I und II, *ZEuP* (2000), 391 ff.

Zimmermann, Reinhard. Roman Law and European Legal Unity, in: Hartkamp et. al. (Hrsg.). *Towards a European Civil Code*, The Hague, London, Boston: Kluwer Law International, 2004, S. 24 ff.

Europäische Dokumente

European Commission (European Contract Law)
http://europa.eu.int/comm/consumers/cons_int/safe_shop/fair_bus_pract/cont_law/index_en.htm

Brussels, 11.07.2001, *COM(2001) 398 final*
COMMUNICATION FROM THE COMMISSION TO THE COUNCIL AND THE EUROPEAN PARLIAMENT ON EUROPEAN CONTRACT LAW

Brussels, 12.2.2003, *COM(2003) 68 final*
COMMUNICATION FROM THE COMMISSION TO THE EUROPEAN PARLIAMENT AND THE COUNCIL
A MORE COHERENT EUROPEAN CONTRACT LAW, AN ACTION PLAN

Brussels, 11.10.2004, *COM(2004) 651 final*
COMMUNICATION FROM THE COMMISSION TO THE EUROPEAN PARLIAMENT AND THE COUNCIL
European Contract Law and the revision of the acquis: the way forward

Brussels, 23.9.2005, *COM(2005) 456 final*
REPORT FROM THE COMMISSION
First Annual Progress Report on European Contract Law and the Acquis Review

Brussels, 08.02.2007, *COM(2006) 744 final*
GREEN PAPER on the Review of the Consumer Acquis

Richtlinie 85/577/EWG des Rates vom 20. Dezember 1985 betreffend den Verbraucherschutz im Falle von außerhalb von Geschäftsräumen geschlossenen Verträgen, ABl. L 372 vom 31.12.1985, S. 31.

Richtlinie 90/314/EWG des Rates vom 13. Juni 1990 über Pauschalreisen, ABl. L 158 vom 23.6.1990, S. 59.

Richtlinie 93/13/EWG des Rates vom 5. April 1993 über missbräuchliche Klauseln in Verbraucherverträgen, ABl. L 95 vom 21.4.1993, S. 29.

Richtlinie 94/47/EG des Europäischen Parlaments und des Rates vom 26. Oktober 1994 zum Schutz der Erwerber im Hinblick auf bestimmte Aspekte von Verträgen über den Erwerb von Teilzeitnutzungsrechten an Immobilien, ABl. L 280 vom 29.10.1994, S. 83.

Richtlinie 97/7/EG des Europäischen Parlaments und des Rates vom 20. Mai 1997 über den Verbraucherschutz bei Vertragsabschlüssen im Fernabsatz, ABl. L 144 vom 4.6.1997, S. 19.

Richtlinie 98/6/EG des Europäischen Parlaments und des Rates vom 16. Februar 1998 über den Schutz der Verbraucher bei der Angabe der Preise der ihnen angebotenen Erzeugnisse, ABl. L 80 vom 18.3.1998, S. 27.

Richtlinie 98/27/EG des Europäischen Parlaments und des Rates vom 19. Mai 1998 über Unterlassungsklagen zum Schutz der Verbraucherinteressen, ABl. L 166 vom 11.6.1998, S. 51.

Richtlinie 1999/44/EG des Europäischen Parlaments und des Rates vom 25. Mai 1999 zu bestimmten Aspekten des Verbrauchsgüterkaufs und der Garantien für Verbrauchsgüter, ABl. L 171 vom 7.7.1999, S. 12.

Websites von Arbeitsgruppen und Institutionen

Commission on European Contract Law
Principles on European Contract Law (PECL)
http://frontpage.cbs.dk/law/commission_on_european_contract_law/pecl_full_text.htm

Study Group on a European Civil Code
www.sgecc.net

The Common Core of European Private Law Project (Trento Group)
www.jus.unitn.it/dsg/common-core/approach.html

Acquis-Group
www.acquis-group.org

Society of European Contract Law, SECOLA
www.secola.org

Ius Commune Casebooks for the Common Law of Europe
www.law.kuleuven.ac.be/casebook/

Weiterführende Links

Unidroit www.unidroit.org

Unilex www.unilex.info

CISG (Vienna Sales Convention) www.cisg-online.ch/

Electronic Library on International Trade Law and the CISG
www.cisg.law.pace.edu

Salzburger Studien zum Europäischen Privatrecht

Herausgegeben von J. Michael Rainer

Band 1 Marc Herzog: Die Haftung des Gastwirts für eingebrachte Sachen des Gasts nach §§ 701 - 703 des Deutschen Bürgerlichen Gesetzbuchs. 1999.

Band 2 Andreas Reinhart: Familienplanungsschaden. Wrongful birth, wrongful life, wrongful conception, wrongful pregnancy. Eine rechtsvergleichende Untersuchung anhand des deutschen und des anglo-amerikanischen Rechts. 1999.

Band 3 Markus Frank: Untersuchungen zu den *Politika* des Aristoteles. 1999.

Band 4 Stefan Josef Schermaier: Der Gemeinschaftsrechtliche Staatshaftungsanspruch. Entwicklung, Perspektiven und Auswirkungen auf das österreichische Recht. 1999.

Band 5 Carmen Windhaber: Reiserecht in Österreich, Deutschland und Kanada. 2000.

Band 6 Korbinian Dietl: Unfallhaftung beim Expeditions- und Trekkingbergsteigen. Zugleich ein Beitrag zum Reiserecht für den Bereich der Bergreisen sowie zum Sporthaftungsrecht für den Bereich des Bergsports. 2000.

Band 7 Erich Jeroscheg: Eigentum an beweglichen Sachen. Französisches Recht und Rechtsvergleich. 2000.

Band 8 Thomas Tschaler: Das Moment der Gefahr als Element der Schadenszurechnung im System des Haftpflichtrechts. Eine rechtstheoretische Untersuchung der möglichen Schwächen gängiger Haftungsmodelle. 2000.

Band 9 Christian Hellenthal: Zulässigkeit einer supranationalen Fußball-Europaliga nach den Bestimmungen des europäischen Wettbewerbsrechts. 2000.

Band 10 Wolfgang Bengen: Die Systematik des § 823 I BGB im Deliktsrecht. Zugleich ein Beitrag zu den Verkehrspflichten. 2000.

Band 11 Gerhard Pöttler: Vergleichende Verbraucherschutzrichtlinienumsetzung in europäischen Mitgliedsstaaten. Anhand ausgewählter Beispiele der Pauschalreise-, Timesharing- und Produkthaftungsrichtlinie. 2001.

Band 12 Johannes Michael Rainer: Europäisches Privatrecht. Die Rechtsvergleichung. 2., überarbeitete und ergänzte Auflage. 2007.

Band 13 Erwin Schön: Allgemeines Vertragsrecht und Kaufvertragsrecht - ein Rechtsvergleich Österreich, USA, Spanien und UN-Kaufrecht. Unter Einbeziehung von PECL und UNIDROIT-Prinzipien. Gemeinsamkeiten, Unterschiede, Bewertungsversuche. 2003.

Band 14 Patrick Schenner: Skiunfall! Wer haftet? Schadenersatz im österreichischen Skirecht. 2003.

Band 15 Peter Unterkofler: Die rechtliche Stellung des Pflichtteilsberechtigten im Spannungsverhältnis zwischen Erbrecht und Privatstiftungsrecht. 2003.

Band 16 Susanne Spaun: Der Herausgabeanspruch bei Diebstahl oder illegalem Export von Kulturgütern. 2003.

Band 17 Josef Wolff: Trust, Fiducia und fiduziarische Treuhand. Historisch-rechtsvergleichende Untersuchung mit einer Darstellung des Trust in Schottland sowie des römischen und österreichischen Fideikommiss. 2005.

Band 18 Johannes Michael Rainer / Johanna Filip-Fröschl: Transfer of Title Concerning Movables Part I – Eigentumsübertragung an beweglichen Sachen in Europa Teil I. Introduction, Estonia, Italy, Poland, Portugal, Scotland, Slovenia, Spain. Einführung, Estland, Italien, Polen, Portugal, Schottland, Slowenien, Spanien. Edited by Johannes Michael Rainer – Herausgegeben von Johannes Michael Rainer. 2006.

Band 19 Mary-Rose McGuire: Transfer of Title Concerning Movables Part II – Eigentumsübertragung an beweglichen Sachen in Europa Teil II. National Report: Germany. Edited by Johannes Michael Rainer – Herausgegeben von Johannes Michael Rainer. 2006.

Band 20 Claes Martinson: Transfer of Title Concerning Movables Part III – Eigentumsübertragung an beweglichen Sachen in Europa Teil III. National Report: Sweden. Edited by Johannes Michael Rainer – Herausgegeben von Johannes Michael Rainer. 2006.

Band 21 Arthur Salomons: Transfer of Title Concerning Movables Part IV – Eigentumsübertragung an beweglichen Sachen in Europa Teil IV. National Report: The Netherlands. Edited by Johannes Michael Rainer – Herausgegeben von Johannes Michael Rainer. 2006.

Band 22 Viola Heutger: Ein gemeineuropäisches Kaufrecht. Vision oder nahe Zukunft? 2007.

www.peterlang.de

Kolibri 360 GmbH
Ferdinand-Jühlke-Straße 7
99095 Erfurt, Deutschland
produktsicherheit@kolibri360.de

Druck:
CPI Druckdienstleistungen GmbH
im Auftrag der
Kolibri 360 GmbH
Ferdinand-Jühlke-Str. 7
99095 Erfurt